ナタリー・Z・デーヴィス

贈与の文化史

16世紀フランスにおける

宮下志朗訳

みすず書房

THE GIFT IN SIXTEENTH-CENTURY FRANCE

by

Natalie Zemon Davis

First published by The University of Wisconsin Press, 2000

Japanese translation rights arranged with
The University of Wisconsin Press through
The English Agency (Japan) Ltd., Tokyo

目次

わが子孫たちの将来に

序文

ラブレー『第一の書　ガルガンチュア』で、ピクロコル王を破ったガルガンチュアは、「ピクロコル軍の敗残の兵士をすべて、広場に集合させると、自軍の王侯や隊長たちの前で」、大演説をおこない、父親グラングジエが、海賊行為をはたらいたカナール国王アルファルバルをうち負かした後で、いかに彼を処置したのかを話して聞かせる。グラングジエは、アルファルバルを投獄したり、身代金を課したりすることなく、「餞別の品」やら、友情のあかしの品々を持たせて、故国に送り返したというのだ。そこで、帰国したアルファルバル王は、「王族や全身分の人民を召集すると」、自分がどれほどに人間的な扱いを受けたのかを教えて聞かせた上で、「国土も、領地も、王領も、ことごとく差し出して」、グラングジエの意志に委ねることを決定したという。こうしてアルファルバル王は、「金、銀、指輪、宝石、スパイス、薬や香水、オウム、ペリカン、オナガザル、ジャコウネコ、小型ジャコウネコ、ヤマアラシ」などを満載した、九〇三八隻の輸送船団を率いて、グラングジエのところに戻ったのである。ところがグラングジエは、これはあまりに「過分なもの」であるからとして献上品を受け取らず、王国全部を譲り渡す旨を記した書類を火に投じると、自分がカナール人にしたのは、ごく当たり前のことにすぎないのだからと述べたという。

では、その結果として、どうなったのだろうか？　法外な身代金を要求されることもなく、王の息子たちを人質に取られることもなかったのに――ラブレーは、こうした個所で、カール五世がフランソワ一世に対して取った処置〔捕虜となったフランソワ一世の解放と引換えに、王子を人質にとった〕を暗示しているわけだが――、カナール人は、みずから進んで永久に属国となり、「毎年、二四カラットの純金で、二〇〇万エキュを支払う」ことを約束する。そして彼らは、ガルガンチュアの国民がもういいかげんにやめたらいいのにと思うまで、毎年、その金額をふやしていったのである。「これこそ、無償性《グラチュイテ》〔「感謝」の意味もある〕の自然の姿にほかならない」、ガルガンチュアはこう話を締めくくっている[1]。

一九二五年、マルセル・モースは、その贈与論の大作を、スカンディナヴィア半島の神話・伝説『エッダ』の引用によって書き始めている。だが、モースは、ラブレーの物語だって、使おうと思えば使えたはずなのだ。「古いタイプ《アルカイック》の社会」においては、交換や契約は、贈与の形をとっておこなわれたのである。贈与とは、「理屈としては、自発的なものとはいえ、実際は、義務としておこなわれ、また返礼される」のであって、「外見上は、自由で、感謝の念にみちていても、実は、強制的にして、利己的な」ふるまいにほかならない。どの贈与も、多くのことを同時に完了させる、一連のできごとの連鎖のなかで、返礼なるものを生みだすのである。明確な商業マーケットを有さない社会においては、財は交換され、再配分される。こうして平和が、ときには連帯感やら友情までもが維持されていく。そして社会的なステイタスが、北アメリカの北西海岸のインディアンのあいだでの「ポトラッチ」のように、確認ないし獲得される。彼らインディアンの酋長たちは、はたしてだれがもっとも多くの財をふるまえるかを誇示しようとして、競ったのであった(2)。グラングジエとカナール国王のあいだの交換とは、過大なる贈与のせいで、破滅してしまうことへの恐怖をも含めて、こうしたポトラッチのいくつかの特徴を示しているのだ。もっともモースは、「無償の」ということばにだけは異論をはさんだかもしれない。実際、ラブレーも、巨人の口から「これこそ、無償性《グラチュイテ》の自然の姿にほかならない」といわせるときには、若干の皮肉を込めてもいるのである。

モースの場合は、生き生きとした贈与のエコノミーの舞台装置として、フランスの一六世紀がぴったりだなどとは考えていなかったにちがいない。そもそも、その思考における進化論的な図式からして、モースは、贈与による交換は時代とともに縮小するものだとみなしていた。「完全な」贈与のエコノミーにおいては、集団間の贈与物の交換のうちに、多くの機能が圧縮されている――マーケット、信用、契約、調停、婚姻による結びつき、神々への祈願などである。しかしながら、貨幣価値や個人の契約とともに、市場《マーケット》が発達してくると、完全な贈与のエコノミーは、もはや必要とされなくなる。そうした完全な贈与のエコノミーにおいては、「贈与の精神」――モノをあげたりもらったりして、相互にやりとりする義務感を感じさせる精神ということだけれど――が、人やモノを親しく結びつけていたのだ。神々の目からすると、贈与者は、その贈与物とともに、自分の実質のなにがしかを与えていたのであるから、返礼しそこなった者の安全にとっては、潜在的な危険が宿ることにもなる。しかしながら、法的な変化や宗教的な変化によって、こうした結びつきに差異化が生じるようになると、贈与についての昔風の考え方は弱まっていく。モースの場合は、ローマ法のなかでこうした転換が生じたと考えたのである。人とモノのあいだにはっきりと線引きがなされるようになったというのだ。このような進化の図式からすると、社会はまず、集団内部での完全な交換という段階から、贈与交換が中心を占める「非常に長い過渡期」を経て、「純粋に個人的な契約、貨幣が流通する市場、本来の売買、そして特に、きちんと計量された貨幣によって評価された価格という概念」[3]によって特徴づけられる段階へと達したことになる。

一方でモースは、社会生活の永遠の成分のごとくに、自発性と義務感とが、また人とモノとが混じりあった、贈与交換についても論じている。たとえば、豪華な結婚式や宴会を競いあうといった、ポトラッチあるいは他の贈与行為にも似たふるまいを、同時代のフランスに発見して、彼はとても興奮したのである。細分化された現代の社会にあっても、次のようなことが成り立つというのだ。

われわれのモラルや生活のかなりの部分は、依然として、贈与と、義務と、自由とが混じりあった環境のなかに立ち止まっている。さいわいなことに、まだまだ、すべてが、売ったり買ったりといった言い方で整理・分類されてしまっているわけではない。モノには、いまだに、市場価値に加えて、感情的な価値が存在するのである。（中略）返礼なき贈与は、これを受け取った人間を、さらに低い存在とするのだ——返礼する気持もなしに、そのモノが受け取られたときは、特にそうである。（中略）慈善は、これを受けた者にとっては、さらに感情を傷つけるものとなる。（中略）招待とは、お返しをすべきものなのである。[4]

一九二〇年代に、「教条主義ではない社会主義者」、サンディカリズムや組合運動の擁護者として著述をおこなったモースは、ヨーロッパで、贈与のエートスとその習慣が広がることを望んでいたのであった。

そしてモース論文が出現してから約八〇年、人類学者たちは贈与交換をさまざまの枠組みで研究し、「贈与の精神」や互酬性の様相など、贈与のエコノミーに現れた変化について考察してきた。一九六〇年代に、大きな影響力を有する一連の論文を著したマーシャル・サーリンズは、自発的＝義務的な贈与と返礼というモースの単純なモデルを、「互酬性のスペクトル」と呼ぶものへと発展させた。その一方の端には、「一般化された互酬性」があって、贈与なり援助なりが、惜しげもなく自由になされて、特に返礼は明示されない。即座に礼が返ってくることもあれば、いっさい返ってこないこともあるけれど、それでも贈与者と被贈与者の関係はとぎれることなく続いていく。サーリンズは、こうした一般化された互酬性は、とりわけ近親者のあいだでの慣行になっていると指摘する。次に、スペクトルの中央には、「バランスのとれた互酬性」があって、そこでは、かなり早めに、当初の贈与に見合うかたちの返礼がなされている。たとえば、結婚の祝いとか、調停・和平のための贈り物などがこれにあたる。そして反対の端には、なんの見返りもなしに、まんまとプレゼントを手に入れようとして、がんばるという、「否定的な互酬性」が存在する。抜け目のないバーターから、完全な盗みに至るまで、その実態はさまざまである。そして、このスペクトルのなかで、他人思いの極から、まったく利己主義の極へと移動することで、人は、近親者という内輪のサークルから、さほど愛情を感じない人々たちからなる外側の輪へと移動することになる⑸。

こうした図式のなかで動き回る人間は、ほとんどが男性であって、それも、ときとして、女性を交換する男性として描かれてきたのである。トロブリアンド諸島における交換を論じた一九七六年の著書で、こうした観点に対して、決然と反駁したのが、アネット・ワイナーであった。ブロニスラウ・マリノフスキーがあまりにも有名なフィールドワークをおこない、モースが自分の議論の支えともした、あのトロブリアンド諸島〔ニューギニアの北東部〕である。ワイナーは、女性たちの富と、交換されるモノ――スカートやバナナの葉の束――を明らかにして、おまけに、そのライフサイクルのなかで交換のリズムがシフトすることを明らかにした。交換と、それに結びついた権力の問題は、贈与と返礼という短期的な場面を通してではなく、長いスパンを取ることで、はじめて理解できたのである。ワイナーは、ポジティヴな互酬性からネガティヴな互酬性へと続くという、サーリンズのスペクトルではなく、トロブリアンド人がおたがいに用いる「もっとも有効な説得装置」として、交換と魔術を描き出した。魔術は、それをおこなう者に、他者のコントロールを可能にしていた――あるいは少なくとも、そう信じられていたのだ。また交換により、気前のよさや従属性が示される一方で、おたがいが、自主性や私利私欲を保てることになったという。ワイナーの視点は、自発的／義務的というモースの二項対立と似てはいるが、彼女は交換の心理を徹底的に探求して、そのダイナミズムを力説したのだ。交換とは、「与える側と受け取る側が、絶えず、相手と自分の状況を見定めていくところの、進行中のプロセスにほかならない(6)」、というのである。

贈与のエコノミーの変化に関して、クロード・レヴィ＝ストロースのように進化の図式が揺らぐことのない文化人類学者もいる。彼らは、売買という形態と利益という動機が、古いタイプの、贈与による互酬性に取って代わったと考えるのだ。なにが残ったかといえば、女性の交換という還元不可能なものを除けば、祝祭日のためのプレゼントや、内輪の家族のなかでの贈与行為ぐらいのものというのだ。[7] これとは逆に、市場経済と贈与行為とが、かなりの程度まで共存して、しかも相互作用を及ぼしていることに驚いた文化人類学者もいた。彼らの議論のストーリーにおいては、帝国主義と植民地主義が、重要な核となっているのであり、これはモースのあずかり知らぬ歴史の動きであった。このようにして一九八二年、C・A・グレゴリーは、パプア・ニューギニアにおける状況を描き出した。イギリスやオーストラリアによる一世紀あまりの植民地支配によって、ある種の贈与――食料など――や、労働力の提供は商品となったものの、それと並んで、贈与行為も活発であって、結婚のプレゼントなどに関しては、むしろ拡大しているというのだ。異国のモノを含む、さまざまなモノが、商品としてのステイタスを獲得したり、あるいは場合によっては、贈与物のステイタスを獲得したりしたという。また、ごく最近、ニコラス・トーマスは、贈られ、交換され、売買された、モノ自体に焦点を当てることで、一九世紀から二〇世紀にかけての、太平洋の島々の社会における、それらの意味合いの変化を探ってみた。すると、原住民が西欧のモノを我有化するにしたがって、それらは、その名前が喚起するメタファーとからみあった存在となっており、ヨーロッパの人間も、太平洋のモノとのあいだに、同様の関係を取り結んでいるという。血族関係や縁組みと結びついた、その地域のさまざまな交換のシステムを描くに際して、「贈与のエコノミー」という用語を一般的なものとして使うことに対して、トーマスは批判的である。「古い文化人類学は、太平洋の原住民社会に、実際に存在していたモノよりも、むしろ、商品カテゴリーの反転を根拠として贈与理論を構築してきたではないか」というのだ。太平洋の人々たち自身も、贈与／商品という二項対立を採用して、自分たちの日常の労務の提供や交換が、「白人たちのマネーライフ」とは異なることを強調してきたという。こうして、市場や賃金とは対立する、意識的な「贈与」の慣行やモラルが立ち現れたのである。(8)

この間、贈与論をヨーロッパにも適用する文化人類学者も出てきた。一九二〇年代にマルセル・モースが望んでいたようには、事態は運ばなかったとはいえ、それでもなお、クロード・マシュレルは、「産業社会においては、大部分の交換は市場に支配されているかに見えるが、社会生活の全分野は、贈与というルールで動いている」と主張することができた。市場と贈与という二つの領域は交叉していたのであり、贈与者が、売り手のごとき計算ずくの行動を披露し、売り手が、贈与者顔負けの、念の入った丁重さを発揮している。また社会学者アラン・カイエの指導の下で、フランスの研究チームは、贈与システムと近代性との関係の再検討にも着手していた。イギリスでは、パプア・ニューギニアの研究でデビューしたジェームズ・キャリアが、『贈与と商品――一七〇〇年以後の交換と西欧資本主義』において、モースの進歩の図式を踏襲しつつ、「産業資本主義や商業資本主義の普及は、疎外された関係性やモノの普及を意味した」のであり、産業化以前の、いわば近所づきあいの関係や、モノとのより個人的な関係に、それらが取って代わったと主張した。とはいえ、キャリアは、社交生活を継続していく上では、贈与も欠かせないという、モースのもうひとつの視点にもこだわっている。たとえば、現代のショッピングや、クリスマスのような祝祭日が、社会生活での親密さや、所有における個的なものを回復する手段となっているというのである。(9)

モースや他の人類学者の影響を受けて、贈与のエコノミーに対する歴史学からのアプローチは、大きなシステムへの洞察を深めていった。すでに一九五四年には、モーゼス・フィンリーの『オデュッセウスの世界』が、都市国家――「ポリス」ということだが――が成立する何世紀も以前から、財とサービスが、贈与や返礼のかたちで流通していたことを、多様な局面から明らかにしていた。たとえば、戦利品は兵士たちに「贈与」として分配され、税や罰金は「贈与」として支払われていたのだし、召使いたちは「贈与」によって雇われ、商売はおたがいの利益ということで成り立っていた、ならば、「ホメロスの時代の交換に、タブーといえるものがあったとしたら、それは儲けというものであったから」というのだ。同様にして、ジョルジュ・デュビーも、七世紀から八世紀のヨーロッパ社会を、戦争と贈与の世界として描き出した。掠奪による財は、貢ぎ物をきちんと取り立てることに変容し、戦利品は、部族や教会に分配されて、このことが捧げ物の重要な形態となっていた。そして農民たちは、領主が要求したモノを、「エウロギアエ eulogiae」と呼ばれる贈与として渡していた――金属や香辛料が、王侯の贈り物として、アルプスを越えて、フランスからローマへと向かったのだ。また有力者たちは、国王への贈り物攻勢を競い合っていた。そして墓には、死者のための贈り物を埋葬していたのだが、この習慣が少しずつ廃れていくと、「かつては埋葬なるものを舞台としていた、資本蓄積の場が、そっくり、キリスト教の聖地・聖域に移動して、そこに、聖別された富が捧げられることとなった」という。こうしてデュビーは、「〈必要な寛大さの心〉に鼓舞されて、(中略)富とサービスを流通させるための、かぎりなく多様なネットワークが、社会全体に張り巡らされていた」[10]と結論づける。

全体として、こうした初期の仕事は、贈与による交換を、次第に、しかも不可避的に、市場の慣行や市場価値に席を譲っていくものとして考えていたのである。デュビーからすると、都市の貨幣経済という最初の衝撃が、新しい形態の贈与を生み、強化したものの、「一一八〇年以後は、利潤という動機が、気前のよさという精神を、着実に押しのけていった」ことになる。こうした議論を押し進めて、レスター・リトルは、フランシスコ会やドミニコ会が、清貧を称揚しながらも、一三世紀の商業的な社会生活に適応していくというパラドックスを描いてみせた。修道士たちは、商人に対して、その儲けを、貧者、施療院、宗教活動に振り向けるべきことを説いたのだった。こうして、「キリスト教ヨーロッパが、市場経済を成熟させて、利潤の方へと向かっていくなかにおいてさえ、贈与のエコノミーにもとづいたふるまいは（中略）、一挙に消えてしまうようなことはなく（中略）、むしろ商取引を補完する存在となっていったのであって、それはもはや対立物ではなかった[11]」というのである。

だが、そうした分岐点を、もっと遅い時期に設定する研究者もいる。一九四四年に刊行された、カール・ポランニーの『大転換』は、近代以前のヨーロッパ経済の見取り図に関するパイオニア的な書物となったわけだが、ここでは、互酬性と贈与再配分のシステムや、ローカルな市場と物々交換システムから、包括的で、自己調整的な市場への移行が、一八世紀末と考えられている。またガレス・ステッドマン・ジョーンズは、一八六〇年代のロンドンでの金持ちと貧乏人の関係における「贈与システムの変形」を論じている[12]。もっとも、そうした年代のいかんにかかわらず、変化の方向はどの場合も同一なのである。

そして、ごく最近になって、新世代の文化人類学者たちと呼応するかのごとく、歴史学者も、さまざまな面から、こうした見取り図の再構築をおこなっている。それは、市場システムに、その座を奪われる贈与システムというのではなく、新たな関係やら帰結をともないつつ、贈与という要素が存続していくという絵模様である。古代ギリシアについては、ガブリエル・ハーマンが、ホメロスの時代の個人と異邦人――「クセニア xenia」、つまり「歓待」としての異邦人だが――、という両者の儀礼化された贈与は、都市国家ポリスによって、異邦人とのつきあいのルールができたからといって、消え去ったわけではないことを明らかにした。むしろ逆に、「歓待の濃密なネットワークが、都市国家の境界を越えて拡大されて」、エリート層を結びつけ、各地域の支配者のメンタリティにも影響を及ぼしたというのだ。シッタ・フォン・リーデンは、初期ないし古典期のポリスにおける、さまざまな交換を検討した結果、商取引が発展していっても、贈与の感性は維持されて、商業活動と贈与行為とのクロスオーバーがしばしば見られることを発見した。彼らの考えによれば、ギリシア人は、人間、金、政治的なステイタスに関して、進化の図式の経済で想定されてきたのとは、まったく異なる区別をしていたことになる。(13)

中世については、バーバラ・ローゼンウェインが、クリュニー〔ブルゴーニュ地方〕のベネディクト会大修道院の所領における「社会的な意味」を研究して、一〇世紀から一一世紀初頭にかけて、土地の取得に関しては、寄贈も購入も共に役割を果たしていたことを明らかにした。どちらの場合にも、この修道院の守護聖人である聖ペテロが、所有者として立ち現れるのである。「贈与による交換システムと、商業経済のシステムの双方が、交換のふるまいにおける、ふたつのコンセプトないし理想モデルになっている。両方のシステムは同時に機能しうるのであって、その混合の度合いにより、さまざまな種類の経済活動が生み出されているのだ(14)」と、ローゼンウェインはコメントしている。

一六世紀、一七世紀におけるヨーロッパの国家の建設やパトロネージに関しては、重要な研究がいくつもあって、たとえばリンダ・レヴィ・ペック、アラン・ゲリー、シャロン・ケタリングのものを、本書では引き合いにだすことになるが、それらはいずれも、贈与論に対して、経済理論を超えた文脈を付与することとなった。モースの交換論でも、贈与と権力は登場するものの、それは小さなモチーフにすぎず、そこでは、法律が整備されていくと、贈与の必要性は減少するものだと想定されていた。だが、近世前期の王権国家の成立は、中世的な贈与を押しのけたわけではなく、むしろ、それを活用したのだし、おそらくは増加させていくのであり、その結果として、中央集権政府に付き物の「贈賄」が登場するまでになるのだ。[15]

最後に、マーシャル・サーリンズによる、「血族」社会における「互酬性のスペクトル」のような、歴史的過去における贈与とその返礼の選択範囲を広げるような試みがいくつかなされたおかげで、モース流の自発的／義務的、無償／打算という対立よりも、贈与の風景は、より陰影に富んだものとなった。わたし自身も、活字本に関してこの種の試みをおこなってみた。本書でもふれるけれど、多様な商業ネットワークを有する印刷業という新たな産業が、謹呈にまつわるさまざまの戦略を誘発して、はるか将来の期待を伴った、書物の謹呈戦略までも生んだのである。また美術史家のアレクサンダー・ネイジェルによれば、ミケランジェロとヴィットリア・コロンナ〔名門出身の女性詩人〕のおたがいの贈与行為は、単なるパトロンの交換ではなく、友人である二人が、芸術のみならず宗教的信念においても、打算のない、無私無欲という価値観を復活させようとしたことの反映だという。[16]

このようにして、贈与の風景のなかにも、多くの小径ができてきたのであり、その境界も、マルセル・モースが八〇年前に試みたマッピングよりは、もっと開かれたものとなった。そこでわたしとしては、いくつかのゴールをめざして、この領域のなかに分け入っていきたいのだ。一六世紀フランスにおける、贈与のステイタス、その意味作用と用法はいかなるものであったのかを問いたいと思う。それは、ラブレーの巨人たちが、武力よりも、贈与の義務によって、多くのものを獲得できた時代なのであった。それは、キケロの『義務について』とセネカの『恩恵について』という、贈与をめぐる古代ローマの偉大なるガイドブックが、陸続と刷られた時代であった。カトリックとカルヴァンとが、人間は神になにを与えることができるのかをめぐって激しく論争した時代であった。国王が、自分の威厳を高めようとしながら、同時に、国庫を満たそうとした時代であった。パトロネージのシステムが、より複雑になった時代であった。それは、親族たちが、財産を遺贈する最良の方法を探しまわった時代であった。農村においても、地域の市場が栄えて、リヨンの大市によって、生産物や信用を、ヨーロッパ中に流通させた時代であった。そしてまた、「野蛮人」にプレゼントすべく、あのジャック・カルチエが、ナイフやらガラス玉を船に満載して、地球の反対側に向かった時代でもあったのである。

わたしはまた、国王の気前のよさから、乞食たちへの施しまで、目的とサービス、恩恵と神の恵みなど、さまざまな形態の贈与と、その回路を、種々の枠組みのなかで探し求めてみたい。はたしてだれが、なにを、いつ、どのような理由でプレゼントしたのか？　それはなにを意味していたのか？　こうしたアプローチをすることで、贈与の慣行が、社会的な地位、ジェンダー、富裕度によって変化するさまがわかるし、異なる環境で、贈与のリズムがどうなっているのかも見えてくる。そして、いかなる見返りが期待されていたのか、その変動範囲もかいま見ることができそうだ。つまり、どのようなときに、すぐに返礼がなされたのか、あるいは、それが間違になったのかといったことである。贈与の回路は、プレゼントした当人には絶対に戻ってこないかもしれないほどの、長大なルートを辿るものなのだろうか？

これほど広範囲な探求になったことについて、ひとことだけいいわけをしておくが、それは、一六世紀フランスにおける多数の観察者ゆえなのである。ある官職を付与すること、時禱書を高貴な姪にあげること、ピンを女中にあげることは、一見ものすごく異なったことに見えるかもしれないけれど、それを記述するカテゴリーやことばによって、また贈与側に示され、受け取る側に生まれるとされる、美徳や価値によって、すべてが結びついているのだ。そこでは、同じ「精神《スピリット》」が、彼らを突き動かしているのであって、たとえば「感謝の気持ちが、義務を生み出す」ということについては、第一章で扱うことにする。「贈与」なるものは、ある意味では、ヨーロッパ人が太平洋の人々と出会ったことで発明されたのだという、ニコラス・トーマスの考え方は正しいかもしれないが、それでもやはり、「贈与」は一方では、道徳哲学の長い伝統を引き継いでいるのである。

本書は、贈与論ではないし、一六世紀の贈与の民族誌《エスノグラフィ》でもない。また「贈与の位相」「贈与のモード」とわたしが呼んでいる、文化的・社会的な研究ともいえない。時代とともに、贈与や交換のシステムは大きくシフトしていくわけだけれど、完全な贈与のエコノミーから、時折のプレゼントへの変化に関する、普遍的なパターンなどは存在しない。むしろ贈与による交換は、人間関係にとって不可欠の方法として、人間のふるまいのレパートリーのひとつとして、固有のルール、言語、作法、身ぶりを有する表現として永続していくのだ。贈与の方法は、その時代によって、広がったり、縮んだりするものの、贈与自体は、けっして意味を失うようなことはない。一六世紀における贈与の特徴は、このあとのページでふれることになるが、そこで、もっとも重要なことはなにかといえば、同じ身分の人々、あるいは異なる身分の人々のあいだの人間関係を和らげて、人々が自分たちだけで閉じこもらないようにすることであった。

贈与という手段は、別のふたつの人間関係の手段とともに存続していく。市場で売り買いするという販売手段と、強制手段、つまりは盗みとか、処罰としての押収とか、(同意なき課税のような) 強制的な支払いといった方法である。贈与という方法が、この売買や強制と競い合うこともままあるし、それらがすべて密集して、相互作用を及ぼしあい、重なり合うこともある。わたしとしては、こうした重なり合いやせめぎ合いについて問いかけをおこなうつもりだとはいえ、二〇世紀末の関心事に従うだけで、よしとするつもりはない。というのも、一六世紀の人々は、たえず贈与について、自分の贈与と他人の贈与の値踏みをして、はたしてなにが賭け金《ステイク》となっているのかを決め、これはいい贈り物なのか、悪い贈り物なのか、そもそも贈り物といえるのかを判断していたのだから。

この研究では、悪い贈り物も、重要な役割をはたすことになる。贈与による交換なるものは、最良のものとして、すなわち、友好や平和の源泉として、地位の確認として考察されることが圧倒的に多い。わたしも、贈与のこうした秩序維持的な特質について、第二章、第三章で扱う予定である。しかし同時に、贈与のシステムは、トラブルを醸成する危険性をつねにはらんでいるのだ。互酬性が保証されていないのであるから、贈与のシステムは、単に良性のものとはいえないのである。贈与の習慣が、手のつけようのない、激しい競争に堕することもあるし (クワキウトル族 (現在のカナダ西部、ブリティッシュ・コロンビアに居住。モースが論じた〕のポトラッチという行事では、モノの「破壊」によって、競争の通常のルールを逸脱してしまったではないか)[17]、あるいは、与える側の極端な支配のもとで、崩壊してしまうこともある。われわれは、一六世紀に、贈与のおかげで生じたトラブルをいろいろと聞かされることになろう——それも賄賂にまつわるものだけではなくて、互酬性をめぐっての、猛烈なけんかや、屈辱や、解決不能の争いといったものを。

贈与のリズムやトラブルのなかには、一六世紀を境にして、別に変わったとは思えないものも存在する。しかしながら、ラブレー、マルグリット・ド・ナヴァール、モンテーニュの世紀は、贈与の慣行をめぐる特殊な結果も生み出したのだ。たとえば印刷術によって、より大きな機会が浮上したのだし、また、表には出てこないプレッシャーだって生まれたのだ。わたしとしては、家族生活や、国家の発展や、宗教的な慣習から生じた、多元決定された義務の文化が、贈与の位相に負荷をかけていくさまについて論じるつもりでいる。モノをあげたり、もらったりすることは考え直そうという人々もいたけれど、彼らは、仲間のキリスト教徒を説得できたのだろうか?　それに、はたして神様は、そうした言い分を聞いてくださったのだろうか?

1　贈与の精神

いかなる確信や規範によって、一六世紀のフランスでは、贈与というふるまいが続けられていたのだろうか？　贈与を受けた側が、お返しをしなくてはという気になるのは、そもそもどうしてなのか？

一六世紀の人間は、大昔から信じてきた二つのことがらを核として、そうした気持ちを抱いていたのである。その二つを体現しているものとしては、マルセル・モースが論じた、マオリ族の「ハウhau」にまさるものはない。彼らの第一の信仰とは、人間の贈与を神の恵みと結びつけることであった。われわれの持ち物はすべて神からの賜り物なのだから、贈り物としてもらったモノは、また贈り物として出ていくのは当然だという感覚である。聖書でも、たとえば「イザヤ書」一一章の、知恵と正義と高潔さ、「ローマ人への手紙」一二章の「信仰の量《はか》り」、あるいは、キリストによる贖いという至高の恵みなど、精神的な贈与がしばしば話題になっている。だが、主が創造し、支配するところの、世界全体もまた、主からの賜り物だと解釈できるのであって、それは、「空の星のように」人間の数をふやすという約束の場合についても同様なのである。では男や女は、この祝福に対して、どう応えればいいのか？　それは、恩寵をくださった方への感謝の念であり、その名前を大いに崇めることであり、より多くの贈り物をすることではないのか。「ただで受け取ったのだから、ただであげるがいい」、キリストは弟子たちにこう語っていたのだ。①

この聖書の主題は、一六世紀には、いくどとなく現れてくる。一五三六年に刊行した道徳書のなかで、ポワトゥー地方の法学者であるジャン・ブーシェは、天地創造からよき伴侶の獲得に至るまでの、神の恵みを列挙して、われわれは、心と口とふるまいにより、神への感謝の気持ちを示さなくてはいけないと語っている。その数年後、ピエール・クストーはエンブレム・ブックで、「われわれが神から賜ることになる恩恵については、それを神に返さなくてはいけない。そして貧しい人々に恵みを与えて、助けるように努めなくてはいけない。そうすれば、神は、それをご自分に向かってなされたものとして、お受け取りになるのだ」と注解している。俗諺もまた、「与える者には、神が、なにかをくださるのだ」と、このことをきわめて利己的に表現している。②

この神と人間との創世にまでさかのぼる贈与の結びつきと共に、もうひとつの信念が核をなして、贈与交換は、卑俗な言い方で正当化されていた。何世紀も昔にアリストテレスが述べたように、人間は互酬性によって結びついているのであり、生産と市場のみならず、モノをあげたりもらったりすることが、この相互性を作っているというのだ。「市民のおたがいの感謝の気持ちを強め、それを維持するために、もっとも身近な場所に、三美神の神殿が設けられたのである。というのも、それこそが恩恵の特徴なのだから。恩恵を示してくれた相手には、今度は自分がお返しをしなくてはいけない。あるいは別の時に、自ら率先して恩恵をほどこす必要があるのだ」。③

一六世紀の教養人は、贈与の互酬性を思い描くのに、好んでこの三美神を引き合いに出している（図1）。その案内人はセネカであって、彼は、感謝の気持ちの「自然さ」を強調して、飼い主に対しては、あの獰猛なゾウさえもおとなしく、従順ではないかといって、丸くなって手をつないだ三人の姉妹こそ、贈与が相互にもたらす利点をみごとに図解してくれると考えたのである。「あげる人、受け取る人、そしてお返しをする人というように、三人が三様に、贈与の恵みを表している」、こうセネカはいう。では、なぜ彼女たちは手をつないで踊っているのか？

> 手をからませて、輪舞するかたちになっているというのは、恩恵の連鎖が、手から手へとつながっていって、善をほどこす者に立ち返ることを示している。ひとたび連鎖がとぎれれば、その輪も完全にこわれてしまう。だが、この輪がずっと続き、とぎれることがなければ、これはとても美しいのである。[4]

こうした哲学者たちの議論などは聞いたこともない、フランスのふつうの人々のあいだにも、贈与が完結すれば、おたがいに安心できるといった、似たような言い方がいくつも存在していた。

> 親切は親切を生む《グラティア・グラティアム・パリット》。
> きちんと贈ったものは、けっして失われない。

あるいは、互酬性を無視すると、どれほど高くつくのかを思い出させる俗諺も存在した。

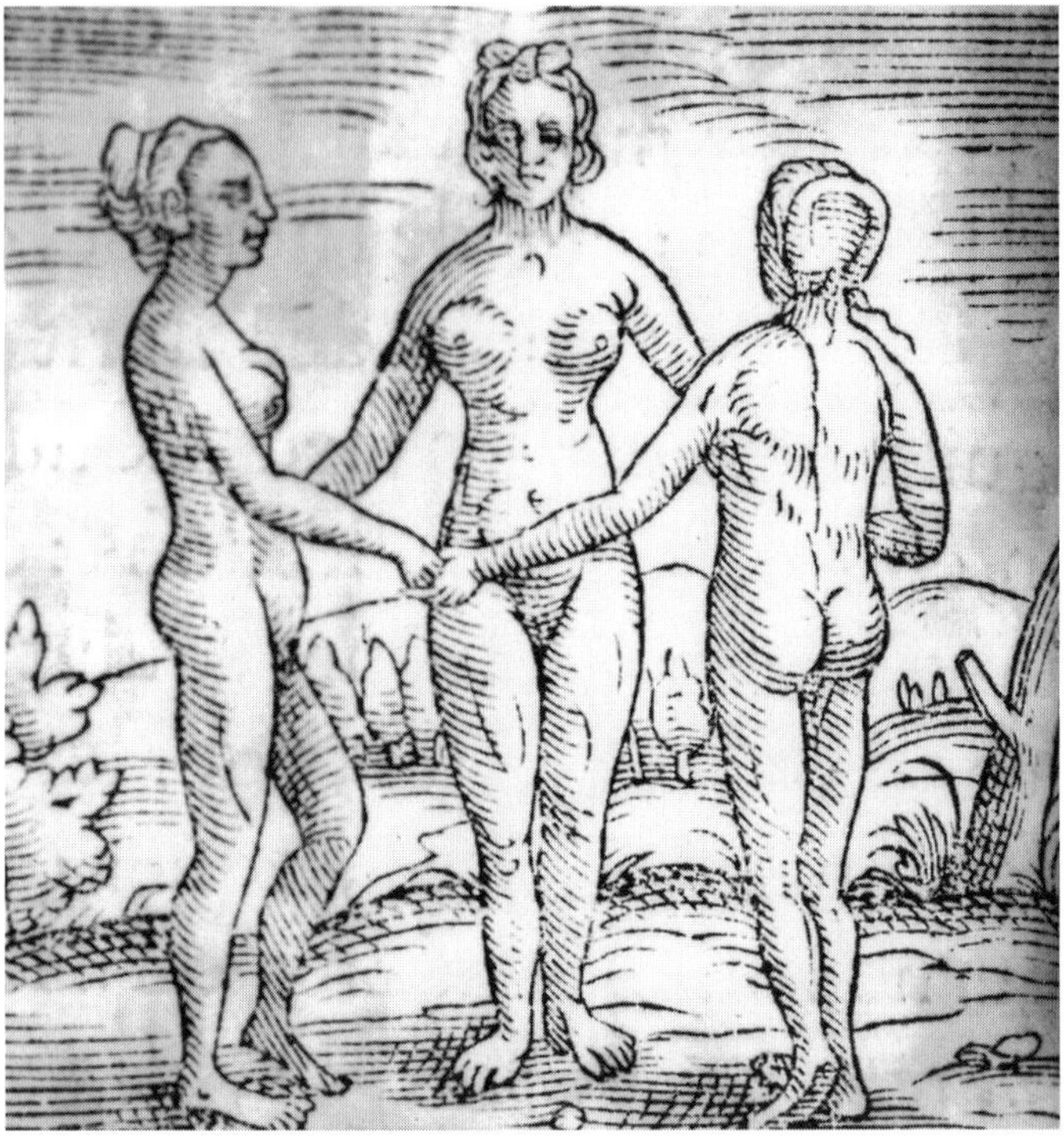

1. 《三美神》.

もらってばかりいて、絶対にあげない奴は、
友情にも見捨てられる。(5)

ひとつは、神や、贈与の垂直移動を想起させ、もうひとつは、社会的な必要性や、人々のあいだにおける恩恵の水平運動を想起させるという、このふたつの考え方が、一六世紀には、おたがいに補い合うものと考えられていた。所有権や契約についても、ふたつは両立するものだとして、それぞれの考え方が強化された。つまり、贈与となるには、モノは十分に個別化されて、「私的」なものでなければいけなくて、たとえば、すべてが共有とされる修道院などでは、修道士も修道女も、おたがいにめったにモノを贈ったりしないわけである。しかし、贈与というからには、所有者が、それを手放すことも想像できないほどに、「私的」なモノであってもいけなかった。一六世紀の所有権は、つねにこの二重性を帯びていたのである。たとえ親が、自分の意思で選んだものを遺贈できるとしても、何世代もの子孫たちは、一族の財産すべてに関心を持っていたのだ。土地にしても、不動産のマーケットでは活発に動いていたとはいえ、それでも依然として、封建制や領主制による保有権に従属するものであって、何人もが所有権を有していたのだ。完全な個人の所有権という考え方への移行、つまり、一六〇七年の英国の文書を引用するならば、「なにかのモノに関して、他のいかなる人間にも従属することのない、最高度の権利を有すること、あるいは有しうること」というコンセプトに移り変わるには、フランスは長い時間を要したのである。(6)

この三美神のイメージは、書面契約という正式の合意や、強制的な圧力と並んで、感謝の念もまた、社会を円滑に運ぶのに必要なのだという想定の上に成立していた。農村では、どんな片田舎でも、公証人が、土地の売買契約、貸与契約、結婚契約、それに遺言などを記録していたから、だれひとり自分の名前も読み書きできない家でも、箱の中は羊皮紙や紙でいっぱいになっていた。とはいえ、正式契約が、現在と同じように見られていたわけではない。法学者にとって、契約の精神とは——その後一八世紀にそうなるような——意志や個人の自由な選択のあかしではなくて、共通の利益への気配りによるものであった。ポワチエのある法学者は、契約がなされるのは「人間のあいだに存在する不平等を埋め合わせるためであって、（中略）こうすれば、人はおたがいに、自分が必要なものを他人からもらうことができるのだから」と述べている。また、博学な法学者シャルル・デュ・ムーランは、自著『契約分析論概要』の扉に、「汝自身を愛すように、隣人を愛しなさい」という格言を置くのがふさわしいと考えたのだった[7]。

要するに、一六世紀には、贈与の互酬性と正式契約とは、同じ道徳的な場を、いくらか分かち合っていたのである。契約が広がったからといって、感謝の大切さという確信が、必ずしも突き崩されたわけではなかったのだ。

このような信念が、目的も種類もさまざまな贈与を正当化していたわけだが、興味深いことに、贈与の多様性と、贈与を意味する、一般的な表現の多様性とは、嚙みあっていないのである。昔からの don という表現と、中世に登場した présent という表現が、もっとも頻繁に使われていたとはいえ、前者は後者にくらべて、より正式な表現であったし、時には、両方が同時に出現することもある。たとえば一五三九年、皇帝カール五世がオルレアンを訪ねたとき、市の顧問官たちは「じつにすばらしい食器棚を、皇帝に、贈与《ドン》とプレゼント《プレザン》として贈った」(8)などと出てくるのだ。また異邦人との友情を結ぶために差し出すところの土産を意味する、xenium というギリシア・ローマ時代の表現に相当するフランス語は存在しなかった。そして、cadeau〔現在では「贈り物」「プレゼント」を意味する〕という単語は、一六世紀のフランス語では、もっぱら文頭の飾り文字を意味していたのである。(9)

　この don と présent 以外にも、もうひとつ、「施し《オーモーヌ》 aumône」という単語が、贈与の状況や贈与物を広くカバーしていた。贈与を受ける側が「貧しくて」、「哀れみ」を催すような状況のときには、モノが「施し《オーモーヌ》として」、あるいは「施し《オーモーヌ》により」与えられるなどと言った。たとえば王妃アンヌ・ド・ブルターニュ〔シャルル八世、次いでルイ一二世の妃〕の会計簿には、勉学熱心なフランチェスコ会修道士に、七リーヴルを、「与え、施した《オモーネ》」とある。シャルル九世の会計簿には、手を負傷した画家に二五リーヴルを、「哀れみ《ピティエ》と、施し《オーモーヌ》のために贈った」とある。また若き日のアンリ・ド・ナヴァール〔のちのアンリ四世〕は、ペリグー地方の貧民たちに、一八リーヴルを、「与え《ドネ》、施した《オモーネ》」という。(10)

　こうした大まかな区分以外にも、特別な場合に、なにかを贈与として同定する用語も存在した。たとえば legs「遺贈」は、遺言による贈与だし、offrande「奉納」は、宗教儀礼や祈りのあとで、神や教会に捧げる贈与だった。そしてまた、étrennes「お年玉」は、新年のプレゼントだし、bienvenue「入会の儀／入会金」は、自分がなにかの仲間に入った時とか、新しい地位についた時に、同僚のために開く披露宴のことだった。もちろん、地域や、季節や、できごとによって、特別の名称も見られた。だが、いくら一六世紀フランスでは、贈与の語彙が豊富だったとはいっても、イヌイットが雪を表すのに持っている言葉のレパートリーとは話がちがう。なにしろイヌイットは、降る雪の質が少しでも変われば、ちがう呼び方をするというのだから。一六世紀フランスでは、むしろ、モノや行為が、それに区別するラベルを貼りつけるか否かで、贈り物というステイタスに移行していたのだ。文言やジェスチャーといった、ある種の枠組みによって、もらった側は、これで贈与の関係ができたと悟るという仕組である。贈与の精神は、名称だけではなく、全体の状況によって伝えられたのである。

こうした核をなす信念とは別に、一六世紀のフランスは、キリスト教的な慈愛、高貴な鷹揚さ、友情のあかし、隣人としての気前のよさという、人間のつきあいのなかでの四大規範を、過去から受け継いで、再定義しようとしている。それぞれが、異なる社会的環境において、なにかを授受する時の模範を示していたのだ。

『羊飼いの暦』でも、道徳書でも、あるいは聴罪司祭のための「大全」でも、キリスト教の慈愛は、まず神への愛に始まり、それから隣人愛へと向かうのだった。友人や、家族や、隣人に対して慈愛が示される場合もあるけれども、慈愛の最大の特徴というのは、相手が身近な存在かどうかには関係なく、困っていて、悲嘆にくれている人々に対する憐憫や哀れみの気持ちにある（図2）。提供されるサービスも、無知な者へのアドバイスや教えのように、精神的な次元のこともあれば、あるいは、施しや「慈悲の七つの信心業」のように、物質的な次元のこともあった。ちなみに、「慈悲の七つの信

2. 《慈愛のアレゴリー》.

心業」とは、飢えたる人に食べ物を与えること、のどの渇いた人に飲み物を与えること、裸の人には衣服を与えること、住まいのない人には宿を貸すこと、病人を見舞うこと、囚人を請け出すこと、死者を埋葬することをいう[11]。

　意志のみならず、義務もまた、人々を慈愛という贈与へと導くものとされていた。慈悲による信心業とは、神の命じられたことなのである。死にかけている人になにかを与えるのを拒むのは、強欲という大罪にほかならなかった。神への愛なしに、ひたすら「現世を讃えて」、慈善をおこなうのは、慈愛から美徳を奪うことにほかならなかった。一五七一年に、ジョルジェット・ド・モントネが出したエンブレム・ブックでは、乞食に施しをする一方で、ラッパをせわしなく吹き鳴らす寄贈者の姿が描かれて、「汝の楽器を吹き鳴らすなかれ」〔ラッパは「吹聴すること」の喩え〕と戒められている（図3）。またジャン・ブーシェが、施しは「束縛なしに」なされるべきだと述べたときに、彼が言いたかったのは、人は同胞には義務など少しもないということではなく、「楽しく、（中略）神を讃えて」、施しをおこなうべきだということなのだった[12]。

　慈善を施すことの見返りは、神に対してのみ期待すべきものだと考えられていた。正しい精神によってなされた慈善行為に対しては、主が「喜ばれる」のであるから、カトリックの見方からすれば、そうした行為が各人の救済に寄与するはずだということになる。ブルターニュのある田舎貴族は、息子への「教訓」で、物質的な報酬についてもふれながら、こう諭している。

　貧しい人々に対しては、慈悲と憐憫をかけてやりなさい。そして、余分なものがあるならば、おまえの財産

EMBLE'ME CHRESTIEN 90

NE TIBIIS CANATVR

Quoy qu'en tout temps l'aumoſne ſoit vtile
Aux ſouffreteux, point ne faut de trompette
A l'annoncer, comme dit l'Euangile.
La Charité de cœur vraye & parfaicte
Ne veut teſmoins de ſon œuure bien faicte.
Car il ſuffit que Dieu bien apperçoit,
Que l'indigent de ton bien a diſette.
Le publiant ſon ſalaire reçoit.

Ceſt

3.《汝の楽器を吹き鳴らすなかれ》.

を気前よく分け与えるのです。おまえの母親と、このわたしは、なによりもこのことを心がけてやってきたのだから、おまえは両親に倣うだけでいいのです。神はわたしたちの仕事と家庭を祝福されて、その財産をふやしてくださったのですから、わたしたち夫婦を見習って、もっとがんばれば、神はおまえにも同様になさってくださるにちがいないのです。（中略）犬に対してするように、戸口にパンを一切れ置くだけでは、十分とはいえません。貧しい病人や、年老いた人々がどこにいるのか、しっかりと探させるようにしなくてはいけません。（中略）いやがらずに、毎年、少なくとも一二人の、孤児や困窮しているお年寄りに衣類をあげなさい。そうすることで、おまえは、天国への道を準備していることになるのだし、そうしたからといって、年の終わりに貧乏になるわけではないのだから。⒀

とはいっても、施しを受ける相手が、本当に困窮していて、にせの乞食ではないことをしっかり確かめてから、ものをあげなくてはいけなかった。それに、もしも全員分の施しがないような場合には、異邦の貧民よりも、隣の貧民を優先するという、昔からのルールに従う必要があった。だが、施しを受けた側から、将来、なにかサービスを期待できるのかどうかについては、なんの言及もない。母親が子供を抱いた光景を描いた、一六世紀の重要なタブローでは、「慈善」の銘として、「彼女は、自らのものは求めない」と記されているのである。⒁

慈善に対する、神ではなく、人間からのお返しは、もっぱら、受けた側の感謝の気持ちとして届けられた。もらう側は、その施しもののことを忘れずに、こびへつらうことなく、くれた人を称え、「サービス」を返さなくてはいけなかった。このお返しは、寄贈者に行くべきものではあったが、その相手がわからないときでも、別のところに向けられなければいけなかった。というか、このお返しは非対称性のものといえるのではないか。施しを受けた側が貧しければ、その感謝の気持ちを、声と身ぶりで表すしかないし、それで十分なはずだった。与える側と受け取る側の力に、大きな不均衡がみられることについては、「父には、師には、そして全能の神には、だれも同等のものなどは返せない」[15]という俗諺が、こうした状況をたくみに要約してくれている。

慈善による贈与に関するキリスト教の枠組みとならんで、気前のよさに対する、世俗的・倫理的な価値も存在した。気前のよさというのは、封建時代の歓待と鷹揚さという中世的な理想と、善行と寛大さという古典的な観念との混合物なのであって、教養ある貴族や王侯王妃に対して、とりわけ推奨されていた。一六世紀には、この「気前のよさ《リベラリタス》」は、家長たる者ならば、かならず備えているべき美徳であったし、またそのような一族の女性も、それなりに持っていていてしかるべきものだった。

一六世紀の読者は、『メリュジーヌ』という古いおとぎ話〔美女の姿をした妖精メリュジーヌが、騎士レイモンダンと結婚して、魔法で、そのリュジニャン家を繁栄させてやるが、蛇という正体を見られて、城を飛び去ってしまうという話〕を活字で読んだりしては、「気前のいい施し」を、中世という過去にゆかりのものとして、仕入れていた。メリュジーヌとレイモンダンの二週間にわたる結婚披露宴に招かれた客たちは、豊富な食べ物、金銀のグラスにつがれたワインに、二人の住まいの豪華さに、そしてメリュジーヌが各人にくれた「ものすごい贈り物や宝石」にと、たえず度肝を抜かれ、目を丸くしていたではないか。一六世紀になっても、王侯の結婚式とか、大きな祝祭のときには、こうした中世の伝統が踏襲された。お触れ役が「気前のよさだよ、おひねりだよ！」と叫びながら現れると、新郎や優勝した騎士の肩書きやら、財産やらを、次々と列挙しながら、みんなで、金貨や銀貨を投げるのだった。[16]
とはいっても、一六世紀の作法書などでは、こうした気前のよい施しは、あまりに節度がないとされる場合が多かった。たとえばジャン・ブーシェが、こうした気前よさの典型的な定義を教えてくれる。ブーシェは、アリストテレス『倫理学』、キケロ『義務について』、セネカ『恩恵について』という古典だけではなく、ラ・トレムーユ公に仕えて、長く恩恵を受けてきたという、自分の個人的な体験からも、教訓を引き出してみせる。それによれば、気前のよさとは、自分の仲間に対する思いやりの気持ちから出てくるものであり、それが、「ほうび」を取らせたり、「喜びや恩恵」を施したりしてやろうという気にさせるのだけれど、惜しげもなく与えるようなことには絶対にすべきではないという。人は身分相応に暮らさなくてはいけないのだ。頻繁に、派手な宴会や狩猟遊びを催すのは、強欲さという、自分勝手な悪徳と同じで、悪しき蕩尽にすぎないというのである。そんなことよりも、結婚したときとか、新しい役職についたときなど、人生の晴れの舞台で、ぜいたくをしても当然の機会に、自分のもてなしの精神を注ぎ込む方が、よほど価値があるという。しかしながら、そうした「私的なことがら」を越えて、自分の親切心を、近親者や、友だちや、仕えてくれる者や、学校の生徒たち、困っている商人などにまで広げるのが、もっといい。そして、教会、修道院、病院、要塞など、「神の名誉と、公共の利益に奉仕するところの、共同で、神聖なモノ」への贈与は、正当な大盤振る舞いだとされたのだった。[17]
ブーシェはルイ・ド・ラ・トレムーユ公二世という、亡き主君こそ、自分の収入や特典を、国王や公共のために捧げたところの、気前のよさのみごとな実例であったと考える。そして、ラ・トレムーユ公の家来のなかには、主人が国王にかけあって、自分たちに官職でも持ってきてくれないものかと願った者までいたと、つい筆をすべらせてもいる[18]。

こうした恩恵の授与においては、慈善の施しと同じく、意志と義務が対立することなく、むしろ歩調を合わせていると考えられていた。ブーシェはセネカを引きながら、本当に寛大であるためには、自分でそうしたいから与える、それも笑顔で、なんの後悔もなく与える必要があると述べる。また同時に彼は、キケロを引用して、鷹揚さとは、「自分を最高に遇してくれる人に対して、できるだけのことをしてあげるという道徳的な義務」だとみなす。だが、この鷹揚さにおいては、その義務をしっかり選別するという手続きが不可欠であって、これが憐憫の情でなにかを施す場合とは異なるというのだ。エラスムスは『格言集』で、読者に「チュニックはマントよりも肌に接している」と教えてくれたけれど、それは「ふくらはぎよりも、膝のほうが近い」ということでもあって、「愛する者のなかでもきちんと順番をつける必要がある」のである[19]。

さて、こうした気前のよい贈与に対するお返しであるが、それは場合によりけりだ。まずは、このお返しは、慈善による施しの場合と同様に、もっぱら受け取る側の感謝の念で示されるべきものだとされる。鷹揚な人間は、自分がしてやったことを相手に思い出させないように気をつける必要がある、なぜならば、「喜びを与えたり、ふるまったりしてやった人間は、すぐにそのことを忘れ去り、それを受けた側が、いつまでも覚えていることこそ、恵みのルールなのだから」と、ブーシェはいう。だが一方で、こうした鷹揚さのメリットも、率直に記されている。ものをあげたり恩恵を施したりすれば、「たくさんの友人」ができるのだからといって、ブーシェは「友だちは金銭にまさる」という諺を引用し、これほど賢い道はないと語るのだ。その何十年かのちに、フォレ地方〔リヨン西方〕の判事ジャン・パポンも同様の意見を披露している。「ものを贈り、鷹揚さを発揮することで、おまえには友だちができるが、それこそ新しく、より確実な宝なのだ。おまえの側について、いざというときには助けてくれるのだから、結局、高利で貸すよりも、よほど見返りは大きいのだ[20]」と。

慈善による施しとはちがって、この気前のよい贈与の典型的な状況なるものは、無名のものではない。贈与者は相手を知っているのである——しかも、贈ることが、彼あるいは彼女にとっては迷惑ではなく、助けになるのだと確信できるほど、相手を知ってなくてはいけない[21]。もらう側が、あげる側を知っているならば、実際は、なにか賜り物を所望することだって可能だ。とはいえ、その要求は、街頭の乞食のような、悲惨なスタイルでなされてはいけないし、また、中世の「頼みごと」のスタイルでもいけない。後者の場合は、なにがほしいのか直接いわなくても、「殿さま、お願いがございます」で、願いは聞き届けられたのだから。そうではなくて、ここでは、過去の奉仕を、現在の必要性を、そして未来の感謝を、礼儀作法にのっとって示した上で、贈り物がなにかをはっきりさせなくてはいけない。要するに、エラスムスの『書簡文入門』〔初版は一五二二年〕など、手紙の書き方の教本で覚えたようなテクニックを使わなくてはいけないのである。

とりわけ、そうした恩恵を受ける側の範囲や返礼に関しては、贈与関係における、慈善という理想と、気前のよさという理想が衝突する可能性があったと思われるのだが、一六世紀の観察者たちは、両者をいっしょにする傾向にある。大法官のピエール・ド・レトワールは、サヴォワ公国妃であった、亡きマルグリット・ド・フランス〔フランソワ一世の娘である〕の思い出を、一五七四年に綴っているけれど、そこでは文章ごとに、両者がないまぜになっている。たとえば、フランスの貴族たちは、彼女の土地を通過するたびに、金を貸してくださいと頼んだが、それに対してマルグリット・ド・フランスは、ただ一言述べて、金をあげたという。「みなさま、みなさまが感謝すべきは、わたしではありません。このわたしが、あなたがたを助けることを望まれたのは、神なのです。（中略）わたしは偉大にして、鷹揚なる王さまがたの娘で、困って助けを、求めてきた者には、だれであれ、貸すのではなく、気前よくお金を差し上げるように教わってきたのです」。そしてレトワールは、「要するに彼女は、本当のキリスト教徒なのであった[22]」と話をしめくくるのだ。それから一〇年後、プロテスタントの将軍フランソワ・ド・ラ・ヌーは、仲間の貴族たちに対して、この二つの特質を、「とても折り合いがいいもの」だとして大いに奨めている。どう考えても、「自分の財産を、キリスト教徒として活用することと、有徳の人として活用することが、相容れないはずがないのだから」といって、ラ・ヌーはこう述べる。

しかしながら、福音の教えは、哲学の教義から引き出された教えよりも好ましいのだから、キリスト教徒としてふるまうほうが立派だということになる。前者によれば、まなざしを低くして、貧者に慈善をということになるし、後者ならば、友人など、それにふさわしい相手に、気前のよさを広げていくことになるのだ。だが、どちらの行為も、心からの情愛に発したにちがいないのであり、ともに善行なのであって、相似していることはあっても、さほどの違いはないのである[23]。

右の引用でもそうだが、ルネサンスの贈与のディスクールをあれこれ見ていくと、とりわけ、気前のいい贈与において、「友人《アミ》」ということばが、出現することに気づかされる。そのひとつの理由は、一六世紀において、この ami ということばが、中世と比較すれば、やや狭くはなったとはいえ、それでもまだ、ずいぶん広い意味を保っていることにある。たとえば夫婦のあいだでも、「友だち ami」ということばが使われたのであって、書簡のやりとりでは、愛情をこめて、「あなたの忠実な夫にして、確かな友だち」、「あなたの愛する夫にして、確かな友だち」、「あなたの永遠の妻にして、永遠の、最良の友だち」、「あなたの妻にして、完璧な友だち」などと書かれていたのだ。この ami ということばは、孤児の結婚契約など、必要なときに忠告できる「親族と友だち」というふうに、近親者にまで使われていた。あるいはまた、ただの知人とか、身近にいる他人が、急にすごんだ様子を見せて、なだめなくてはいけないときにも使われた。《Mon ami, je ne vous demande rien.》(直訳すれば「わが友よ、あなたにはなにも頼んでおりません」) は、殴り合いを避けるための標準的な表現なのであった[24]。

「友だち」という呼び方は、上下に少しばかり離れた、さまざまな社会階層のあいだでも使われたが、いつでも目上の者がこの表現を用いることに変わりはない。ラブレーの物語では、王太子であるパンタグリュエルが、出会ったばかりのパニュルジュを「わが友よ《モ・ナミ》」と呼ぶけれども、それは、パニュルジュがぼろを着ていても、いかにも裕福で、高貴な血筋に見えたからだ。そしてパニュルジュは、「友情で結ばれた、新たなペア」を形成すべく、パンタグリュエルに誘われて、従者かつ仲間として、彼のそばに残ることになる。もちろん王太子は、料理人の「友だち」ではないのであって、偉い人間は、あまりに下々にまで親交を広げるに任せてはならない。それでもやはり、贈与物が動くところの、かなり広いネットワークが形成されていて、そこでは、少なくとも一時的に、親しげなことばが生まれていたのだ[25]。

一六世紀における、こうしたずいぶんと緩やかな友情の定義と並んで、贈与の精神のニュアンスを含んだ、厳密な定義も存在した。アリストテレス『倫理学』やキケロ『義務について』の、格調高い表現や、諺とか親近感の表現を思い起こしてもいいのだが、この深い友情は、ごく限定された仲間の輪にしか適用されない。エラスムスは『格言集』の二番目に、「友だちとは、もうひとりの自分《アミクス・アルテル・イ》である《プセ》」という古い諺を引いているが〔ちなみに一番目は、「友人の間では、すべてを共に」〕、そこで彼は、「キリスト教の慈善は、だれにでも広がっていくものだけれど、友情は、ごく少数に限るべきだ」と書いている。なにかを遺贈するときには遺言執行人を指名することになるが、男の職人や商人の場合は、その執行人のことを、ただ「(わが) よき友」とか、「(わが) 特別な友」とか、「(わが) よき隣人にして友」と呼ぶだけですませている。(これが、そうした階層の女性の場合は、遺贈する相手のことを、近親者の呼び方か、使用人の呼び方で名指しするだけで、決して「わがよき友」と付け加えたりしない。ただし、この時代には、書かれたもののなかで、女性どうしの友情が賛美されることは、男性の場合に比較して稀であったことを考慮する必要がある。) 真の友情は、効用性ではなく、愛と共感から生まれるのであるが、それは、おたがいの奉仕と、利益と、義務とによって支えられているのであって、「友人は、相手を見張っている」のであった。贈与は、こうしたリズムの一部にほかならず、それは「友情」をはぐくみ、そのあかしとなるのだ。ジャン・ブーシェにとって、贈与とは、友情の第五の掟にほかならなかったのである[26]。

緊密な友情から発する好意においては、測定はできないものの、贈与の互酬性が厳しく規定されている。与える側ともらう側は、いつも同じようでなければいけなくて、このことに曖昧さがあってはならないのだ。とはいっても、贈り物のやりとりは、気前のよい施しの場合のように、比較考量すべきものではなく、なにも頼まれないうちにあげるのが好ましかった(27)。

伝統的な規定の四番目にあたる、隣人としての気前のよさは、富裕な名家で、鷹揚さが果たしているのと同じ役割を、農家や、職人や町人の家で果たしていた。鷹揚さほどは理論化されてはいないものの、このタイプの気前のよさが、より多くの日々のできごとをカバーしていたことは確実である。ジャン・ブーシェによれば、近所づきあいとは、「ひとつの通りや、教区や、町や、村や、コミュニティ」の人々のあいだにおける、「家族のような愛情」の形態にほかならない。聖書は、キリスト教徒やユダヤ教徒に対して、隣人を手ぶらで帰してしまうようなことのないように厳しく命じているのである。そして一方、俗諺においては、隣人をわがことのように愛せとまではいかなくても、同じ通りや教区に住む人々のあいだでの「家族のような愛情」が、実際的なメリットにもつながることが述べられている。

よい隣人を持てば、よい朝を迎えられる。

隣人たちに愛される者は、家の中でもうまくいく。

隣の家が燃えているのを見たら、自分の家のことを心配せよ。

また、よい隣人を、なによりも相身《あいみ》たがいでと、定義する俚諺もある。「あまりに貧乏すぎたり、金持ちすぎる隣人を持つのはよくない」という俗諺を紹介して、ボナヴァンチュール・デ・ペリエは、こう続ける。「というのも、隣人が貧しければ、いつもこっちに頼みごとばかりして、なにも助けてはくれない。逆に金がありすぎると、おまえを隷属させてしまい、おまえは隣人のことを耐えなければならず、そんな相手からはなにも借りる気にならないだろう」。いずれにせよ、人の移動が激しくて、自分の子供だって遠くに行ってしまうような時代には、隣人は、だれよりも頼れる存在であったにちがいない。「遠くの親類よりも、近くの他人」(30)ということである。

一六世紀には、慈愛、鷹揚さ、友愛、隣人のよしみが、贈与関係が見込める理想のカテゴリーであり、さまざまな感情や美徳も、それらを通して表現されるものだと見なされていた。とはいえ、それらがすべてを網羅していたわけではない。なかでも、犠牲を捧げることや、畏敬の念からの贈与というのは、恐怖ないし称賛の表象であって――絵画でおなじみの、おさなごイエスに贈り物を捧げる東方の三博士などが好例だが――、これについては、もっと十分な説明が必要であるから、あとでまた触れることにしたい。神の恵みと、それへの人間のお返しとをめぐって核をなす信仰にしても、伝統的な四つの掟にしても、非常に複雑なものではあるが、それでも、こうしたさまざまのふるまいを、「贈与」というひとつの表現というか、方法でもって束ねるところの、一本の思考の筋道が存在したのだ。われわれは、一六世紀の道徳書における構成のうちに、こうした統合の原理を見いだすことができる。そこでは、さまざまのカテゴリーの「贈与《ドン》」が一本一本の枝となって、全体が「美徳《ヴェルチュ》」という樹木を形成している。そして宗教書においては、さまざまな贈与慣行に背馳することは、強欲さという、ひとつの悪徳に帰せられている。こうしたことは、この時代の出納簿や家事日記にも見られて、そこでは、名誉としての年金、慣習的な贈与、家族へのプレゼント、ささやかな施しなどを示すのに、「与える donner」という動詞が使われる一方で、さまざまな贈与が、もっと新しく、整然とした方法で、「贈与、対価、善行」というひとつの項目に括られているのである。[31]

贈与方法をめぐる考え方は、一五世紀の画期的な著作で取り扱われて、これが一六世紀の学者たちに深い影響を与えている。それは、ロレンツォ・ヴァッラの『誤って信じられてきた、コンスタンティヌス帝の寄進状なる偽書について』であり、フランス語版も一五二〇年代に出されている。ヴァッラは、言語学をも含む、さまざまな議論をくり出して、四世紀に、キリスト教徒に改宗したコンスタンティヌス大帝が、教皇シルウェステル一世にローマ帝国西部の領土を寄進し、世俗の権力を委ねたという事実などまったくないことを証明したのだった。[32]そして実は、彼の推論の一部は贈与の性質に関わっているのである。皇帝がそのような寄進をするはずがない、ローマの元老院も民衆も、そのような寄進を承諾するはずがない、そして、そのような寄進が仮におこなわれても、教皇が受け入れるはずがないという議論である。ヴァッラはこの論説の中で、さまざまな形態の贈与について逐一考察している。コンスタンティヌス帝の息子が引き受けた、帝国西部の土地の継承について。コンスタンティヌス帝の親族、友人、貴族の兵士たちに対してなされた、補償について。聖書に出てくる、動物の供犠について。レプラに苦しむシリア人ナアマンを治癒してやった予言者エリシャに、贈り物をしようとして断られた話について（「列王記・下」五）。ヴァラは、これらのふるまいを引き合いに出して、贈与の領域をめぐる議論を展開している。

それと同時に、一六世紀の人々は、贈与の領域の限界や、贈与と売買を、あるいは贈与の義務と強制された支払いとを、区別する記号に対して、とても敏感になっている。贈与の精神が教えてくれるのは、贈与といっても、それは必ずしもたやすいものではなかったことだ。そこには、意志と義務感とが同時に存在する必要があった。人間としてのお返しとは、受贈した側の感謝の気持ちから生まれるべきものなのだが、贈与理論では、返礼が届くことを、授与する側に保証してしまう。贈与とは、情愛、同情、そして／または感謝といった気持ちの表れではあっても、それは同時に、支持・高庇、欲得、出世などの手がかりともなったのだ。実際の贈与交換の慣行では、ほかの多くの感情や機能が働いたのだけれど、そうした問題に移る前に、われわれとしては、かの三美神は、いっしょに踊ってくれることもあれば、つまずいてしまうこともあるのだなと、思いたくなってしまうのである。

2　贈与の慣行と公共の時間

贈与という行為は、期待感によって形成されるものだが、それにもましてそこには、それまで何度も、実際にモノの交換をしてきたという習慣やリズムが刻みこまれている。そこで、本章では、一六世紀フランスにおける、贈与交換の主なパターンを探ってみたい。贈与として流通していたモノやサービスはなにであったのか？　それは、いつ、だれからだれへと渡ったのか？　贈与を通じて、いかなる関係が築かれ、いかなる地位が確かなものとなったのか？　この第一の調査においては、全体として、反目ではなく、友情を生んだところの贈与を、しかも、市場モードや正式の契約とも、比較的たやすく共存できた贈与に的をしぼりたい。

季節ごとにきちんと順序立てられていて、毎年の暦を取り囲むようになっている贈与のシステムが、いくつか存在する。なかでも、クリスマスの季節という一二日間にわたる祝祭の中央を占める新年は、人々がプレゼントを交わす場としては、一年のうちでも、もっとも重要な日といえる。ここには、ひとつはローマにさかのぼり、もうひとつはドルイド教の時代にまでさかのぼる――なにしろ、一六世紀の学者たちはこう信じていたのだ――、二つの異なる贈与の伝統が共存していたのである。

「お年玉《エトレンヌ》」、すなわち、ローマの strenae は、縁起のよい贈り物ということになる。「特別な日」などはむだであるという、初期キリスト教会の反論にもかかわらず、「お年玉」は何世紀にもわたって存続してきた。（それに、一五六四年までは、新年とは異教の一月一日ではなくて、復活祭とされてきたのであるから、それだけ宗教的なこだわりが強かったのである。）とにかく、一七世紀の注釈者が述べるように、「偉い人が、目下の者にお年玉をあげる」[1]のであった。王妃や、ノルマンディの田舎貴族や、ブルターニュの教会参事会員の、家事日記や帳簿を見ると、楽師、芸人、使用人や小間使い、聖歌隊の少年、友だちの子供に、「新年のお年玉として」、ちょっとした額のお金を渡していることが判明する。また、たとえば、アンリ三世が正月付けで、新しい聖霊《サン・テスプリ》騎士団の騎士を任命して、各人に一〇〇〇エキュを授与したように、新年に大きな贈り物がもたらされることもあった。パリの尚書局の、とある役人は、お年玉なんていうのは、愚かで、まちがった習慣ではないのかと自問しつつ、妻と娘に、財布や、手袋や、指輪を贈っているけれど、このように内々のプレゼントも見られた。[2]

さほど頻繁ではないが、新年の贈与が、逆方向になされることもある。一五四〇年頃、ラ・トレムーユ公爵夫人は、修道女になった自分の娘に、ドール〔サン＝マロ東南の、現在の Dol-de-Bretagne〕の司教をつとめる伯父さんに、お年玉として、豪華な装飾のほどこされた聖体布を差し上げたらどうかしらと勧めている――「ドールの伯父さまに、お年玉を差し上げたらいいのではと思うのよ。そうすれば、あちらも、あなたになにかしてくださるきっかけともなりますしね」[3]。一方、作家たちは、この一月一日を特権的な日と考えており、お偉方や友人に出版物を献呈したり、あるいは読者に、「お年玉」代わりに一編の詩を、はたまた書物全体を捧げたりしている。あのクレマン・マロは、一五四一年一月一日、国王の宮廷の夫人たちに、合計四一編の「お年玉」を捧げている。またシャルル・フォンテーヌが一五四六年に出した、『リヨンの貴族とご婦人がたへのお年玉』では、判事とその細君に始まって、印刷業者や金銀細工師に至るまで、全部で七五人以上に向けて、韻文による新年のご挨拶が、著者から捧げられるのだ。そして一六〇八年、パリのサン＝タンドレ＝デ＝ザール教会の助任司祭は、教区民たちに――というか、厳密にいえば、毎週ミサのときにしっかりと献金をしてくれた信者たちに――、新年を祝う詩を贈っている。

このように、お年玉は、さまざまの階層や年齢層のなかを、双方向に行き来して、そこには、今年がいい年でありますようにという願いと、奉仕に対する感謝やその継続の気持ち、あるいは将来の新たなる恩恵への期待が込められたのである。

また、さまざまな年齢層のなかを行き交うものの、あくまでも同じ社会階層のなかにとどまって、その集団内での互酬性の観念の強化に役立つような、新年の贈与も存在した。フランスでは――プロヴァンスは除くわけだが――、正月を迎えると、あちこちで庶民の若者たちが、昼となく夜となく外に繰り出しては、「アギランヌフ」を求めていた。物の本によると、ドルイド教の時代には、この「アギランヌフの探索」は、聖なるヤドリギを求めてのものだったという〔aguilanneuf は直訳すれば、「新年のヤドリギに」といった意味である〕。だが、一六世紀になると、独身の若者たちが――娘たちを連れていることも時としてあるものの、ふつうは男だけである――、バグパイプなどの楽器を手にして、村の隣人たちの家の前で歌をうたっては、食べ物や小銭をくださいなと頼むのであった。その歌は、「心も陽気なアギランヌフ」と始まる。

心も陽気なアギランヌフ、
みんなで、あなたにお願いします。
名誉にかけて、その心から、
強欲さを追い払わないといけません。
ですから、ぼくたちは、確信しています。
一年を、しあわせに始めるために、
ぼくたちに、喜んで、
アギランヌフをくれるのを、
あなたが、断ったりしないことを。

こうして彼らは、ふつうは、ニワトリ、ハム、ソーセージといった食べ物をもらって歩いたのである――「ぼくらは、あなたの栄誉をみんなに伝えますから」とも歌いながら。また、隣人連中が気前のよさを見せてくれないと、若者たちは、今年は不幸があるし、評判も悪くなりますよなどと呪って、脅したともいう。(5)

こうした「寄付集め」は、一六世紀の農民や職人のあいだでは、贈り物を求めたり、受け取ったりする場合の基本的なかたちであって、新年の近所めぐりがその典型となっていた。その参加者は、バグパイプが鳴りやみ、ソーセージを食べてしまっても、ずっと後まで、このメッセージを忘れなかった。年長者は、共同体に対する自分の責任感を思い起こすことになったし、若者は、感謝の気持ちから、気前のいい家長を困らせたりせず、むしろ、彼らの味方となって、そのために、自分たちの「無軌道の僧院《アベ・ド・モーグヴエール》」という祝祭団体の声を活用したのだ。つまり、こうした贈与の裏には、暴力の兆しが、そして供応の裏には、たくらみが隠れているのである。

この一月一日は、イエスの誕生の直後であり、また御公現《エピファニー》の祝日（公現祭）——東方の三博士が幼な子イエスに礼拝するのである——の直前にあたる、割礼の祝日なのだが、お年玉や「アギランヌフ」の贈り物に、キリスト教の慈善の影響はごくわずかしかないようだ(6)。一六世紀末、アンジェの司教区で、教会が、「アギランヌフ」の収入は、聖母マリアや教区の守護聖人にお供えするロウソクの代金にしなさいと命じている事実もあるとはいえ、これとても、きわめて異例のことにすぎない。公現祭には、若者たちが東方の三博士のかっこうをしたり、ベツレヘムの星になったりして、近所の人々にプレゼントを配ることも、時折見られたが、キリスト教との純粋な関連づけは、宴会、ダンス、クイズ、罰ゲームといったもので覆い隠されている。一七世紀になるまで、このクリスマスの十二夜のあいだの、お祭りや贈与交換などに対して、カトリック教会は、それが異教的だとか、無礼講《サチュルナリアン》すぎるといって、文句をいっていたのである(7)。

つまり、暦の上で、社会一般の贈与が、キリスト教的な主題や、慈善としての贈与と、強く結びついているのは、四旬節や復活祭の時期ということになる。贈り物は、なによりもまず世俗の人々から、聖職者や教区のさまざまな制度に対してなされる。リヨンなどが典型で、善男善女が日曜日に集めてきた物や、信心会からの寄付などが、四旬節の説教をする坊さんたちに渡されたのである。多くのカトリック信者にとっては毎年恒例の行事というわけだが、罪の告白をしたり、聖体拝領を受けたりすると、だれもが司祭や教区に、奉納をおこなうのだった。もっとも、こうした復活祭に動くお金が、告解者に渡されたご祝儀であることも、つまり、主人や庇護者が、「復活祭の義務を果たせるように」と渡すプレゼントのこともあった[8]。ノルマンディの村などでは、聖金曜日や復活祭の日曜日には、教区民からの寄付が最高額に達して、ふだんの日曜日をはるかに凌駕し、クリスマスなど、他の祝祭日の寄進を上まわったという[9]。

これと同時に、とりわけ都市においては、貧民への施しという、第二の流れが存在した。もちろん、人々による貧民への施しは、一年の他の時期にも見られた。それぞれが定めた聖人の記念日がそうだし、新たな市立の慈善組織が、毎週、そうした機会を設けることもあった。だが、キリストの犠牲と復活という時期は、人々の慈善にも、特別な表現を求めずにはおかなかったのだ。たとえば、国王や司教たちは、キリストの例にならって、聖木曜日には、貧者の足を洗ったりした[10]。リヨンでは復活祭になると、リヨン大施物会の理事たちが、「復活祭を讃えて」、囚人たちに施しをおこなった。またパリでは四旬節に、リヨンでは復活祭の大市の期間に、恒例の貧民パレードが催された[11]のだ。

こうした聖俗や貧富をまたいだ慈善の流れとは別に、復活祭の贈与には、第三の動きがあった。それは、タマゴのプレゼントであって、これは四旬節が過ぎたのだから食べ物を食べてかまわないという合図であり、同時に豊穣なる春のしるしでもあった。中世のフランスでは、復活祭のタマゴは、転がし競争とか、素手でのぶつけ合いにも使われたが、結局のところは、色を塗ったり、飾り立てたりして、老若男女にプレゼントとして配られたのだった。一六世紀になると、学生、聖歌隊の少年、見習い書記、村の若い衆など、若者たちが集団を作って、キリストの復活と隣人の気前のよさとを結びつける歌をうたいながら、戸口から戸口へとタマゴをもらい歩く習慣も生まれた。[12]「アギランヌフ」の場合と同じで、若者と老人という境界を越えて、プレゼントがやりとりされたのである。

キリスト復活から五〇日目に、聖霊がくだったことを記念する、ペンテコステの日〔日曜日である〕も、さまざまな祝祭を生んでいるが——お水取りやダンスを催す土地もある——それには、復活祭の慈善の施しの一部が含まれている。教区の宝物への奉納は、通常の日曜日の奉納を上まわるようになって、一方、メーヌ地方やシャルトルのあたりでは、貧民に向けて「麦の慈善《ラ・シャリテ・ド・ラ・ブレ》」と呼ばれる、穀物や金銭の特別な施しがおこなわれた[13]のである。それから、ふたたびクリスマスの祭りが訪れるまでに、あとは、農村で働く教区民には収穫祭があったし、死者でさえも、当然のように分け前にあずかるのであった。ブルターニュでは、一一月二日の死者の日になると、先祖の魂が戻ってくるとされて、家の庭に食べ物を供えた。死者の霊が喜んでくれて、生きている人間に迷惑などをかけないようにと、祈ってのことである。もっとも、若者が勧進してまわるようなことはなくて、男も女も、夜を徹して墓場で踊っていたらしいのだが、それでもグーベルヴィル殿などは、その前夜、教会からの帰途、こうした教区の「少年たち」に、小銭を恵んでやっている。[14]

とはいえ、暦にしたがって贈与交換を見ていくと、もっぱら、一年のうちの山場となるできごとに焦点を当てることになり、特定の聖人の祝日が突出している、地域ごとの変化を無視することになりかねない。都市や農村の信心会では、自分たちの守護聖人を讃えては、みんなで宴会をもよおして、もてなしあい、おたがいの無事や平和を確かめて、先祖の霊のために祈り、ときには、信心会のメンバーでない貧者にも、食糧や衣服を配ったりしていたのだ。たとえばリヨンでは、三位一体《トリニテ》信心会の毎年の宴会は、それこそ一大イベントであって、一六世紀前半には、三〇〇〇人近い男性が集まったという。そして三位一体の祝日〔ペンテコステの次の日曜日〕には、宴会をもよおすと同時に、メンバーは、教会にやってきた「すべての貧しき人々に」、重さ一リーヴル〔四二〇グラムほど〕の白パンを配ったのである。一五一九年には、職人や、「貧窮しているわけでも、困っているわけでもない連中」が、妻子や奉公人を連れて、施しにあずかろうとやってきたというので、パンの配給行事を、ローヌ橋病院の貧しい病人たちのための、一週間に及ぶごちそう大会に変更したという[15]。

　もちろん、場所や地域によって、まったく異なることもあるものの、祝祭にまつわる、こうした贈与行為は、金持ちと貧乏人、聖職者と俗人、若者と老人、生者と死者といった、社会を構成するライン上を行き交ったのであって、いずれも時間によって似たような仕方でしるしづけられている。毎年の慣わしとして、参加者がしばしば顔を合わせようが、そうでなかろうが、とにかく繰り返しが可能な、むしろ繰り返すべき、贈与の人間関係を投影していたのである。また、こうした贈与は、それに対する感謝の気持ちが――直接的であれ、間接的であれ――、示されるべきタイムリミットを暗黙の了解としていた。もっというならば、贈与というものは、それがなされた日から、ひとつの意味を有することになるのだ。神からの恵みが、贈与のきっかけだとするならば、人間の恵みとは、それに、感謝という特別の積み荷をもたらすべきものなのだった。それが、なにか縁起のいい日や、死者の霊が訪れる日ならば、贈り物は、その日の魔力のなにがしかを運ぶはずのものでもあった。

　個人や家族のライフサイクルに伴う、さまざまな贈与もまた、時間という枠組みのなかにはめこまれている。ここでは、あげたり、もらったり、そしてまたあげたりといったリズムは、短いスパンで見ても、あるいは長いスパンで見ても、季節ごとの暦に応じた贈与などより、はるかに複雑なものとなっていた。

　ノルマンディの村でひとりの子供が生まれた。すると農家のおかみさん連中がやってきて、母親に、シードルや、はちみつや、ナツメッグを届けている。ナツメッグは、領主さまのジル・ド・グーベルヴィルにちょうだいしたものだった。(ちなみにグーベルヴィル殿は、妹に子供が生まれたときには、白ワインとオレンジを贈っている。)やがて洗礼式を迎えると、赤ん坊の親は、代父・代母と家族のために、お祝いをするのだが、贈り物の主たる流れは、どうやら逆方向であったらしい。家事日記などを調べてみると、名付け親たちが、洗礼式用のロウソク代を支払い、産婆や乳母——当時は、裕福な家庭だけが乳母を雇っていた——には、小遣いをあげ、母親にまでご祝儀をあげているのだ。一方、新生児のほうはといえば、代父や代母からプレゼントをもらうわけではなく、約束をもらうのだ。洗礼式には欠かせない、精神的な誓いとか、あるいは、たとえば将来の修業や結婚のために役立ちそうな、実際的な約束といったことである。その数週間後には、また別の祝宴が催されるのだが、これは庶民だけではなく、貴族の一家にとっても重要なものであった。若い母親は教会に行って、祝福と「お浄め《ピュリフィカシオン》」のミサを受けたあとで、「出産感謝式《ルルヴァイユ》」の祝いをするのだ。家は客であふれかえり、子供がこの日まで無事に生きられて、母親が床上げできたことを、みんなで感謝するという次第である。(16)

　こうした出産のサイクルのなかでは、食べ物や金銭などの贈り物は、自分たちの幸運に対する感謝の気持ちを込めて、両親から、外部の人々へと移動するのであるが（国王も、王太子が誕生すると、臣下に、あらたに赦免や特権を与えたりしていた）、家族や共同体に新しいメンバーを増やしてくれたことに感謝して、外から両親に贈り物がやってくることも当然ある。（これとは逆に、一定期間経っても、農民の夫婦が子宝に恵まれないと、「シャリヴァリ」の標的になって、若者たちにお金を渡して、うるさい音楽をやめて、どこかに行ってもらわなければいけなくなったりした。）あるいはまた、贈与が、子供のできた夫婦と名付け親とのあいだに、精神的なつながりができたことのあかしとなる場合もあった。

　結婚とは、ライフサイクルのなかでも、贈与の交換がもっともシンメトリーをなすできごとであった。われわれはとかく、近代の婚礼を、一方向の移動と考えがちだ。つまり、新婦の家庭や親族——女中などの場合は、自分の賃金からも一部を出すのだが——の持参金が新郎に渡されて、結婚生活の足しになるのだと考えるのである。そして持参金は、貧乏な家庭の場合も、金持ちの場合と同様に、とても高額なものであるから、前者は、何年間も延べ払いすることも稀ではなく、持参金、土地、金利収入、そして／あるいは家財道具などの合計が、結婚の契約を上まわってしまい、親戚や隣人のあいだで、あれこれと話し合いがおこなわれる。しかも、その地域や社会集団の従来の慣習によるし、あるいは新婦に兄弟がいるかどうかも関係するとはいえ、婚資は、娘が、自分の家督として主張できる最後の要求となりかねない。こうして持参金は、新しい家庭の所有物の一部となって、死ぬまで、夫が管理することになるといった考え方である。

しかしながら、新郎側からのお返しをも含めて——このことは、イタリアに関して、クラッピッシュ＝ジュベールとジェーン・フェアー・ベスターが明らかにした——、実際はほかにも、財の移動がいろいろと見られるのだ。こうしたことが、結婚儀礼における、新郎新婦相互の贈与を、実質的かつ象徴的に支えていたのである。

求愛と同時に、プレゼント攻勢が始まる。イル＝ド＝フランスのある農民は、自分が結婚したいと望んでいる女中の両親を最初に訪ねるときに、ちょっとした金を包んでいる。両親が、その金を「心づけ《ドニエ・ア・デユー》」として受け取れば、まずは同意が確かめられたことになるのだ[18]。ヴァランスの財務役人ガスパール・ド・サイヤンは、なんとかして再婚を果たそうとして、ペストから守ってくれるという薬草へンルーダにエキュ金貨二〇〇枚を添えて、未来の妻の母親に送っている。そして、この手紙をどうか娘さんのルイーズに見せてくれませんか、彼女の手で摘んだ花束を受け取ることができれば、とてもうれしいのですがと書き送るのだ。やがて、「すばらしく可愛らしくまとめられた」花束が、ガスパールの愛をさらに燃え上がらせ、彼は、ただちに彼女の父親に手紙を書く——「持参金のことですが、そちらのお気持ちにお任せいたします（実際は、彼は四〇〇〇リーヴルも受け取ることになるのだが）。また、そちらがお決めくだされば、わたくしの財産のいかほどなりとも、（お嬢さんに）お渡しいたします」。やがて、婚約の儀式の際、ルイーズは、ガスパールに、自分の青いタフタのガーターを外させてやり、彼はそれを、首に巻くのであった。その後、彼は、真っ赤なマントを彼女にプレゼントし、「きれいな装身具、金のネックレス、ブレスレット」を買う金を渡し、結婚式の衣装も買ってあげると申し出ている。[19]

結婚後、ガスパール・ド・サイヤンは、こうした自分の思いやプレゼントの数々を公表したわけだが、これほど表だったものではなくても、この種の取り決めは、似たような調子なのである。たとえば、リヨンの洗濯女が、印刷職人との結婚の約束をほごにされたと嘆いているけれど、そこでは、「結婚を約束して」、彼がくれた銀の指輪とサージの洋服のことが、もっぱら問題となっている（印刷職人のほうは、ただシャツを洗ってほしいから、プレゼントしただけだと主張した）。またブルターニュの貴族階級の場合でも、若い領主が、シャステル家の令嬢クロードと結婚の約束を交わしたとき、男の父親は、いや一家に伝わる宝石を、彼女が贈り物として受け取ってからでないと――実際、そのようにことは運んだのだが――、本気で考えてはならぬぞと諭している。[20]

婚約式のときにも、またもやプレゼントが出現して、ワインや、花や、キスとともに、両家のあいだで交換される。[21] そもそも、結婚契約とは、婚資にのみ関わるわけではないのだ。ドレスや、ベッドや、家具類など、家族が新婦にあげたものが数え上げられて、未来の夫は、結婚後も妻に、「その身分に応じて」、洋服や宝石類をプレゼントすることを誓う習慣が、フランス各地で見られたのである。とはいっても、合計額は決まっていないから、ブルターニュの某貴族は、ぜいたく趣味の妻には気をつけなくてはいけない、彼女を満足させるために、レースやダイヤモンドに持参金を、使い果たす羽目になりかねないからなと、息子たちに注意している。[22] こうして結婚契約により、夫からの最終的な「婚資の増加分」を、すなわち、夫が先立ったときに、持参金以外に未亡人に残すべき金額が定められることになった。一般的に、それは婚資の価値の三分の一とされていた。

そして、結婚式の際には、新郎が新婦に、指輪と、「トレザン trezain」〔treize は「一三」〕と呼ばれる、一三枚の貨幣やジュトン――古代フランク族の花嫁の価格の名残ともいわれるが――を贈る。また、新郎の家でのこともあれば、新婦の家でのこともあったが、いずれにせよ披露宴が開かれた。ノルマンディでは、新婦の家が、婚資とは別個の、「流動的な贈与《ドン・モビール》」を差し出して、結婚式や、結婚生活を始めるのにかかる諸費用に充当してもらうようなこともあった。[23]

結婚というのは、新郎新婦とその家族以外にとっても、プレゼントを誇示する機会だった。代父が、また花嫁が雇われ人ならば、その主人が、あるいは叔父や兄弟がといったように、身内や仲間も、彼女の婚資に貢献したのだ。また、新郎の親が、相続遺産の一部――ときには全部――を、息子に前渡しすることもあった。これは裕福な家族のみならず、農民のあいだでも見られた現象で、マコン地方〔ブルゴーニュ〕では、一五七五年、未来の夫が、ヒツジ一頭、現金八〇リーヴル、地元産の布地を三着分、「婚資」としてもらっている。また、現在ほどありふれたことではないとはいっても、親方や友人もプレゼントを贈っている。アンリ三世は、寵臣の娘に一〇〇粒ほどの真珠からなる首飾りをプレゼントしているし、ナヴァール王妃のジャンヌ・ダルブレ〔アントワーヌ・ド・ブルボンの妻で、アンリ四世の母〕は、自分の仕立て職人に、「ルイーズ・ディボンとの結婚を祝して」、二〇〇リーヴルを贈っている。また、例のグーベルヴィル殿は、地元の監督官の娘の結婚を祝って狩猟の獲物を贈り、小作人の娘が結婚したときには、楽士連中の金を支払ってやっている。また、イル＝ド＝フランスでは、四人の農夫が、仲間の結婚を祝って、錫の缶を四つ約束している――教会と宴会に、列をつくって持参してやるというのだ。そして新郎は、この付き添いの若者たちに、お返しに、食事、ワイン、手袋、花束をあげている。(24)

　こうしたあれこれの贈与を見ていると、将来のさまざまな結びつきの可能性を秘めたものとして、結婚が考えられていたことがわかる。新たなカップルと共同体のあいだに、また二つの親族のあいだに、ひとつの縁が結ばれるのだからというのである。また、新たなカップルと、双方の親族のあいだにも縁が結ばれて、そうした者たちが、年老いたり、連れ合いに先立たれたりしたときには、彼らに助けを求めてくるかもしれないのである。夫婦のあいだにも、当然、ひとつの結縁が成立して、結婚生活が順風満帆であるならば、「わが最愛の」妻を十分に満足させるべく、二人して、契約条項の見直しもできるかもしれないのだ。形式的な契約に、贈与が、祝祭性や思いやりを付け加えたのである。そして贈与は、妻の、夫に対する法的な従属を軽減した。いいかえれば、夫が妻を支配し、あやまちを正す責任と、妻が夫にしたがう義務とが緩和されたのだ。親愛の情にみちた付き合いや、おたがいの感謝の気持ちが醸成されることで、階層的な秩序も和らげられたのである。

　結婚は集団に関わることがらであったけれど、これに対して、もっぱら個人に焦点が当てられる通過儀礼も存在する。カトリックの場合は、誕生日などよりも、むしろ各人の名前をもらった聖人の日を祝ったりしたが、この日にはプレゼントは受け取るのではなく、他人にあげるのであった。聖人ジルの日〔九月一日〕に、ジル・ド・グーベルヴィルは、ピンを購入して、夕食の席にいた女性たちや、教区の娘たちにプレゼントしている。ブルターニュの領主一族のカトリーヌ・サタンは、聖女カテリナの日〔一一月二五日〕に、代母に「香料入りの甘いワイン」を持って行かせている。㉕ こうして、贈与をおこなう人間は、聖人に崇敬の念を示すとともに、一年間無事に生きられたことを感謝し、この先一年もお守りくださることを祈願するのだ。そして、そうした日に、贈り物を受けることは、自分の運命を試すことにもなったと思われる。

同じような調子で、新しくその町にやってきた職人とか、親方に昇格した職人なども、同僚やギルドの仲間に対して、「お披露目の宴《ビヤンヴニュ》」を催していた。ノルマンディで弁護士となった若者とか、ブルターニュで司教座聖堂参事会員となった聖職者も、こうした宴会を開いているし、後者は、合唱隊の少年たちに贈り物までしている。㉖ 新参者にとっては、嫉妬やねたみを和らげて、よく顔を会わせることになる連中とのあいだで、交換と義務のプロセスに着手するのが、賢明だったのである。

そして死とともに、こうしたリズムが再度逆転する。贈与は、死者とその家族から、外部に向かうことになるのだ。教会の弔鐘が鳴り、いつもながらの悲しみの声が聞こえてくると、近所の女房連中がわっと駆けつけてきて、葬儀の準備をいろいろと手伝う。一六世紀のある聖書の見返しには、死者の家を訪れて、遺族や参列者に「祝別されたパン」をたむけた者の氏名が、一〇〇人以上も書き込まれている。㉗ ただし、お通夜と埋葬後の食事などは、遺族が提供している。

葬儀における貧者への贈与だが、これにはさまざまな形態が存在した。カトリックの場合は、施しを受けた相手が、死者の魂のために神に祈ってくれることが期待されて、遺言書でも、そのような指示がなされていたりする。たとえば、一二人とか一三人の貧民が、黒や白の衣装を着て、埋葬時に口ウソクを受け取るようにと遺言が行われるのだけれど、あとで洋服やロウソクはもらえるのだ。そして埋葬の儀式が終わると、死者の家の前で、金銭や食べ物が配られる。ある種の人々への施しが明記されていることもあるから、遺言執行人は、その相手を探す必要がある。貧しい娘たちの結婚持参金とか、死者の命日に市立病院でふるまう夕食のための金銭が、遺贈される場合もあった。リヨンならば「大施物会」のような、市の福祉組織に寄付をして、使途は施物会理事の裁量にゆだねる例も見られる。聖職者や教会も遺贈にあずかるのであったが、遺言を残した人間が司祭のときには、当然そのようなことになる。俗人の遺贈としては、オーヴェルニュのとある村落の例のように、死者の経帷子《きようかたびら》が司祭に渡すべきものとして、近親者により死骸から脱がされ、墓のそばに置かれる例もあれば、あるいは、リヨンの商人が、地元の五つの教会とか、故郷トスカナ地方のフォイアーノ〔現在の Foiano della Chiana. アレッツォの南〕の修道院とかに、エキュ金貨をたくさん残す事例もある。(28)

死とは、いうまでもなく、ある人間の所有物や財産が子供たちに渡る主要な機会である。遺産の相続は、詳細に規定された慣習法によって進行していくから、自分の正当な相続分が認められないとあらば、子供は裁判に訴えることができたわけで、史料の読み手は、親の気持ちが遺産相続にいかに反映しているかも、探ることができる。たとえばノルマンディでは、残された土地は息子たちのあいだで等分相続することが、明確に規定されていたために、一五七八年に出版された、「慣習法《クチユリエ》」の注釈では、「ノルマンディでは、自分の遺産を遺贈することはできないのである」と述べられているほどだ。また娘の婚資は、遺産の三分の一を越えてはならなかったし、息子がいない場合は、娘たちが遺産を等分した。そして生前に、親がこれを上まわる贈与をおこなったとしても、死後、それは無効とされた。つまり、ノルマンディの人間の意志が発揮できるのは、せいぜいが、ごくわずかな動産に限られていたのである(29)。

だが、フランスの別の地域では、別の慣習法のもとで、親たちはもっと裁量を発揮できたのであって、仮に長子相続が規定されていても、実際には財産を子供たちに分配していたし、あるいは逆に、等分するのが慣習となっていても、特定の遺産相続人をひいきしたりしていた。そればかりか、子供から相続権を剝奪する可能性も残されていたから、ただ家督を譲るのではなく、自分の遺産を贈与として移転するというように、親のイメージが強調されている。一六世紀のあいだに、ローマ法に添うかたちで、両親に裁量権を与えるべく、慣習法が改められたところも存在する。法学者のクロード・ド・リュビは、新たに手直しされたブルゴーニュの慣習法について、一五七九年に注釈を加えているが、そこでは、遺産で特定の子供を優遇することを禁じていた、この地方の古くからの慣習法の「くびき」が、取り払われたことを歓迎している。今後、親は、「人間にとっての最大の裁量」を発揮できることとなり、「自分の財産を、遺言によって好きなように指定できるのだし」、「子供など遺産相続者のうちで、自分にもっともよく報いてくれた者を、遺言ではっきりと認めて、有利にとりはからうことができる」のだから、というのだ。アブラハムにしても、ヤコブにしても、息子のひとりを特別扱いしたではないか。セネカも、われわれから「喜び」を受けた者を、進んで喜びのお返しをするようにしつけなくてはいかないと述べていたではないか。そうすれば、子供も、親は遺言によって自分たちを好きなようにできるのだということを学ぶはずだから、というのである(30)。

ところで遺言には、他の近親者や友人への遺贈も含まれていた。この意味で、とりわけ示唆的なのは、個人のモノが、その他の財産といっしょに「包括相続人」の手に渡らずに、特定の受取人を指定して遺贈されたことである。羽毛のベッド、ベッドの天蓋、リネンのシーツやカバー類が、こうして受け継がれたのだし、当の死者が病気で寝ていた寝台そのものも、そのようにして遺贈されたのだ。男たちは、友人や名付け親、徒弟や奉公人のために、書籍、剣、仕事道具、帽子、ケープやマントを選び出した。女性の場合は、私物を、それぞれ意味のこもった形見に指定することが多かったけれど、それは、ロザリオ、指輪、宝石やヴェールといったものにとどまらず、肌につけた衣服にまで及んでいる――ドレス、スカート、シャツ、頭に巻く布類、首飾りといったものが、丹念に選ばれて、細かく記載されているのだ。「十字架と銀のマークが付いた、わたしの珊瑚のロザリオ」、「大きな黒い羽が付いた、わたしのすてきなドレス」、「わたしの紫色のスカート」、「わたしが毎日はいていた、ウールの黒のスカート」、「わたしのグレーのスカートと、新しいブラウス」、「紫色のビロードのドレスとスカート」、「わたしが自分で使っていたリンネル類」が、妹や娘たちに、いとこや、名付け親となった娘に、あるいは近所の女たちや女中に遺贈されたのだ。ときには、マントに仕立て直すようにと、男性が、サージのドレスを形見にもらうこともあった[31]。

このような贈与によって、多くの財産が、もっぱら家族の戦略や定めに応じて受け継がれる、遺産相続というできごとのなかに、きわめて個人的な要素が持ち込まれたことになる。ある個人の衣服が、その人格を継続引き継いでいくのである。リヨンの農民が説明しているが、彼は「信心会でおこなわれる祈りや儀式に加わるために」、自分の上着を、聖体信心会に遺贈したのである[32]。この種の贈与に関して、女性の方が際だっているのは、女たちには、そうした所有物がずいぶんあっても、男たちに比べて、それを処分する機会が少ないことによるものと思われるものの、それだけですべて説明がつくわけではない。というのも、金持ちでも、庶民でも、こうした傾向が見られるのである。女性は、衣装という贈与を携えて、結婚生活に入っていく。そして夫からも、衣装や装身具をもらう。そして、それらを、親しい関係や、近所づきあいや、はたまたうわさ話のネットワークの思い出として、新たに贈与するのだ。受け取った相手が、自分の子供ともよい関係を続けるためにも、形見の品が地ならしをしてくれればいいと願っているのである。

ライフサイクルのさまざまなできごとと密接に結びつきながらも、個人の自由がある程度発揮できる、もうひとつの贈与のかたちが存在する。なかには、先祖から受け継いだ、あるいは自分の努力で獲得した不動産、家、永代収入などの財産を、生前に譲渡したいと思う人間も当然いる。死なないうちに、子供のひとりによくしてやりたいとか、遺産相続の資格のない人間に、なにか贈与してやりたいと思うのは人情ではないか。そんな場合は、ローマ時代から「生者間の贈与《ドナテイオ・インテル・ウイウオス》」〔以後、「生前贈与」とする〕として知られていた譲渡手段に頼ることになる。贈与者は、公証人がしたためた契約書のなかで、「その者に対してなされた、りっぱで、推奨にあたいする奉仕に報いるために当人の希望により、まったく自由な意志によって」と説明してから、自分と相続人のためを思って、これこれの財産を——それは家のこともあれば、ブドウ畑のこともあるし、なんでも可能だった——、取り消し不可能なかたちで、その者に遺贈するのであった。[33]

このような贈与にあずかったところの当人は、もちろん大いに感謝するけれども、その喜びは必ずしも、全員と分かち合えるものではなかった。遺産相続人とか、故人に金を貸していた人間は、自分の権利を侵害されたのではないのだろうか？　駆け出しの公証人用の愉快な実例集が刊行されていて、そこには、こうした生前贈与に対する反論が、カーニヴァルをもじったような粗野な言葉づかいで示されている。

四方八方の通常裁判所の代訴人でありまする、ジャン・ゴグフルドゥーユ先生は、賢くも、浅はかなお人でありまして、エレーヌがしてくれた、みごとにして、快適なるサービスに対しまして、すべてではなくても、せめて一部分なりとも報いたく思いまして、でっかい尻をして、現在、地面に寝転がっておりまする、上記のエレーヌに、〈生前の贈与〉をおこなうものであるぞ。（中略）そのちんぽこをば汗だくにしながら、長年にわたり、精勤を励み、しつこくせがんだあげくに、先生が、ルーアンの巫女の穴ぼこより、正々堂々と獲得いたしたところの、ごりっぱなる梅毒の不分割の半分をば、贈与するものなり。（中略）受贈者はこの責任をとり、本贈与によりて到来したる果実と利益とを、よき仲間やあわれな連中に、分けてやること。（中略）本贈与物を所有に帰せしめるべく、きたる謝肉祭の日の午後三時、黒色部屋《シャンブル・ノワール》と呼ばれる建物の端の棟の最上階に、来ることを命ず。（中略）なお、上記の贈与者は、アリクス・ラ・ルグロニャルドの奥方と財産を共有しているがために、奥方が、本贈与をこころよく思い、正式なかたちで認めるべく、手はずを整えることを、しかと約束するものにて候(34)。

奥方のアリクスのことを考慮しているのは、一五三九年の王令で、生前贈与に関しては、これを秘密裏におこなってはならず、公正証書に記載すべきであると規定していたからにほかならない。

一六世紀フランスには、この種の証書がたくさん存在した。それらのいくつかは、ノルマンディの例が示すように、遺産相続に関する慣習法をなんとかして回避したいという努力の賜物であった。だが生前贈与は、別の理由でも活用されたのだ――借金の返済とか、息子の大学での勉学の資金援助、あるいは司祭が、愛人に家を持たせてやるとか、相続権を放棄して修道院に入るとか、その動機はさまざまであった。たいていは、自分に思いやりをかけてくれた人へのお返しか、あるいは逆に、老齢を迎えた贈与者本人のための蓄えであったりもした。リヨンでは、名望家の若者が、亡き父からから譲り受けた家屋を、「特別の友人」にして相棒の国王公証人に贈与しているが、それは、「牢獄につながれていたときに」、この公証人が助けてくれたからだった。中部フランスの名門の未亡人は、子供の差し金でパリの牢獄で過ごした八年間に、自分にあれこれしてくれたことに感謝して、財産の半分を、パリのとあるよき市民に贈っている――衣服や食料を差し入れてくれたし、借金も支払ってくれたからというのだ。またイル＝ド＝フランスの農民の娘は、全財産と、父親に対する訴訟で勝つことによって得られる金銭のすべてを、パリ造幣局《モネ》の守衛に贈与している。夫が殺されてしまい、身重の彼女が残されたときに、彼女の味方となってくれて、家に引き取ってくれたのである。一方、父親ときたら、彼女を脅して、財産を譲らせたからというのだ。フォレ地方のサン＝シャモン〔リヨンの南西五〇キロ〕の外科医は、聖コスマス、聖ダミアヌス、そして聖女カタリナに捧げられた礼拝堂を、子供たちをしっかり教育してくれたことへの感謝を込めて、学校教師でもある司祭に贈与している。これまたリヨンの実例になるが、若い靴屋が、父親から相続した小さな家を、靴屋の仕事を教えてくれた親方に贈っている。自分が病気のときに面倒を見てくれた、この親方が、いまでは働くこともできないのだからという理由であった[35]。

最後に、リヨネ地方の村落の例を挙げておくが、年老いた夫婦にとっては、生前贈与が、子供のだれかに面倒を見てもらうための手段となっていたことが判明する。ジャネット・ヴェネットは、「貧しく、老齢ともなって、体も弱くなり、これ以上は自分で働いて生きていけないと考えて」いたし、夫は、さらに衰弱していた。そこで、田舎の公証人と結婚して、うまくやっている娘のところに赴いた。すると若夫婦は、厳しいご時世だし、自分たちにも子供がいますしねというのだった。ところが、すぐ近くのブドウ畑をあげると約束したところ、「神さまのために」、必要なことはなんでもしますからと、ようやく承諾してくれたので、母親はあちこちを物乞いして歩かなくてもよくなったという。その契約書には、彼らの義務なるものが細かく記されている。両親の身分にふさわしい食べ物、火、寝床、衣類を与えること、ふたりが臨終の秘蹟を受けて、一〇リーヴル相当の葬儀をおこない、信心会への支払いもできるように配慮することなどであった。書類作成時には、母親の贈与を、ほかの相続人も認めたことの証人として、ジャネットの息子も同席していた[36]。

でも、はたしてこれが贈与なのだろうかと、読者は思うかもしれない。単なる、契約による支払いではないのか？　いや、一六世紀の基準にしたがうならば、これはりっぱな贈与なのであって、よくある贈与手段のひとつなのであった。契約をよそおっているとか、明らかに見返りが規定されているといった理由によって、法廷で有効性に異議が唱えられることなどなかったにちがいない。贈与が自発的なものではなかったとか、（一五六五年の、贈与不履行に関する判決を引用するならば）「拘束も、強制もない、気前のよさ[37]」によってなされなかったということが、証明されないかぎり、贈与側には落ち度はないのである。また原則として、そうした相続財産はけっして売却してはならず、所有権の移転は、遺贈ないし生前贈与によるべきものとされていた。こうした贈与は、「では、ありがたくちょうだいいたします」といって、受け取らなければいけなかったのだ。そしてたいていの場合、病人や老人の介護とか、囚人の手助けといった、見返りのサービスは、従来からの、憐れみによる行為として考えられていた。そうした行為に対して、通常の支払いで報いるのは、失礼だし、相手を侮辱することにもなりかねなかった。それらは、売ることのできない奉仕だったのである。

こうした人生の節目における贈与は、それが集団と結びつこうと、個人と結びつこうと、毎年の暦とともにめぐってくる贈与よりも、はるかに一貫した構造を示しているかに思われる。いいかえるならば、祝日という理由で実行される贈与と比べて、その人の人生での貸し借りに、より精密に対応しているように見えるのだ。とはいえ、ここでも、生前贈与を除けば、損得の計算が特別にこまかく働いているわけではない。ともあれ、誕生、結婚、そして死は、贈与という複雑な振り付け《コレオグラフィ》によって構成されている。しっかりと拍子をつけた贈与もあれば、そうでないものもある。一度で終わるのもあれば、何年にもわたって遺贈がなされたり、婚資が支払われたりすることもある。贈与と返礼というモデル、さらには、円環構造をなす贈与は、それ自体では、共同体における諸家族の交換関係を表象しているわけではない。われわれはむしろ、集団のあいだに、あるいは人々のあいだに、強力な連関を作り出すところの、贈与行為という運動の場を想像してみた方がよさそうである。

3 贈与の慣行と社会的意味

贈与のネットワークが、祝日の贈与で大忙しであったとしても、他方では、そうした季節のリズムや、通過儀礼とは無関係に、さまざまなモノが人から人へと移っていった。それらは、だいたい同じ地位にある、人々や、親類をも含めた家族のあいだの、あるいはまた、目上の者と目下の者のあいだの、義務と期待をめぐる複雑な歴史の一部となっている。そこで賭けられているのは、多少とも、社会的・経済的なものではあるが、それ以外のメッセージも伝達される。そして従来と同じく、しばしば好意と義務が、ともに機能していて、贈与のモードが、契約のモードのまわりに群がり、からみついていたのである。

同じ地位の村人の場合、家から家へと渡されるのは、――女たちが菜園から採ってきた野菜やくだもの、お菓子、ハチミツ、とりたての魚やウサギなど――主として食料であって、それらは、収穫時の手伝いへの、あるいは、病床に薬餌《やくじ》やスープを運んできてくれたり、馬具を貸してくれたことへの感謝の気持ちの表れであり、もしくは単に、親切心とか共同体意識のしるしなのであった。日曜日には、ミサの後で、教区民全員に「祝別されたパン」が配られるが、そこでは、象徴的なかたちでそうした交換が演じられたことになる。たとえば、ブルターニュの小さな村の教区名簿を調べてみると、一年を通して、各家族が順番に、パンとか麦を——その量はともかくとして——、差し出していることが判明する。またポワチエの某観察者は、その儀式が、初期キリスト教会の「アガペー」つまり「愛餐」〔最後の晩餐にちなんでおこなわれた会食〕に似ているとして、「祝別されたパンのことを、このポワトゥー地方でも、多くの村では、ふつうは〈慈愛《シャリテ》〉(1)と呼んでいるのだ」と、述べている。新年の「アギランヌフ」の場合も、騒々しいかたちでもって、これと同様のパターンをなぞっていることになる。

こうしたタイプの交換の重要性は、隣人が困っていても、食べ物をあげないとか、だれかに毒入りのパンやチーズをあげた嫌疑で、魔女として告発された等々、村の諍いにおいて、食べ物が主役となっていたことの理由を教えてくれる。さらには、飢饉や干ばつが、どれほど大きなダメージをもたらしたのかも実感できる。村のだれもが、そうした災難を一斉にこうむるわけだから、食べ物を贈与するという連鎖がとぎれてしまうのである。

こうした一方で、ノルマンディの田舎領主グーベルヴィルなどは、他の領主や親戚筋との間で、時と場合に応じて、さまざまなものをあげたり、もらったりしている。そのリストの一部分を挙げておくと、ワイン、イノシシ、ノロ、牝鹿、ウサギ、ヤマウズラ、モリバト、干しダラ、ニシン、アーテイチョーク、リンゴ、時計、切り石、猟犬、ヒバリなどだ。ポワトゥー地方では、アンヌ・ド・ラヴァル、クロード・ド・フォワという、ラ・トレムーユ公爵家の義理の姉妹どうしが、くだものや豆を、そしてまた、パリから送ってもらった書籍などを交換している。もっと南にくだって、ガスコーニュやベアルヌ地方では、高位の裁判官の細君が、妹からの「親愛なるごあいさつ」とともに、手袋四組を受け取っている。(2)

こうした上流階層の家では、親類や隣人が、なんの前触れもなしにふらりとやってきた場合でも、食事と一夜の宿を提供していた。このような鷹揚さが、地域の結びつきを強めたのみならず、その評判と地位を確かなものとしたのだ。ラ・ムーセー殿は、亡き妻と過ごしたブルターニュでの年月をこう回想している。

われわれは、神の祝福を受けて、しあわせに暮らしており、近隣全員の賛辞の的となっていた。それはまず、毎年、りっぱな貢献をしてやったからである。城を造り直したし、ラ・ムーセーの土地に道を開き、水車を作った。指輪や宝石類もたくさん、それも高値で買ってやったし、家具も買いとって、わが家のあちこちに収納した。さらに、困っている人には金を貸してやったし、わが家を開放して、会いにくる者を歓迎して、きちんともてなしてやったのである。(3)

都市の隣人たちもまた、食べ物を主たる贈り物にしていたのであり、それはワインのことが多かった。(猟《ジビエ》の獲物やくだものは、町の市場で買えたとはいえ、贈答の際には、それが農場や領地からの到来物であることを言い添えたりしていた。）また、彼らは、おたがいに食事に招待しあっていた。職人たちは、宿屋や居酒屋で、各人の勘定を――「割り前《エコ》」と呼ばれた――、おたがいにおごりあっていた。このことは仲間意識を強めもしたものの、場合によっては諍いの原因ともなった。たとえば一五四四年、パリで、肉屋の職人たちが、ジュー・ド・ポーム〔テニスの前身〕でうち負かした相手に、「こっちのおごりだぜ」というと、敗けた連中は「勝った連中なんかの世話になるもんか」といって、皿を部屋中に投げ始めたという。そうした職人たちが、商人や弁護士の家族とか、司祭や聖堂参事会員の集まりと同様に、同じ食卓に寄り集まっていたのだ。招待客が、あらかじめ夕食代を渡していることも見られた。ポワチエのギヨーム・ブーシェは、親戚や、友人や、隣人たちが、夕食を持ち寄って――さしずめ一六世紀における「ポットラック・パーティ」〔あり合わせの料理を持ち寄る〕である――、それぞれの家に行ったり来たりするのを、「フランスの多くの町でおこなわれている、りっぱな習慣にして生活の知恵」だと賞賛している。[4]

こうした晩餐が流行したことは、一五六三年に宴会に関する王令が出されたことからも想像がつく。王令では、「こうした余分なぜいたくが、王国のあらゆる身分の人々のあいだで、日に日に増加している」として、結婚式などの祝いごとをも含め、いかなる饗宴も、六皿の料理で三の膳までとして、メイン・ディッシュの肉も一種類とすべきことが規定され、これを守らない場合は、罰金刑に処するとされた。そして客も料理人も、違反したホスト役の主人を、翌日にも判事に密告すべきことが求められた。[5] とはいえ、消化不良を起こしたり、二日酔いになったり、嫉妬したにしても、この王令を受けて密告する招待客が続出したはずもないのだが。

ユマニストのエラスムスにとって、宴会とは、余計なものではなく、気前のよさを発揮して、談論風発に及ぶ機会なのであった。『対話集』に収められた「宗教的宴会」なる作品は、キリスト教の慈愛について論議する場ともなっている。招待客が帰りかけると、主人は、キリスト教あるいは古典の、ちょっとした本をプレゼントする。また、自分の時間を大切にしなさいといって時計を、読書用にとランプを、そして芦ペンをあげるのである。そしてまた、エラスムスの書簡類は、おたがいに遠くに住んでいようと、近くに住んでいようと、友人のあいだにおける贈与のとりなす関係がいかなるものかを教えてくれる。一五一五年、バーゼルに滞在中のエラスムスは、一書をアントウェルペンのペーター・ヒレスに恵投しているが、その献辞において、ふたりの結びつきを、ほかの友情と比較してこう述べている。

もっとも誠実なる友人のペーターは、友情といっても、その実在や友情の質を決める要素が、友人が間近にいるかどうかに存するような種類の友情は、洗練されていない、凡庸なものにすぎないと告白している。別れたまま、友情をはぐくむ必要が生じれば、彼らは、おたがいに指輪、ミニチュアの短剣、小さな帽子など、象徴的な品々を次々と送りあうのが習慣だ。もちろんこれは、ずっと長いあいだ、遠くに離ればなれになっているると、なかなか会えなくなるから、友愛の気持ちもしおれて、消えてしまうのではないかと心配なせいである。しかしながら、わたしたちの場合は、友情を決定する要素は、精神的な一体感や、学問による共同意識なのであるから、文学的なお遣い物という、心から発する小さなプレゼントによって、おたがいにあいさつを交わしているのである。（中略）実のところ、不在というものが、友情からなにがしかを差し引くかに思われても、われわれは、これを、こうした文学的な抵当に、いわば利子まで付けて、修復するのである。したがって、わたしは特別の友人には、もちろん通常のプレゼントではなくて、小著にちりばめられた、たくさんの宝石を送るのである。(6)

こう述べて、エラスムスはヒレスに、隠喩を集成した新著を送付している。

実際は、エラスムスの仲間たちにしても、より実質的な贈り物に頼る場合もあった。たとえば、アンドレア・アンモニーオは、エラスムスに白馬を送り、「この品をお受け取りください。それがいかほどのものでありましても、あなたの借り分とはなりませんから」と、書きつけている。とはいえ、書物こそは、教養ある友人たちのあいだで、もっとも熱心にやりとりされた贈り物であって、改った献辞が添えられることもあれば、書簡が添えられて、それがのちに出版される場合もあった。そうした書簡は、好意や感謝の念を示すていねいな言葉づかいに満ちていたとはいえ、からかいのことばや敵に対する手厳しいコメント、他の学者の称賛、特別なはからいを求めることばなども書かれていた。たとえば、新版を出すから、あるいは旧版を売るから助けていただきたいとか、パトロンからの手当が遅れている理由を知りたいとか、新しい保護者を見つけて恩恵にあずかりたいといった内容である。(7)

とりわけ重要なのは、献辞がその著作の内容にふれていることである。一五二七年、シャルル・ド・ブエルは、ラテン語による『俗諺集』を、パリで法律家をしている友人に捧げているが、その謹呈書簡は、エラスムスの『格言集』など、他のことわざ集成に言及している。詩人にして数学者のジャック・ペルチエ・デュ・マンの『数学』(一五五二年)は、その後ジュネーヴのカルヴァンの元に亡命する、テオドール・ド・ベーズとの親密な日々のあかしとなっている。ド・ベーズに寄せた「序言《プロエーム》」では、数学・音楽・フランス語に関する重要問題が提起されており、ド・ベーズとその仲間が、パリで夜遅くまで語り合った教育プランの内容が、読者にも伝わってくるのだ。(8) つまり、贈与という形式が、新しい主題や異論の多い主題をめぐってかわされる議論のための、礼節と友情という枠組みを提供しているのである。

エラスムスの著作は、学者仲間のみならず、教会や、王国・公国の有力者にも届けられていた。贈られた相手も、「無神経な人間《クラスム》」ではなかったから、学芸の君主エラスムスへの返礼に、黄金の懐中時計、銀のカップ、ルビーの指輪、金貨といった、後ろ盾のシンボルにして、実質的でもある品々を贈っている。パトロンとの関係は、なんらかの贈与をきっかけに始まるのだ。たとえば一五一六年、ロチェスター〔ロンドンの東南の町〕司教は、ギリシア学者ヨハン・ロイヒリンになにを送ればいいのかとエラスムスに尋ねている。するとエラスムスは、指輪とか衣服がいいのではないでしょうかと忠告するのだ。その翌年、事前の贈与もなしに、エラスムスにオファーが届く。バイユー〔ノルマンディの町〕の司教が、「先生の学識あふれるお話をうかがって、大いに刺激を受けて、わが糧といたしたく」、バイユーに尊来をいただき、暮らしていただけませんか、つきましては、まず二〇〇ドゥカートの「年俸」をお約束いたしますというのであった。その数か月後、今度はギヨーム・ビュデがエラスムスに書簡を送り、フランスに来て、国王の「知識人たちの苗床」に合流してくだされば、一〇〇〇フラン以上の禄高を与えようという、フランソワ一世の提案を伝えることになる。(9)

こうした実例を見ていると、身分、富、そして／あるいは権力において、異なる階層に属す人間のあいだで、多種多様な交換がおこなわれていたことがわかる。有力者の帳簿で、「年金」や「贈与」のリストが、いかにも事務的に処理されていたとしても、――シャロン・ケタリングが一七世紀について明らかにしたように――パトロン・システムはどれも、ある意味では、贈与のレトリックによって統御されていたのである。ルネ・マルタン修道士は、アンジュー地方にある、空位の修道院についてフランソワ・ド・ラ・トレムーユに問い合わせたとき、「はばかりながら、高貴なるド・ラ・トレムーユさま、奥方さま、お子さまがた、貴きご一統さまのために、一生涯にわたりまして神にお祈り申し上げます」と約束している。またブルターニュの一貴族が、ブルターニュ総督であるデタンプ公爵に、「年金」として、なにがしかの空席を願い出ているが、そこで彼は公爵の過去の愛顧について言及し、別の者が提示した軍職を受けるべきかどうかの意見をたずね、しかるのちに、「謹んで、申し上げますが」と話頭を転じて、自分の願いが聞き入れられましたら、「公爵さまのおそばにいて、その恩恵をたまわることにもまして、大きな幸福は、人生にはございません。ご奉仕する手だても増えることとなりましょう(10)」と、力説するのである。

このような、贈与、奉仕、感謝という表現法は、保護にあずかる者が、複数のパトロンを持ったり、あるいはそれを期待できるときに、そしてパトロンを変えるときなどに用いられた。こうした言葉は、封建的な臣従《しんじゅう》の誓いという、より独占的にして、――一六世紀の基準からすれば――親密なものともいえる表現法よりも、利点があったのだ。相互の利害という要素は、完全に消え去ったわけではないものの、弱められていた。ひざまずいたり、抱擁したりすることなく、手当と約束がなされたのである。そうしたしぐさは、一六世紀の臣従の儀式においては、次第に批判の対象となっていた。（一五三〇年、モンテーニュの父親ピエール・エイケムが、モンテーニュ村の領地のための臣従《オマージュ》の儀式をおこなったときには、中世のしきたりの口づけではなく、ほっぺたへの接吻がなされた。）つまり被保護者は、もはや他人の「家臣」とならずに、保護者《パトロン》に対して感謝の気持ちを表すことができたのである。[11]

どうやら、ささやかな贈り物を交換するようにして、パトロネージを維持していくのが、よしとされていたらしいのである。ここでは、クリステン・ヌーシェルが示したごとく、贈与のランガージュは拡大されて、名誉ある、高貴な地位を得たことを、相互に、礼儀正しく認めるようになっている。たとえばピカルディの一貴族が、モンモランシー公に、狩猟用の鳥を、丁寧な手紙を添えて送っているが、このモンモランシーこそは、フランスで最大のパトロン・システムの総帥ともいえる人物だったのである。クロード・デュ・シャステルはデタンプ公に、ハヤブサを二種類送っているけれど、それは、デタンプ公が狩猟に使うハヤブサを所望していることを聞き及んでいたので、「ハヤブサを捕獲いたしましたら、ただちに殿にお送りいたすことによりまして、お役に立てるのが、なににもましてうれしいからでございます」、というのである。そしてデュ・シャステルは、自分はこれまで病床にありまして、国王やデタンプ公の元でお役に立てなかったのですとも書き添えるのだ。あるいは、お返しが戻ってくる場合もある。ブルボン枢機卿は、ピカルディの貴族にくだものを送って、一五六二年の宗教騒乱に際して、ピカルディ地方に発生した混乱を鎮めてくれたことに感謝している。またジャンヌ・ダルブレや、少し後のアンリ・ド・ナヴァールも、従者をつとめる若い貴族の男女に、ふだんの手当とはまったく別に、金や銀の指輪、ベルト、帽子、甘い物などの小物を買ってやっている。(12)

ジル・ド・グーベルヴィル殿が、地元ノルマンディはコタンタン半島〔突端近くにシェルブールの港がある〕で、貴族や、政府の役職についている者にした贈り物は、パトロン・システム外で、贈与がどのように進行していくのかを如実に物語っている。ジル殿は、もっぱら自分の領地の小作料や、農産物の販売によって暮らしていたものの、「林野治水代理官」といって、森や河川の監督をする宮廷の地方役人の俸給を得ていた年月もあった。つまり、年金ということではなく、もっと一般的なひいきや庇護に関して、有力者に依存していたことになる。そして贈与という礼儀作法のおかげで、名誉ある有力貴族の世界の一翼をになうことができたのだ。グーベルヴィルの『家事日記』〔ほぼ毎日、欠かさず付けられている〕を読むと、親族、近隣の領主たち、役人仲間といった人脈とは別に、彼から贈り物を受けている高位の人物が、ふたり浮上してくる。ひとりは、グーベルヴィルの屋敷のあるメニル＝オ＝ヴァルから馬で約二時間の、ブリックベック〔シェルブールの南二五キロ〕に城館を構えるサン＝ポール公爵夫人である〔そのりっぱな城館は現在も残っている〕。もうひとりは、屋敷から一時間あまりのヴァローニュ〔シェルブールの東南二〇キロ〕――ここはこの地方の司法や行政のみならず、商業の中心地なのだが――、このヴァローニュにある国王の城の司令官ウルトビー殿である。グーベルヴィルは親族とのあいだでは、物を贈ったり、贈られたりしているのだけれど、それと比較して、この二人との関係は、よりフォーマルで、非対称なものとなっている。定期的に贈り物をしてはいるが、それとても、特になにか請願やはからいを求めるわけではなく、とにかく関係を保っておきたいという打算に根ざしたものといえる。

グーベルヴィルとサン＝ポール公爵夫人の贈与関係は、一五五四年、彼が彼女の屋敷におもむいて、夕食をちょうだいし、とある小作人とのもめごとについて議論したときに始まる。その翌日、グーベルヴィルは、公爵夫人に子ヤギを一頭持っていかせるのであり、これを皮切りとして、一五六〇年に彼女が亡くなるまでの七年間というもの、子ヤギや、キンヌキドリ、使用人が捕獲したウサギなど、奥方の屋敷にたくさんの付け届けがおこなわれる。いっぽう夫人のほうは、一五六〇年にたった一度、狩猟の獲物をお返しにあげただけで、グーベルヴィルの屋敷を訪ねることは一度もなかった。それどころか、公爵夫人が別の土地からブリックベックに戻ることになって、帰館したときなどにも、グーベルヴィルに屋敷が開放され、田舎領主は、馬に乗って奥方を表敬訪問するのだ。これ以外にも、グーベルヴィルは屋敷を訪れては、「嬰児虐殺の祝日」〔一二月二八日〕に、従者が若い女の子たちにいたずらしたことを話しながら笑いあっているし、役人や、コタンタン半島の名門の奥方たちとも交わり、彼女たちとダンスまでしている。どうやら、こうした訪問の際に、結婚のことが、グーベルヴィルの脳裏を幾度となくよぎっていたらしい。それはおそらく、ブリックベックの貴族の女性との結婚であり、もうひとつは、自分の片腕のカントゥピの再婚なのであったが、ともに成立にはいたらなかったのである(13)。

グーベルヴィルは、ウルトビー殿にも、似たような贈与を行っているが、その思惑は異なっていたし、その関係はもっと不安定であった。グーベルヴィルがウルトビー殿に初めて出会ったのは、タンド伯爵家の二人の若様が、ヴァローニュの国王城館にしばしば滞在していて、ウルトビー殿が、そのお目付役をつとめていたときだった。一五五三年から、二人が死んでしまう一五五五年まで、グーベルヴィルはたびたび国王城館を表敬訪問しては、若様にモリバトや、ヤマウズラや、魚を贈っている。彼らもグーベルヴィルを夕食に招待し、いっしょに狩猟を楽しむのだ――もっとも、グーベルヴィルの方は、猟犬を貸してやれて満足ではあっても、狩猟そのものは好きではなかったのだが。この間、森林監督という公務を通じて、ウルトビー殿と知り合いになったグーベルヴィルは、彼にことづてを伝え、城館での食事を共にする。たとえば一五五四年一〇月には、国王の森におけるドングリの収穫具合を調べたあとで、グーベルヴィルは、自分の屋敷での特別あつらえの夕食会に、役人たち全員を招待して、みんなは一晩をすごすわけだが、そこではウルトビー殿が、最高の地位を占めていたのである。その翌日、ウルトビー殿は返礼として、ブタ四頭をグーベルヴィルに進呈している。(14)

二人の若い伯爵が死ぬと、ウルトビー殿がヴァローニュ王領の総督になる。グーベルヴィル、ウルトビー両者の贈与関係は、安定した形でしばらく続き、グーベルヴィルはイノシシを贈ったり、城館で夕食を共にしたりしている。だが、一五五五年一二月、グーベルヴィルは、総督ウルトビーの面前で、森林のことをめぐって、目上のヴァローニュ子爵と、激しく言い争うことになる。グーベルヴィルによれば、子爵は、自分が国王にあれこれと尽くしたことを強調して、新しい屋敷の梁材にしたいから、王領の森のナラの木を一五本いただきたいと頼んだという。だがグーベルヴィルは、王令に違反するとして、この依頼を拒否したのだった。その後、グーベルヴィルのヴァローニュ訪問は激減している。「子爵がいるので、わたしはあまりヴァローニュに立ち寄らなくなった」と、日記には書かれている(15)。

それから一年が経った一五五七年一月半ば、おそらくは遅ればせながらの年賀として、グーベルヴィルは使用人頭のカントゥピを遣わせて、総督に子ヤギを持っていかせる。その翌日、ウルトビー殿がグーベルヴィルの屋敷にやってくる。すぐ来てくれないか、ふたりの男が、自分の従僕から荷車一台分の木材を取り上げてしまった、ついては森林代理官として、事情を聞いてもらえまいかというのだった。だがグーベルヴィルは、損得のからむトラブルに巻き込まれるのはごめんだと、依頼をことわった。なにしろ、男のひとりは、彼とはずっと「けんか状態」にあるヴァローニュ子爵の甥っ子なのである。グーベルヴィルは、「だれか、別の人に頼んでください」というしかなかった。ウルトビー殿はいらいらして、不機嫌な様子で、帰っていった。その年は、贈り物も訪問も見られず、金銭の支払いや公的な義務を除けば、両者の関係は途絶してしまったのである(16)。

ところが一五五八年一月一日、グーベルヴィルが狩猟の獲物や農産物を贈るという習慣とは別に、ウルトビー殿にサギを一羽贈ったことをきっかけとして、状況は一変する。ヴァローニュの役人たちとの関係も復活して、国王の弁護人が、グーベルヴィルのいとことの結婚話の交渉を始めたりする。それからの年月は、贈与と職務の組み合わせという、以前のペースが戻ってくるのだ。野ウサギの子、子ヤギ、キンヌキドリ、あるいは子ジカまでもが、グーベルヴィルの館から、ウルトビー殿の城館へと移動していく。それも正月とはかぎらず、たとえば王の領地への入会《いりあい》権料の支払いとともに、贈与がなされている。返礼として、ときにはワインなどが届けられることもあるものの、たいていは、夕食を共にしたり、城館を訪問したりする機会が設けられるのだった(17)。

要するに、贈与によって、こうした関係のきっかけができたのであり、一介の田舎領主と公爵夫人の、下級役人と総督との距離は、その非対称性によって定められたのである。また同時に、仕える側の人間が、猟の獲物《ジビエ》を届けることで、相手が名誉ある貴族の男女であることが明確に示されるのだ。このような身分の同定は、しかるべき挨拶のことばによって確かなものとされたはずだが、コタンタンのような田舎では、それは書状よりも、むしろ口頭で交わされたのである。贈与と、それに伴う礼儀作法が、意志の疎通や助け合いを容易にしたのだ。贈与による関係は、国王に対する法的な義務ともからみあって、廷臣のあいだの連帯感を深めるとともに、国王への奉仕が、貴族の忠誠と背馳してはいけないという気持ちを強くさせたのである——もっとも、あとで見るように、こうした齟齬は、けっして排除されたわけではなかったのだが。

グーベルヴィルは、ウルトビー殿とではなく、ヴァローニュ子爵と険悪な関係だったのであるから、贈与がおこなわれないからといって、必ずしも不和を意味したわけではない。とはいえ、それはある隔たりを、礼儀にかなったふるまいや、決められた支払いはするけれども、愛顧や意志の疎通はしないという、冷たい領域の存在を確実に示している。それでも、ひとたび、グーベルヴィルと総督のあいだで、贈与の流れが再開されれば、対話がまた始まるのであった。

田舎の貴族階級における贈与のパターンには、明らかに、固有の形態と習慣が存在したのであり、このことは、エラスムスと、友人やパトロンのあいだを行き来したモノや書簡と比較してみれば、歴然としている。グーベルヴィルは、一五六〇年と六一年に、メニル＝オ＝ヴァルから何時間もかかる、ベッサン地方〔バイユーが中心地〕のリュシー——そこにある叔父の所有地の共同相続人となったのだ

——に長期間滞在しているけれど、このときのふるまいを見ると、彼が農村的なモデルを自家薬籠中のものとしていることが判明する。何週間にもわたって、彼はきちんと帳簿をつけて、その領地を監督し、メニル＝オ＝ヴァルと同様の、贈与のネットワークを作り上げるのだ。つまり、近親者とは、猟鳥や魚類、ハムやプディングなどをやりとりし、裁判関係の仕事がますますふえてきたバイユーの国王裁判官である子爵には、ヤマシギなどを贈るのである。(18)

贈与の領域においては、どの場合でも、感謝と義務の精神が全体的に支配していることが予想されたとしても、ある贈与のパターンを知悉しているからといって、別のケースが理解できるとはかぎらない。一五五六年の冬、グーベルヴィルは、当時はブロワに滞在していた宮廷に向かう——「森林治水代理官」よりも、もうひとつ上の「森林治水監督官」の地位を獲得しようとして、むなしく奔走したのであった。彼は、こうした際のふるまいを、まったく心得ておらず、のんびり構えては、お芝居を見たり、宮廷の台所で若い侍臣《エキュイエ》と雑談したり、王妃のソムリエと飲み交わしたりしている。それでも、ようやくにして請願書を手渡すのだが、当の審査官ときたら、グーベルヴィルの書類など、懐から一度も取り出すことはなかったのである。(19)

グーベルヴィルの『家事日記』は、農民と領主のあいだを、贈与がいかに流れていたのかについても、貴重な知見をもたらしてくれる。グーベルヴィル殿は、小作人たちから、魚類、くだもの、キンヌキドリ、ガチョウのひな、野ウサギなど、その時々で、相手の身分に応じた進物を受け取るものの、それは単なる、現物による地代の支払いではない。もちろん、小作料の支払いに伴う贈与のことも、時には見られるけれども、たいていは、領主としてのグーベルヴィルの地位を認めて、領主さまのご尽力に対しては、これ以外の形では感謝のしようがありませんといった意味での、贈与なのである。実際、グーベルヴィルは非常に神経の細やかな領主であって、領地を、リンゴ園を、家畜の群を、ミツバチの巣を、せっせと見て回っていた。自分が受け取るべきものは、きちんと取り立てる人間だった。五人の連中に、畑を一週間、鍬で耕させても、払った金といえば、自分に奮発した黒いタフタ織の値段にも及ばなかった。また収穫期に四日間、四人の男を麦刈りに雇っているけれど、その賃金よりも、叔父にあげたビロードの帽子の方が高いのだ。そしてグーベルヴィルは、ブタやミツバチの巣をくすねた小作人を、告発もしている。だが一方で彼は、農民のいさかいの仲裁を買ってでたり、彼らの結婚にアドバイスをして、その仲立ちをしたりするのだ。裁判沙汰になれば農民を助け、国王の徴税官を相手に、農民たちの利益を擁護したし、病気の村人には、シードル、ハチミツ、ビール、ヤギのミルクを差し入れてやった——もちろん、ボルドーワイン、子ヤギ、食用のハトなどを、やったりはしないのだが[20]。

グーベルヴィルから水車を借りていて、大麦などの穀物で賃貸料を支払っている、マルタン・ビレットについて考えてみよう。一五五〇年の五月、水車の賃貸料の支払いが一か月遅れたので、ビレットはガチョウの子を二羽手みやげに、グーベルヴィルの屋敷を訪れると、日曜日の昼食まで残っている。一五五二年、五三年、五四年の「御公現の祝日」には、ビレットは孫に、お祝いの菓子を持参させている。一五五五年一月、水車用の新しいひき臼を買うグーベルヴィルのお供で、シェルブールに行ったときには、その労に報いて、ビールを買ってもらう。その二週間後、水車を見に行ったグーベルヴィルは、ひき臼で足に重傷を負ったビレットを発見する。グーベルヴィルは、床屋外科医を呼んで手当をさせて、治療費を支払う。やがてビレットが死んで、埋葬されたあとには、自分の屋敷で、家族のために晩餐会を開いてやる。その数か月後、ビレットの息子のひとりが、ニワトリと香料入りの菓子を持って、屋敷に立ち寄っている。そして別の息子は、グーベルヴィル所有のもうひとつの水車を一年間借りることになるのである。(21)

グーベルヴィルの領地で働く多くの農民が、領主に贈り物をすることはめったにない。それはむしろ敬意をこめたふるまいであって、特別な機会や、なにかはからいが必要なときにだけおこなわれた。一五五二年の春、グーベルヴィルは一か月ほど寝込んでしまうのだが、すると何人かの小作人が、リンゴや、ニワトリや、野ウサギを手に、見舞いにやって来る。グーベルヴィルの親族が送ってくれた、子ヤギやオレンジとともに、小作人の見舞いの品も、『家事日記』にしっかりと記録されている。一二月初旬には、百姓の女房がツグミを一ダースばかり持参するし、またニシンを届けた村人もいる。そして大晦日には、ひとりの少年が、母からですといってニワトリを二羽持参している。公現祭のあとで立ち寄った村人は、バターを持ってくるし、夏の盛りに、ガチョウの子を二羽持ってきた者もいる。小作人ジャック・ビュルネルは、秋の地代を払うときに、ヤマシギを二羽添えている。贈答品によって、はからいがなされたことが、『家事日記』から読みとれる場合もある。もっともグーベルヴィルは、ウルトビー総督への贈答によって自分が作ったほどに、明白なコネを、作ってやったわけではないのだが。たとえばジョレ・ガイヤールは、ヴァローニュの教会裁判所に出頭する前日に、ハトを二羽持参する。そこで翌日、グーベルヴィルはジョレとともに裁判所におもむき、彼に有利になるように、司祭に話をしてやるのである(22)。

グーベルヴィルが小作人たちになにかを贈るのは、一族や、他の領主、役人への贈与と比較すると、稀なできごとといえる。とはいえそれは、新年のプレゼントにとどまらず、聖ジルの祝日のピンや、すでにふれた誕生祝いや結婚祝い、そして死者を悼む贈与にまで及んでいるのだ。村のとある若者が、パリに徒弟修行に出る際には、グーベルヴィルは、かなりの餞別と、シャツ、そして推薦状を渡しているのだし、投獄された小作人たちにも、わずかな金を置いていく。また、ある日、たまたま行商人と出くわしたグーベルヴィルは、急に思い立って、飾りひもとピンを一八ドニエで買い求めると、これを四人の村人に分配したりもする(23)。

とはいえ、グーベルヴィルが農民にするお返しといえば、ほとんどの場合、彼らを屋敷に招くことなのだった。日曜日のミサの後とか祝祭日などに、お気に入りの小作人が、ひとりかふたりの司祭といっしょに昼食に招待されるのである。それに、たまたま食事時に訪れた村人は、だれであっても食卓に付くことができたし、わらのベッドで一晩泊まっていくことができた。もちろん、特別なもてなしなどはない――大切な客の場合のように、シェルブールに魚を買いに行かせたり、わざわざ森で獲物を捕まえてきたりして、ごちそうを作ることはない。でも、その食卓では、病人にはシードルが出るし、妊婦にはハチミツが出ることが、察しがついたのである。反抗的で、こそ泥まで働いた農民ニコラ・カンタンとの数か月に及ぶ訴訟さわぎのあとで、仲直りをした、領主グーベルヴィルは、すぐ

さま当人を夕食に招いてやっているほどだ。(24)

こうした領主と農民の贈り物のやりとりは、領主間の上品な交換とも、村人どうしの、礼儀作法にかなった、祝祭的な交換とも、異なるスタイルのものといえる。贈与される、食べ物、品物、少額の金銭が、社会的な隔たりや身分のちがいを維持する機能をはたしているのだ。領主は、いとこたちには、アーティチョークや子ヤギのパテを差し入れるかたわら、小作人には、ハチミツやビールをあげる。そして百姓が、領主に狩猟の獲物を差し出すことはないのだ。それは傲慢なふるまいであるにとどまらず、貴族の手助けをする場合は別として、一介の平民がシカなどの大きな動物を狩るのは、御法度だったのである。(25)（そもそも、農民が「密猟」でシカを捕まえたなら、領主には隠しておくにちがいない。領主が王家の森の監督官ならば、なおさらである。）また、小作人が、グーベルヴィルにヤマシギを贈り、グーベルヴィルが、若いタンド伯爵に、ヤマウズラとモリバトとともにヤマシギを差し上げるといった事例が見られる。このように、同一のモノが、社会の各方向に移動することはあるものの、その贈り方が異なっているのだ。村人は、それを自分で持参するか、家族のだれかに持っていかせる――ビレットの孫がそうであった。ところが領主は、従僕に持っていかせる。農民と領主の贈与の場合に、どのようなことばが交わされ、どのようなしぐさが用いられたのかは記録が残っていないけれど、村人どうしや、領主間でのことばやふるまいとは異なっていたものと推測される。

こうした贈与交換にもかかわらず、貴族間ばかりか、領主と農民のあいだでも、あれこれといざこざが生じるのは避けがたかった。グーベルヴィルも、農民や従僕と、悶着を起こしている。新年にはお年玉を、聖ジルの祭日にはピンを渡していても、女中のギュイオンヌ・キュルドンは、未払いの給料の代わりに銀の指輪を失敬して、ひとことの挨拶もなしに屋敷を立ち去ってしまう。だが、その兄が、彼女を屋敷に連れ戻すと、その二か月後、ギュイオンヌは、グーベルヴィルから新しい靴をもらうのだった。[26] ここでは贈与が、身分や読み書き能力といった境界を越えて、コミュニケーション回路を開くものとなりえている。それは、社会的・経済的身分においては等位ではない二人の人間のあいだの、極度に張りつめた、本物の互酬性の、ひとつの表現となっているのである。

4　贈ることと売ること

　贈与は、定期的な支払いや年金が想定されている関係を支えてきたのだし、あるいは時には、すでに見てきたように、文字どおり支払いに伴っておこなわれていた。こうした時間性が、贈与、売却、俸給と、その他の正式契約を伴う支払いとの境界領域へと、われわれを引き戻すことになる。では、こうした境界における贈与の領地は、初期の文化人類学や歴史学による贈与論が示唆したごとく、市場が発展すると、ぐっと押し戻されてしまったのだろうか。

　ブルターニュの法律家ノエル・デュ・ファーユ〔一五二〇—九一〕は、一五四七年に上梓した『田舎物語』で、明らかにこのことを問いかけているのだ。農村を舞台にした、このお話では、裕福な老人が若いころのことを思い出している。

　ご同輩よ、昔はな、ちょっとした祝日でも、だれかが村の連中を昼食に招待して、ニワトリや、ガチョウや、ハムなんかを食わせてやったもんじゃが、ああした時代はどこにいっちまったのかのう？　いまじゃあ、ニワトリにしてもガチョウにしても、まるまると肥えてくると、売っちまうじゃねえかい。弁護士先生への支払いに当てにゃいかんで（中略）、隣のやつをいじめて、牢屋にぶちこむためにな。①

いっぽうで、この農民は、村祭りのときに、仲間と樫の木の下に座って、若者たちが弓を射たり、あれこれゲームをしているのを眺めながら、今のご時世を嘆いている。つまり、近所づきあいは、依然として現実なのであって、この農民は聞き手に対して、世の中にはふたつの異なる交換の方法が存在し、それが村で続いていることに注意を喚起しているのだ。すると、もうひとりの年輩男も、似たような比較をして、自分が若いころは、まともな宴会が開かれていたけれど、いまどきの宴会ときたら、コショウ、サフラン、ショウガ、シナモン、ナツメッグ、クローブなど、海外からの渡来品で――、みんなもたぶん知っているだろうけど――、「都会から、わしらの町に持ち込まれたような香辛料ばかりを使って、なんだか目先の変化ばかり求めているじゃないかと愚痴るのだ。そこで相手が、それは昔の宴会のほうが健康にもよかったものの、いまの連中からすると、なんだか味気がなくて、ぱっとしないというのだから仕方ないという。②

一六世紀で興味深いのは、こうした、贈ることと売ることとの関係をめぐる感覚であり、両者の境界に対する関心である。それを、贈与と商業マーケットとのゼロサムゲームとか、歴史的な綱引きといったイメージで理解するよりは、贈与システムと市場システムのあいだの、恒常的な相互作用として思い描くのがいいのではないのか。こうした相互作用によって、贈与に足かせがはめられた場合もあれば、贈与が新たな方向へと解きはなたれた場合もあったのだ。一六世紀になによりも重要なのは、贈与のモードと売却のモードの区別をしっかりとわきまえながら、両者の間を行きつ戻りつする可能性であった。

こうした相互作用において、贈与のモードは、感謝、互酬性、所有権についての一般的な観念のみならず、もっぱら特定の支払いとか、対価のためにサービスを提供するというのは、礼儀にかなうとはいえず、道徳にも反するのだという確信によっても支えられていた。グーベルヴィルが農民たちに示した慈善行為や家長主義的な介入が、贈与や贈り物として認められることは、すでに見たとおりである。また一六世紀には、自由七科〔文法・修辞・論理・算術・天文・幾何・音楽をさす〕や、自由業〔医師・弁護士など〕におけるサービスに関しては、厳密な規定はなかったものの、まともな報酬とか、贈与によって、はっきり認知してほしいという強い要求が生じていた。

中世の箴言に「学問とは神の恵みであって、売ることはできない」というものがあり、その起源はギリシアの理想にまでさかのぼる。農村においては、伝統的な知識の大部分は、集団的に継承されるものであって、それは語り部や祭司により伝えられてきたわけで、彼らへの報酬といえば、食べ物を差し上げて、火のそばの上座を保証することであった。都市においては、すでにマリー・フランス〔一二世紀の女性詩人〕が、義務と感謝とを共有すべきことを歌っていた。

知識と雄弁とを、神がお授けになった者は、
口をつぐみも隠れもせず、進んでその身をあらわすべきです。
立派な行ないといえども、人に聞かされて初めて花開くのであり、
さらに、多くの人から賞讃されて、いよいよ花咲きほこるのです。(3)

（マリー・ド・フランス『十二の恋の物語』「プロローグ」月村辰雄訳、岩波文庫、一九八八年）

中世の修道院では、写本作業は称賛にあたいする、信心深い行為であり——赤い飾り文字は、殉教者の血にたとえられていたのだ——、写本を貸与するのは慈善行為であった。大学では、大量の知識が、新しい写本・討論・注釈のおかげで広がっていったものの、教会法は、教授たちに対して、報酬を受けたり、書き写したものを売ったりすることを禁じていた。しかしながら、それ以外には糊口《ここう》をしのぐ手だてのない、多くの教師や大学の写字生にとってさいわいなことに、「働き人が、その報いを得るのは当然である」（「ルカによる福音書」一〇・七）という聖書の一節を根拠として、結局は、報酬を受けることが正当化されたのだった。そして中世後期には、大学宣誓書籍商がコピー用に写本を貸し出して、写字生は、著者や客から、複製の手間賃を受け取るようになる。とはいっても、貸し出す分量や、写本の売買に関しては、こまかく規定されていたのである。知識とは、聖霊の恵みにほかならず、あまりに高く売るべきではないと考えられていたからである。一五世紀初頭、つまり活字が発明される何十年か前には、神学者ジャン・ジェルソンが、君主たちに向かって、自分のためだけではなく、周囲の者に使わせるためにも、書物を収集すべきことを説いている。[4]

こうして、一六世紀の著者や、版元や、書物の所有者たちも、贈与の慣習を引き継いだばかりか、書物の所有権は、個人的なものであると同時に集団に属するものであって、神ご自身もいくらかの権利を有しておられるという考え方を、継承したのである。こうした観点からすれば、書物は謹呈するのが最良なのであって、正当な価格を越えて売ることはあってはならず、ましてや決して死蔵してはならなかったのだ。

印刷術の発展によって、このような考え方が、出版業という、一六世紀ヨーロッパで、商業的にももっとも組織されたビジネスのなかに受け継がれることになる。それは、いわば手直しされた形で生き残ったのである。書物の生産・販売は、ほかの商売ほど「金銭づく」ではないビジネスだと見なされたのだ。パリの大きな書籍商に宛てた手紙で――とはいっても、印刷・出版されたものなのだが――、リヨンの公証人が書いているように、彼らは「この世で売ることのできる、もっとも栄誉ある商品を扱っている」のである。[5] 印刷された書物の所有権もまた、曖昧なままだ。たいていは、版元ないし印刷業者が、国王の「特認《プリヴィレージュ》」と呼ばれる、何年間かの出版独占権を獲得するわけだが、著者や編者が「特認」を手にする場合もある。要するに、著者は、献辞により、その本の作者としては同定されるものの、正式の著作権などは所有していないのである。また一六世紀の印刷本では、著者が知られておらず、翻訳者や編者だけが判明しているものも多い。

一五八六年、パリ高等法院で争われた訴訟では、贈与の要求と売買の要求とが混じり合い、所有権のことばと利益のことばとが融合している。一五八五年に、フランスから移り住んだ故マルク・アントワーヌ・ミュレ〔ユマニスト、一五二六―八五〕の注解が付された『セネカ作品集』が、ローマで刊行されたが、そこにはフランス国王の「特認」が添えられていなかった。そこで、パリのとある版元が、六年間の出版独占権を付けて、これを再刊しようとしたところ、競争相手の二人の版元が異議を唱えたというのが、この訴訟である。後者の弁護士は、だれでも、自分が作るものの主人にして領主なのだと主張した。「ある本の著者は、その本のまったき主人であって、それを意のままにすることができる。いつまでも自分の手元に留めておいてもいいし、(中略) それを解放してやって、自由を与えてやり、(中略) 手元にはなにも留めなくてもかまわない。あるいはまた、一種の保護によって、しばらく経たないと他人が印刷できないようにして、留保しておいてもかまわないのである」。ミュレの注釈によるセネカは、自由に、読者に捧げられたわけであるから、自由なままであるべきだ。「特認」を得ようとする版元は、神と人間に対して「恩知らず」ではないかというのである。

その書物を作った者の気前のよさのおかげで、恩恵を受ける権利が読者にあるにもかかわらず、それに異議をとなえて、自分だけが独占しようとはかり、書物を、読者の胸元から奪い取ろうと考えるのは、不実なことでしかない。(6)

そうした連中は、この著作によって不朽の名声を得ようと考えている著者にとっても、「恩知らず」なのだという。印刷業者どうしの「公平な競争」が制限されると、書物の部数は限られてしまい、熱心な読者には高価なものとなってしまう。「特認」を求める者は、「個人の利益を守ろうとするあまり」に、「印刷術なるものの公共的な自由」と同時に、贈与と感謝の精神をも侵犯しているではないかというのだ。こうして、この訴訟においては、異議をとなえた側の版元が勝訴したのである。(7)

一六世紀の活字本は、物理的なモノとして、売買と贈与という星のもとで機能していく。潜在的な読者のために、版元の住所が、本の扉に示された。一方で、著者・編者・訳者の献辞は、内側に置かれて、その書物を贈与関係のなかに組みこんでいた。また、国王の「特認」に対する請願も、書物内に印刷されて、版元は、正確で有益なテクストを発見して準備した努力や費用を強調して、こうした努力には、当然の報いがあるべきだと主張する。そして献辞や序文では、今度は同じ版元が、書物の寄贈者として立ち現れるのである。一五五九年、リヨンの富裕な書籍商ギヨーム・ルーエは、ロドヴィコ・ドメーニキ〔イタリアの雑文家、一五一五―六四〕の軍事に関する『対話』を、著者自身に謹呈している。「この書物を、あなたがわたしに送ってくださったのと同じ、寛容な心でお受け取りください。あなたは、みごとな文字と絵をわたしに送ってくださいました。ですから今度は、わたしはこれを美しい活字と版画の挿絵にして、あなたに送り返すことにいたします。敬具」と、著者に向けて書くことで、ルーエは、商売上の関係を、「あなたのよき友にして兄弟として」、もうひとつの互酬性のなかに解消してしまったのである。その二年後、『対話』のフランス語訳を出した際に、ルーエは、この翻訳をカトリーヌ・ド・メディシスに謹呈する――依然として自分を、こうしたサービスの実行者として提示しているのだ。作中に言及されている、カトリーヌ・ド・メディシスの先祖〔フィレンツェのメディチ家ということ〕の栄光と偉大さを称揚するべく公刊したのであるから、自分がこれまでにお送りした他の著作と同様に、女王陛下がお受け取りくださいますようにと、書籍商ルーエは述べるのだ。(8)

ひとつの書物は、その生涯のあいだに、販売され、贈答品となり、相続人に遺贈されて、フォリオ判の聖書や時禱書の場合は保存されるし、さもなければ売却される。こうしたさまざまな軌跡が、見返しに記録されて、そこには、所有者や寄贈者、価格などが何世代にもわたって記されていく。ときには、印刷本を、なんのためらいもなく配布するという、従来の高価な写本からすると、到底ありえないふるまいが示されることもある。一五六〇年、異端者〔カルヴァン派などのこと〕であふれかえるリヨンで、イエズス会士アントニオ・ポッセヴィーノは、自費でカトリックの公教要理を印刷させて、通りで配ったというのだ。そして一五七四年には、プロテスタントが、カトリーヌ・ド・メディシス、シャルル九世、その顧問官たちを風刺した文書を上梓しているが、観察者はこう伝えている。「この文書は、アヴィニヨンの酒蔵にまでばらまかれ、そこにワインを取りに行った女中や使用人たちは、足下にビラがちらばっているのを目にした。あの虐殺〔一五七二年八月のサン＝バルテルミーの虐殺のことで、全国に波及した〕をまぬがれた人々にとっては、殺された者の無実を世間の人に知らせたい、そして、殺した者どもの残酷さと不実なふるまいを、さらには、この血塗られた日における、顧問官や首謀者たちの不正を知らしめたいという熱意は、これほどに大きかったのである。」[9]

一冊の本が、長期にわたり、あるいはほぼ永久的に、大きな蔵書のなかにとどまり続けることもある。一五三七年からは、版元は、新たに印刷した書物を一部、納本すべきことが定められたから、国王の図書館が、そうした存在となったのだし、世紀末になって出現した、個人の巨大な書庫も同様であった。後者は、友人たちに寄付を呼びかけたり、熱心に蔵書を購入したりすることで、できあがっていく。ガブリエル・ノーデは、こうした手段をフルに活用して、マザラン枢機卿のために、一大コレクションを集成する。そして一六二七年には『図書室を作るための忠告』を著して、読者に自分の例に倣うよう勧めている。たしかにこうした蔵書は、身分や権力のシンボルではあるものの、ノーデが聖書になぞらえて語るには、そうしたコレクションは「茂みに隠しておくべきもの」ではないのだ。むしろ、それを「人々の使用に供すべきで、身分の低い者にも、門戸を閉ざすことがあってはならない[10]」というのである。

教職においても、似たような二重性が見られる。一五三六年、パリ大学神学部に対する、新たな王令において、パリ高等法院は、従来の贈与の表現を用いて、「神学部の博士により獲得された知識とは、キリスト教会による教化のための無償の恵みなのであって、これを隠匿することがあってはならない[11]」と記している。とはいえ、こうした教化・啓蒙にあたる教授たちが、無報酬というわけにはいかない。彼らは、大学からは俸給を、寄付講座の講義料を、さらには聖職録や学寮（コレージュ）の行政ポストの手当などを受領していた。その上、学生からも支払いを受けていた。研究指導や、神学博士となるための長期間の訓練の中心である、アカデミックな練習討論《ディスプタテイオ》の司会をしてもらうと、学生は謝礼を支払っていたのだ。

それればかりか、学生たちは、ふだんから教授にさまざまの贈り物をしていた。受験生として、厳かなる講義をしてみせた後には、教授に砂糖など甘い物を付け届けた。学長には、さまざまな機会に、くだものやワインを献上している。練習討論《ディスプタテイオ》の後や、学士号・博士号取得の際は、宴会を開いた。博士号取得のための最終関門である模擬討論に列席した教授には、それぞれ「ビレッタ biretta」が渡った。これは、その日に受験生がかぶるのと同じ、「ビレッタ帽」のこともあったが、一六世紀に「ビレッタ」といえば、もっぱら、二分の一エキュの金貨を贈ることだったのである[12]。

パリやモンペリエの医学部でも、似たような習慣が見られた。ただし、医者の汚れなき手を象徴する、手袋がやりとりされる点が異なっている。学生は、診断の技術や、ヒポクラテス以来の医学・病理学の問題について、試験を受け、討論をおこなうわけだが、それを見守る教授たちには金銭を支払っていた。そして口答試問の前や、その期間中にも、試験官に、白ワイン、菓子、くだものなどを差し入れるのだ。ことあるごとに饗宴をもよおしていたし、博士号を獲得すれば、祝宴を開くのだった。モンペリエの新医学博士は、手袋と帽子をもらったお返しに、医学博士の先生には、金刺繍の手袋を送り、町の医者には、甘い物やロウソクをプレゼントしている。パリでは、免許皆伝となった祝いの砂糖菓子が、しばしば医学部長にそっくりな形につくられたともいう⑬。

こうした贈答品は、しばしば謝礼よりも高価であったが、象徴的な意味はとても大きかった。たまにそうしたことがあったとはいえ、こうした贈与は、「偽装された支払い」で終わってはならなかった。それはある意味で、知識は、神の恵みなのであるから、贈与と感謝により返礼という、古くからの観念を補強するものなのである。そしてまた、手のこんだ儀式や、独特の衣装が示すごとく、それは、神学者や医者の連帯感や威信を表象するものとなっていたのだ。免許取得のセレモニーにおいて、受験生という存在は、自分の学問と能力とを無事結婚させた、若い新郎と見なされていた。スピーチでは、賞讃の演説のあとで、冗談めかして、少しばかり厳しい調子で、教師たちのことを話すことが許されていた。そして祝いのテーブルでは、その日に立ち会っていた学生たちの采配によって、合格した受験生と、教授の神学博士たちが一堂に会することになる。それは授業料支払いというよりも、贈与の機会なのであって、若者が、ひとつの身分から次の身分へと動いていく節目を構成していたのである⑭。

おまけに学生たちは、食べ物、ワイン、菓子類、そして招待者の人数などでも、おたがいに競い合った。こうした競争心は、ある意味で大学が煽り立てたものだった。少なくとも、神学部に関しては、そうなのであり、学位取得者は、一位から最下位までランク付けされたのである。大学は、宴会の費用に上限を設けようとした。一五二四年、パリ大学神学部は、祝宴がしみったれていても、豪華すぎてもいけないと明記している。一五三六年、パリ高等法院は、費用と招待者の上限を定めるとともに、神学部卒業生の三割近くを占める托鉢修道会の学生については、祝宴を開く必要のないことを規定している。もっとも、托鉢修道会の坊さんたちは例外としても、このような措置が効果を発揮したかどうかは、いささか疑わしい。モンペリエでは、世紀半ばになって菓子類の支出を制限しようとしたものの、卒業生たちは、医学博士として、なんとかいいポストにつこうとして、相変わらず宴会を開いていたのである(15)。

この医療という現場は、知という特権的な領域と深く結びついた、贈与と売買の第三の実例を提供してくれる。もっぱら診断と処方にあたる、医学という「自由な《リベラル》」職業においても、そしてまた、実際に骨を接ぎ、ヒルに血を吸わせ、傷を治療する、外科医という「手職の《メカニック》」仕事においても、長い間に変化が生じていたのだ。医者たちは、医療という職業の基準を定めるべく努力を続けて、実地に診療に携わる人間は、産婆も含めて免許が必要であるようにして、「いかさま医者」や「やぶ医者」を排除しようとしていた。外科医たちも、少なくとも、そのエリート層は、教育をしっかりと修めて、自分たちの地位を高めようと心がけて、その職域を、産婆という女性の領域にまで拡大していった。

そうした医学のプロにとっての、標的のひとつが、「治療の約束」という古くからの習慣であった。その昔の治療師は、あらゆる医療行為に先立って、患者とのあいだで、いくらいくらで治療を請け負うという契約を交わしていた。その代わり、治療できなければ、お金は受け取らなかったのだ。ボローニャでの医療裁判の記録を詳細に検討した、ジャンナ・ポマータによると、「治療の約束」は、フランスでもおこなわれていたという。たとえば一六一二年の、ボルドー市の法令には、次のように記されている。

治癒を約束して、患者とのあいだで、特定の報酬なり贈与なりの契約を結ぶことを、医者には禁ずる。治したい、健康になりたいという患者の心につけ込んで、好きなように搾り取る恐れがあるからだ。(16)

こうした契約がフランスでも存在したとしたら、それは、イタリアの場合と同様に、もぐりの医者というよりは、床屋外科医《シルルジャン＝バルビエ》や、民間療法を用いる治療師《ヒーラー》によって始められたものと思われる。たとえばグーベルヴィルは、友人ギヨームが、九年前からできていた顔の腫瘍を治療してもらっている様子を目にしたときのことを書き留めている。田舎領主は、この症状については、医者や外科医の記述によるならば、あなたのような治療法はむだで、まったくばかげた行為にすぎないと、床屋外科医をたしなめるのだ。すると床屋外科医は、「この方を治せなかった場合には、一文もいただきませんから」と答えるのである。(17)

医学博士が給料を受け取っていた場合──もっとも、「自由業」という呼称にふさわしく、それを「報酬《オノレール》」と呼ぶことを好んだ医者もいた──、彼らは、都市や病院、あるいは大貴族に雇われているときには、月給や年俸以外にも、往診をおこなえば、治癒のいかんにかかわらず支払いを受けていた。これに加えて、一五二七年のイタリアの文書にも記されているように、医者は、「患者が、エチケットや親切心で、差し上げたいと思うもの」を受け取ったのである。また、支払い能力のない貧しい病人に対しては、「神からの報償以外は、期待せずに」、施しの気持ちで往診をおこなっていた。アルルで医者をしていたルイ・デュ・ローランスについて、娘のジャンヌは、「父は貧しい人からお金など取りませんでした。それどころか、彼らには金を恵んでやったのです」と書いている。こうして医学博士たちは、「治療の約束」を、「欲得づくで、傲慢な行為だ」として非難し、治療師は、魔術のような約束などすべきでないと説いたのである。(18)

こうした自己認識が集団として共有されていたことから、医者たちは、俸給を受け取る存在でありながらも、贈答をもらう存在に、つまりはギフト・コレクターになっていったのだ。フランソワ・ラブレーは――彼自身が医学博士であったことはいうまでもないが〔一五三七年、モンペリエ大学で取得〕――、少なくとも表向きは、贈与というモードが好ましいことをほのめかしている。『第三の書』で、寝取られ男になることを恐れて、ロンディビリス先生におうかがいをたてたパニュルジュは、相談が終わると、お宅にパテでも持参いたしますといってから、「いつまでもご厚情のほど、よろしう」などと、大仰にのたまう。そして、だまって、医者の手の中に金貨を四枚握らせるのである。すると、ロンディビリス医師、むっとしたふりをして、このようにいうのだ。「あれ、あれ、このようなことはご無用にしていただきたい。とはいえ、これはこれはありがたきしあわせ。わがはいは、悪人からのちょうだいものは、絶対にいただかぬが、善人のご厚意は、おことわりはせぬのじゃ。いつでも、ご用を承りますからな」。(19)

ボナヴァンチュール・デ・ペリエ〔ユマニストで『笑話集』なども書いた〕も、ガスコーニュの小さな町での、似たような話を物語っている。サン＝タントナン〔トゥールーズの北五〇キロ〕の町を通りがかったトゥールーズの法学部生が、地元の薬剤師に、おいぼれの医者が死んでしまったから、医学博士のふりをしてくれないかと頼まれて、ついついその気になる。薬剤師の指導よろしく、そのにせ医者は、人々のあいだで治療者として成功を収め、「みんなが、猟の獲物やワインなど、たくさんの贈り物をしたし、女房連中も、ムカドゥやカミーズ〔いずれも、ガスコーニュ地方の名物料理〕を作ってやった」という。薬剤師は処方を引き受けて、ふたりともに「ちやほやされて、ざくざくお金がたまった」[20]というのである。

こうした実例とは裏腹に、ジル・ド・グーベルヴィル殿と、かかりつけのヴァローニュの医者ラウル・ダジェールとの長年にわたる関係には、金銭の支払いは伴っていなかったらしい。従僕に、グーベルヴィルの尿を持参させたラウル先生は、これを調べてから、病床の彼のもとに往診をおこない、ときには、召使いや小作人の診察もして、処方をおこなっている。グーベルヴィルは、ダジェールの下僕には心づけを、ダジェールに同伴してきた床屋外科医には、かなりの金額を渡している。またダジェールが馬を借りてやってきた際には、その金を支払って、医師を夕食、ときには翌朝までひきとめてふるまい、ヴァローニュに帰る際には、必ず人を付けさせている。ところがグーベルヴィルが治療費を支払おうとすると、医師はきまって「お金はいりませんので」と答えるのだ。そこで結局、グーベルヴィルは、まるまると肥えたブタや、狩りの獲物のうちの上物を付け届けさせている。いっぽう、バイユー〔七〇キロぐらい遠方〕の医者にも数回来てもらっているのだが、そのときには金銭が渡されているし、しかも、ヴァローニュの床屋外科医よりも高額を支払っているのである。[21]

医者に贈られるのは、狩りの獲物とはかぎらない。判事ジャン・ド・コラス〔あの「マルタン・ゲール事件」の裁判官である〕は、モンペリエで病床に伏して、モンペリエ大学医学部の優れた医者たちの治療を受けている愛妻ジャケットに、トゥールーズの、つまりガスコーニュ地方の領地から、こう書き送っている。

医者たちは、毎日のように、おまえのことをしっかりと面倒をみてくれているのだから、お礼になにかを差し上げようと思うのだが、なにか、モンペリエでは手に入らないようなものが、こちらで見つからないものか、おまえに聞いておきたいのです。このわたしの命が救われたとしても、これほどに感謝することなどないのだからね。そこで、短剣のさやとか、飾りのついたはさみなどを、医者とその妻たちに見つけてやろうかと思っているのだけれど、そんなものならば、モンペリエでも見つかりそうなものだから……

そして妻のジャケットには、医者たちに、夫がトゥールーズ高等法院での仕事で忙しいこと、「医師たちの優れたる美徳には、敬意を払っていること、妻に対して、日々、みごとなる奉仕をしていてくれることへの感謝の気持ちを、いつまでも忘れはしないこと」(22)を、伝えるように頼んでいる。こうして患者の側は、付け届けのことを思い出させることで、よい治療が続けられることを期待するのだし、医者の側も、そうした感謝の念による結びつきに重きを置くのだ。

床屋外科医、外科医、産婆といった治療者《ヒーラー》の場合も、病人との関係において、贈与が、似たような役割を演じている。「治療の約束」をするのが通常の、彼らの場合、医者ほど金をもらえませんのでと答えているし、たしかに彼らのほとんどは、医者たちよりも治療費が低かったのである。外科医の場合は、ヘルニアのときはシーツ、結石ならばテーブルクロス、白内障ならかぶり物というふうに、贈答品は、慣習的にはっきりと決まっていた。[23] また妊産婦は、産婆に対して、金銭のほかにも物品を贈っている。ルイーズ・ブルジョワ〔一五六三―一六三六。産婆術の著作などを残した〕は、マリー・ド・メディシスお抱えの産婆となる以前は、金持ちのみならず、貧乏人の子供も取り上げていたわけだが、その彼女からすると、母親と産婆の関係には、単なる金銭の支払い以上のものが求められるのだった。産婆は、「毎年、別のブドウ畑に雇われては、お金をもらう、ブドウ摘み女」とはちがうのである。

恩知らずの女は、お産という、生よりも死に近い大変なできごとで、かいがいしく世話をしてもらっても、感謝しないのです。(中略) 生命にかかわる奉仕がなされたのなら、金や銀では、これに報いることなどできないはずです。まずは神のご意志にしたがって、ついで自然の意志にしたがって、愛するという義務があるのです。

感謝と愛とが、お産のたびに産婆に、贈与という形で示されたのだ。カトリーヌ・ド・メディシスは産婆たちに、ビロードの襟飾りと金の鎖をあげている。マリー・ド・メディシスは、ルイーズ・ブルジョワにビロードのフードを贈り、定期的に現金も渡している。アンリ四世は、ルイーズに三〇〇エキュの年金を設定して、息子を取り上げたら五〇〇エキュを、娘ならば三〇〇エキュを約束している[24]。

こうした一方で、モンペリエ大学医学部事務局長〔後述のジュベールのこと〕の母にして、長いこと自分も治療に従事していたカトリーヌ・ジュナスのような場合、贈与は、自分の領地への付け届けだけであったにちがいない。身分の高い女性であったから、その治療は「慈善」によってなされるべきものであった。貧民や病人のために、さまざまの療法や、軟膏、包帯のしかたを考案したジュナスは、乳首周辺の病気に効く軟膏も発明して、その使用を近隣の地方に広めた。そして息子のロラン・ジュベール〔一五二九―八二〕『民間の謬見』『笑いについて』など〕が、後生の人々に、母のすばらしい技術や才能を知らせようとして、外科学書を彼女に捧げたのである[25]。

著書の刊行であれ、大学での教育であれ、あるいは医療行為であれ、このように知識を供給する場合、一六世紀には、支払いと贈与とが依然として共存していた。出版においては、ふたつの世界が広がった――販売という方法によって開かれる世界と、贈与・謹呈が意味を有し、活用される世界である。教育においては、贈与という形態が、同業者のアイデンティティを定め、強化するのに役立ったわけだが、神学の場合は、やがてプロテスタントの攻撃にさらされることになる。医療行為に関しては、贈与が、患者と医者・治療者のあいだの依存性や希望を表している――ただし、医学博士に対する主たる報酬としての贈与は、明らかに、時と場合によってさまざまであった。つまり、中世のことわざをもじっていうならば、一六世紀には、「神の恵みは、売っても、与えてもいい。すべては状況次第なのだ」ということになろうか。

一方、日常の経済生活における、生産物やサービスは、これほど密接に特権的な知の領域とは結びついていないのであるから、どの社会階層においても、支払いと贈与とが、相変わらず二人三脚を演じていた。国王の廷臣たちは、ga(i)ges などと呼ばれる「賃金」をもらうと同時に、一定額の年金《パンシオン》を受領する身分だった。そもそも、この年金《パンシオン》というのは、ある請願の文言を借りるならば、「陸上や、水上での戦いにおける奉仕に報いる」ための贈与なのであって、「こうすることで、一生涯を通じて、つつしんで奉仕すべき義務感を、次第に強めていくもの」であったのだが、やがて、賃金とともに、俸給として勘定されるものになっていく[26]。

廷臣たちには、通常のものとは別に、衣服、金銭、土地などが贈られた。そうした無数の「贈与」を記した書記官や財務官のことばづかいを調べてみると、支払いと贈与の境界線がいかに曖昧であったかが判明する。一五四三年、地中海艦隊の副総督が、「奉仕に対する報酬」としての「贈与《ドン》」の名目で、少し前に、国外居住者の領土としてフランソワ一世の所有に帰したばかりの、マルセーユ近在の領地をちょうだいしている。その翌年、国王は、「ふだんから毎日尽くしてくれる、りっぱで、心地のよい奉仕にかんがみて、これまで受けた、賃金や恩典とは別個に」、厨房のスープ料理人ふたりに、一二二五リーヴルずつを与えている。また一五六九年には、シャルル九世が、モンルドン付近の戦い〔詳細は不明〕でもっとも功績のあった貴族たちに分配すべき金額として、四万リーヴルをアンジユー公〔王弟。のちのアンリ三世〕に渡しているが、それは、「くだんの戦いにおいて、彼らが勇敢なる働きぶりをみせたがゆえに」、失った馬や武器・軍装の「足しとして」、将来の軍役のための装備をきちんと整えることができるようにとのはからいからであった。こうしたかたわら、シャルル九世は、皇太后カトリーヌ・ド・メディシスの小間使いに、「かくも長きあいだにわたって、彼女〔カトリーヌ・ド・メディシス〕に尽くした奉仕にかんがみて」、六二リーヴルを「贈呈」している。また一五七五年、アンリ三世が、ある貴族におこなった贈与は、はるかに高額のものとなっている。「余のそばで仕えてくれたことにかんがみて」、そしてまた、ポーランドに同行した〔一五七三年、ポーランド国王に選挙されたが、七五年、兄シャルル九世の死去を受けて、帰国して即位した〕出費に充当するためにと、その貴族に、五二五〇リーヴルも賜るのである。[27]

　これらは、いずれも通常のものではないのだし、奉仕に対する国王の感謝のあらわれであって、感謝することで、廷臣や召使いに義務を負わせるのであるから、要するに「贈与」なのである。こうした、賃金、年金、贈与のまじりあったものは、たとえばジャンヌ・ダルブレ〔アンリ四世の母〕の家門など、ほかの大貴族の家でも支出されている。[28]

　商売や家事などでも、これと似たような習慣が見られる。フランスの各地で、職人などの労働者や召使いが、仕事を承諾したしるしに、将来の主人や女主人から、「心づけ《ドニエ・ア・デユー》」を受け取っているのだ。ヴィトレ〔ブルターニュの町〕のラシャ商人ジャン・ド・ジェンヌは、「妻のジレット・ギュイヨン・ル・パールの娘のポーレットを、住み込みの女中として雇った」ので、「年に四〇スー、それにシャツ二枚と被りものをひとつ、渡す必要が生じた。ポーレットの母親の前で、心づけもあげた」とか、「ジャン・ジルベールが住み込みで働くためにやってきて、年に一〇〇スーいただきたいといった。そこでわたしは、四リーヴル〔＝八〇スー〕でどうかと提案して、心づけをやったところ、彼は受け取った」などと、帳簿に書きつけている。(29)

「心《ドニエ・ア・デユー》づけ」といっても、実際は一ドニエ〔当時の最小の貨幣単位で、一二分の一スー〕とはかぎらず、ジェンヌは、その倍、つまり二ドニエの硬貨をあげたりしているのだが、ひとつの仕事を合意の上で決定することにおいて、これが重要な意味合いを持ってくる。公証人の前で雇用の契約がなされた場合でも、堂々と、心づけが差し出され、受け取られるのであって、これは手付け金にして誓約なのであって、合意を確認する証拠ともなっている(ちなみに「心《ドニエ・ア・デユー》づけ」は、フランス語では arrhes ともいって、古典ラテン語の arrha「手付け」から来ている。イギリスでは arles とか arles penny と呼ばれる)。取引としては、これは契約と贈与の両方の性質を有し、具体的な細部を含めての同意事項とはいえ、感情的な側面もあって、証人として神を召喚していることになる。

雇用や徒弟修行の契約の場合には、労働時間や報酬にかんする同意事項以外にも、当事者の感情や希望が表明されることがまま見られる。リヨンで、半年間の予定でボタン製造の親方に雇われた、ある職人は、「よき職人として」働いて、やめたりしないことを誓っている。そして親方の方は、「よき親方が、職工に対して守ってきた、慣例にしたがって」、七リーヴル〔仏語版は六リーヴルとなっている〕を二度に分けて支払い、宿舎を提供することを約束している。また同じくリヨンで、農家の息子が、タフタ織りの工房に徒弟として入っているが、親方は、この少年にタフタ織りの技術を教えるだけではなく、「りっぱなたちふるまいができるようにしてやる」と誓うのだ。リヨンの男の徒弟たちは、訓練費用を親方に支払うだけではなく、その妻に頭巾やピンを贈ることを約束することもあったのだ(30)。

こうした文言からも、贈与における、感謝＝義務という作用が見えてくる。おまけに、親方にしても、その女房にしても、徒弟や女中に対して、約束した食事や衣服にとどまらず、まるまる太ったキンヌキドリとか、ズボンとかいったように、ある種の贈与をおこなう可能性が常にあるのだ。ジャン・ド・ジェンヌは、生地を作って売る仕事をしてくれた職人連中のなかでも、特に気に入っていて、四年間働いてくれたジャン・ウリエを、そのように遇している。年六〇スー、靴一足、シャツ二枚が、契約の内容であったが、ジェンヌは、これ以外にも、洋服の生地と仕立て代、ベレー帽、胴衣、巾着をあげているし、上着に仕立て直せばいいといって、着古したマントも渡している。また、ジェンヌの妻のジレットは、女中をしていたグルネルト・ガンディッシュに、四年間というもの、じっと贈り物を手控えていたものの、グルネルトが結婚しますというと、シャツ二枚と被り物二枚という約束の品のほかにも、タイツ、靴、ベッドシーツ、一反の麻の生地をプレゼントしているのだ(31)。

「酒手《プールボワール》」、つまり「チップ」も、工房や家庭にとどまらず、一般的に広まっていた。小さな包みでも、積荷でも、それを運んだ人間は、配達相手から一スーとか二スーを受け取っている。ノルマンディ地方で、領主やその奥方のいいつけで、従僕が、狩りの獲物、魚、くだものなどを、別の貴族の館に持参したときも、ナントの商店の小僧が、サテンの生地を客に配達したときも、そして、ある家の召使いが、「兄に渡してくださいね」といわれて、手紙を届けたときも、いずれも、心づけをもらっている。旅籠《はたご》やホテルや、宿駅のおかれた宿屋などの、小間使いや使用人も、飲み食いや宿泊をした客からチップをもらっている。こうしたチップには、男の場合には「ワイン《ヴァン》」——「小僧のワイン」とか「使用人のワイン」という表現で出てくる——、女の場合には「ピン《エペーグル》」という、特別の名前が付いていたのである。たとえば一五五五年春のブルターニュで、聖職者クロード・ド・ラ・ランデルは、新たに自分の聖職録となった土地に向かう途中で、ニヴィラック村〔ナントの北西七〇キロ〕に宿泊して、「小間使いのピンと、小僧のワイン」として、四スーを残している。その数か月後、ブルターニュ三部会が開かれると、彼は、シャツを洗ってくれたのでと明記して、小間使いに「ピン代」四スーを渡す。そして翌年、彼はまたニヴィラック村を通りがかって、司祭の館に泊まったわけだが、使用人——若者と老婆であった——に、「ワインとピン」として四スーを渡し、「美しい料理女」にも四スーを置いていくのである。[32]

顧客は、親方に財やサービスの支払いをするとともに、職人にもチップを渡している。ラ・ランデルは、錠前ひとつと鍵二本の料金として一〇スーを支払うとき、「ワインでも」といって、職人に一スー渡しているし、新しいストッキングの代金六〇スーを親方に払うかたわら、職人にも、「小僧へのワイン」として六ドニエはずんでいるのだ。[33]その「ワイン」であるが、給料と賄いのほかに、酒代を払ったり、職人たちが働いている現場へ差し入れをしたりといった形でおこなわれている。たとえば、グーベルヴィル殿の住むメニル＝オ＝ヴァルの草刈り人夫や、ラ・ランデル司祭に頼まれて教会の修理をした大工に、ワインがふるまわれたし、レンヌ近くの判事の屋敷のかまどを作った職人には、「慣例にしたがって、愉しくやってもらうために」、十分な量のワインが差し入れられたのだ。またイゼ〔メーヌ地方、ラヴァル北東の村〕の教会に、新しい鐘楼をたてた大工たちには、市の参事会が宴

会を開いてやっている。(34)
こうした形の報酬によって、雇用する側には、売買契約というルールにのっとった権威と、互酬性にもとづいた、開かれた贈与精神による権威という、二重の権威が与えられる。そして雇用される側も、仕事の評価と、個人的な奉仕の関係という、二重の尺度で自分のイメージを形成することになる。贈与が、当事者間から、ビジネスを隠蔽するわけではないのだ。むしろ一六世紀の人間は、日常的な相互の取引《ディーリングス》において、ダブル・スタンダードで自己規定を活用していたのであり、協力しているのか、交換しているのか、それとも争っているのかによって、必要があるならば、一方から他方へと乗り換えていたのである。

たとえば、リヨンやパリの印刷工が、賃金や食事について、親方たちと議論したときも、このふたつの要素が問題となっている。ビジネスの側面では、彼らは、労働や報酬をめぐって、親方が自分たちを、妻子ともども「施療院《オピタル》」にぶちこもうとしている、なぜなら、「強欲さでもって」、「俺たちの汗と驚異の技術と引き替えに、毎日毎日、大変な富をかすめとっているではないか」といって、親方連中を非難する。また贈与のレベルでは、職人たちは、自分たちは強制されて働いているのではないのだ、「自由な人間として、自発的に、この優れて高貴なる仕事に従事しているのであって、この仕事の質からしても、双方が愛を分かち合う必要がある」と、強調する。そして親方が、食事の賄いをやめて現金支給にしたいと提案すると、これを拒否して、自分たちは親方の食卓で、親方と同じものを飲み食いしたいのだし、ときにはキンヌキドリの分け前にもあずかりたいのだと主張しにかかる。そこで親方連中は、印刷工の連中は食いしん坊ではないかといって、「大食らい野郎《ゴルファラン》め！」とののしるのだ。ところが職人たちは、自分たちの秘密結社に、ちゃっかり「大食らい団《ゴルファラン》」という名前を付けてしまうのだった。こうして、親方たちは、異端の書物を生産するという、それからの危険きわまりない数十年のあいだは、労使の協力関係が円滑に運ぶようにと、十分な分量の食事を維持していくことになる。[35]

また、ほんのわずかな取引でも、その最初や最後に、象徴的なふるまいが伴うこともある。たとえばグーベルヴィルは、水車用のひき臼の購入に際して、「心づけ」として一スーを、「手付け金」としてテストン銀貨一枚を渡している。ラ・ランデルは、市場で馬を買った後で、手締めのワインをふるまわれると、四スーはずんでいる。[36]

とはいえ、贈与と売買の差異と同時に、その隣接性を物語る、もっとも興味深い実例といえば、借金にまつわるものではないだろうか。一五四七年の『契約論』において、大物法学者のシャルル・デュ・ムーランは、利子を原則として禁止しているカトリックのシステムを批判しておいてから、やおら、特別な契約や例外という複雑なシステムとして、これを認めるのだ。ビジネスによる貸与においては、いかなる場合も、ほどほどの利子が認められるべきだと、彼は述べる。金の余裕がない人に、貸した金の返済をしてもらうといっても、あまり時間を急かせてはいけない。そして貧乏人の場合は、そのまま施してやればいいという。だが、デュ・ムーランにとって、文句なしに受け入れられるのは、次のようなシエナの市民のふるまいであるという。

その者は、田舎の貧しい人々にはしばしば金を貸してやり、なんの利子も取らなかった。それでも、借金を返済するときに、ある者は、自分の能力に応じて、なにかを贈ったというし、また別の者は、期限までに借りを返せなくて、同じように、なにかちょっとした物を付け届けることで、なんの約束も、返済の強要もなしに、支払期限を延長してもらったというのだ。

ところが死後、教会は、この男を「精神的な高利貸し」だとして非難した。なぜなら、自主的であっても、進物を期待したからというのだ。そしてシエナの司教の要求にしたがって、遺産相続人たちには、貧民への賠償が命じられたという。こうした措置をきわめて不当で、よこしまなものだと考えるデュ・ムーランは、むしろ、貧しい農民たちがだれもかれも同じような気持ちを示したことこそ肝心ではないかと述べる。農民たちにとっては、自分たちを助けてくれる彼ほど、慈愛にみちた人間はいなかったのだ。みんなは彼に感謝して、これでは、ほかに善意の人間がいても、同じ条件だと、貸すことに及び腰になってしまうのではないかと心配したというのである㊲。

こうした貸借のスタイルは、別にシエナのブルジョワと農民とのあいだにかぎったことではなかった。仕事で金を貸したり、重要人物に、まとまった金を融通したりする際には、利子が許されるような契約が結ばれたに決まっている。「儲けが遅れれば、損失が生まれる《ルクルム・ケッサンス・ダムヌム・エメルゲンス》」と格言のいうとおりだ。あるいはまた、利子が生じるように、換算率を勘案して他の通貨で返済してもらったり、架空の所有物を抵当に設定して、貸し出したりしていたのである。とはいえ貸し付けの多くは少額で、宿屋の主人、肉屋、医者、織工、女中など、知り合いのあいだで、急場しのぎに立て替えてやるといった体のものであった。リヨンの医師ピエール・トレは、「手元不如意でこまっている」患者ふたりにかなりの金を貸すとともに、病気の治療にもあたっている。同じくリヨンの肉屋のおかみブノワット・プネは、仲間の肉屋や、旅籠の女主人、近親者たちに少額を貸しているが、そのかたわら、家畜商から借金をしている。ブルターニュのヴィトレでは、ラシャ商のジャン・ド・ジェンヌが、親族や姻戚関係の者に何度も金を貸しているし、司祭をしている兄弟には、銀製の聖体容器を金メッキする代金の二〇リーヴルを用立てている。ブルターニュの別の場所では、司祭のクロード・ド・ラ・ランデルが、副司教の使用人、司祭仲間、聖歌隊の隊長、「とても困っているといってきた」代書人に、少しずつ金を貸している。彼は、シャツを洗ってくれた女にも、金を用立てているが、帳簿に、「返してくれるとは、期待していない」と書きつけている。しかも彼自身、お気に入りの使用人も含めて、あちこちから小口の借金をしているのだ㊳。借用証書や、出納帳や、遺言書に記載されている、このような実例は、一六世紀には、ちょっとした金の貸し借りが広範囲におこなわれていて、その多くは記録にも残らず、われわれが見逃していることを教えてくれる。

こうした貸し付けに担保を取ることもある。ジャン・ド・ジェンヌの兄弟は銀のコップを持参したし、リヨンの女は、宿屋の女房に借金するのに、赤いペチコートを渡している。あるリヨンの職人は、鋳物商の未亡人に借金するのに、シーツ二枚と女房の黒いドレスを差し出している。クロード・ド・ラ・ランデルから借金した主任司祭は、金の指輪を持ってきたものの、にせの宝石がはまっていたことがばれてしまう。とはいえ、たいていは、信頼関係にもとづいて金を貸すわけであるから、ここに贈与が入り込んでくることになる。クロード・ド・ラ・ランデルは、例のお気に入りの使用人に金を用立てた二週間後に、「彼への愛ゆえに」、夕食に招いているのだ。ジル・ド・グーベルヴィルの小作人たちは、借地料を支払うのが二か月遅れたときには、ヤマシギやニワトリを手に屋敷にやってくるのであり、これですべて帳消しになったのである。[39] 友人、仲間、親類、近所の連中への貸し付けには、どうやら、「自発的な、ささやかな贈り物」がつきものであったらしい。

一六世紀のフランスでは、売買モードと贈与モードが共存し、相互作用を及ぼしていた。人々が、贈る側と受け取る側や、買い手と売り手に割り当てた役割によって、あるいは、その取引を特徴づけるしるしによって区別がなされていたのである。それぞれが、独自のエチケット、言葉づかい、身振りを有していたのだ。必ずしも実際におこなわれたわけではないが、図像表現からするかぎり、贈与のパフォーマンスにおいては、一方の側がへりくだって、おじぎをしたり、ひざを曲げたりして、殊勝で円満な姿勢を見せるのであった。寄贈者がへりくだった姿勢を披露する場合も多く（図版**4**、**5**、**6**、**7**）、それは別に著作を国王に謹呈する作者にかぎった話ではなかった。戦いに勝利を収めて帰還して、堂々と構えるアブラハムを祝福するかのごとく、祭司のメルキセデクは軽く身をかがめて、パンとワインを差し出すのだし（「創世記」一四・14―20）、ナバルの妻アビガイルは、ダヴィデの怒りを静めようとして、ひざまずいて贈り物を捧げる（「サムエル記上」二五・14―29）。また逆に、国王や親族から寄贈を受けたり、慈悲深いキリスト教徒から施しを受ける場面などにおいては、もらう側がへりくだることもある（図版**8**。図版**2**、**3**も見よ）。『自由学芸完全一覧』（一五八七年）では（図版**8**）、ニヴェルネ公は、帽子をかぶったまま座っているが、著者クリストフ・ド・サヴィニーは帽子を脱いで、ややひざを曲げて、ニヴェルネ公に近づいている[40]。いずれの図像においても、必要ならば、社会的地位のちがいは維持されているものの、その姿勢は、受け取る側が権力者ならば、感謝の念への期待が弱められているし、逆に、受け取る側が弱い立場なら、その感謝の念への期待を強める機能をはたしている。「敵からの恵みは、恵みにあらず」というエンブレム〔一五三六年〕などは、きわめて特徴的であって、アイアース〔ギリシア軍の闘将〕とヘクトール〔トロイア王の長子で、大将〕が、硬直した姿勢と、いかめしい顔つきでもって、剣とベルトのやりとりをしている[41]（**図版9**）。

一方、売買のシーンを描いた図像においては、贈与とはまた別の様相が示されている。（わたしは、それらを現実の行動様式の証拠としてではなく、エチケットやふるまい方の規範を示すものとして使うことにする。）給料を受け取る労働者は、直立した親方の前で、どちらかといえばまっすぐな姿勢を取っているが、雇用する側が帽子姿であるのに対して、無帽であることが多い[42]（**図版10**、**11**）〔11は受取る側も帽子姿〕。市場での場面では、売り手の側が、若干前かがみになったり、あるいは商品を見せるしぐさを示したり、買い手が、商品を指さしたりしているものの、売り手も客も——衣服などで身分の相違が表されているにしても——、交渉や支払いのシーンでは、両者はまず同じレベルに描かれている（**図版12**、**13**）。一五五三年に出版された絵入り聖書物語では、エサウがすわって、自分の長子の身分を弟のヤコブに売り渡そうとしている〔エサウとヤコブは、イサクとレベカの子供。「創世記」二五を参照〕。いっぽうのヤコブは立ったまま、片手でレンズ豆のスープを差し出し、もう片方の手で双子の兄の手を握りしめている（**図版14**）。おそらく一六世紀には、なにか大きな売買が成立したときに

4. ウェルギリウス『アエネイス』第4巻までを仏訳したエリセンヌ・ド・クレンヌが，それをフランソワ一世に謹呈する．

5. ジャック・デュ・フイユー，著書『狩猟論』を国王に贈る．

GENESE XIIII.

Melchiſedec, pain & vin preſenta
A Abraham en benediction:
Lequel du grand butin qu'il apporta,
Lui diuiſa le dixme, en portion.

6. メルキセデク，パンとワインをアブラハムに捧げる．

I. DES ROYS CHAP. XXV.

Dauid faſché & de faim,& de voye,
Voyant l'ennuy de l'exercite ſien,
Gens vers Nabal(riche Paſteur)enuoye:
Requerant ayde,& ſecours de ſon Bien.
Le fol refuſe,& ne leur tranſmet rien,
Dont Dauid iure anichiller ſa race:
Abigaïl y ha pourueu ſi bien,
Que ſon Preſent l'Ire embraſee efface.

N 3

7. アビガイル，ダヴィデに贈り物を捧げる．

8. クリストフ・ド・サヴィニー，著書をニヴェルネ公に謹呈する．

¶ AND. ALCI. EMB. LIB.

ἐχθρῶν ἄδωρα δῶρα. In dona hostium.

Bellorum cœpisse ferunt monumenta uicißim
Scutiferum Aiacem Hectoraq́; Iliacum,
Balthea Priamides, rigidum Telamonius ensem
Instrumenta suæ cœpit uterq; necis.
Ensis enim Aiacem confecit, at Hectora functum
Traxere Aemoniis cingula nexa rotis.
Sic titulo obsequij quæ mittunt hostibus hostes
Munera, uenturi præscia fata ferunt.

9.「敵からの恵みは，恵みにあらず」.

AOVST
Les biens de terre commence len a cueillir
En aoust/aussi quant lan quarante huyt
Lhôme approche/il doibt biens acquerir.
Pour soustenir vieillesse qui le suyt.

10. 農地の所有者が，収穫の手間賃を支払う．

11. 農地の所有者が，収穫の手間賃を支払う．

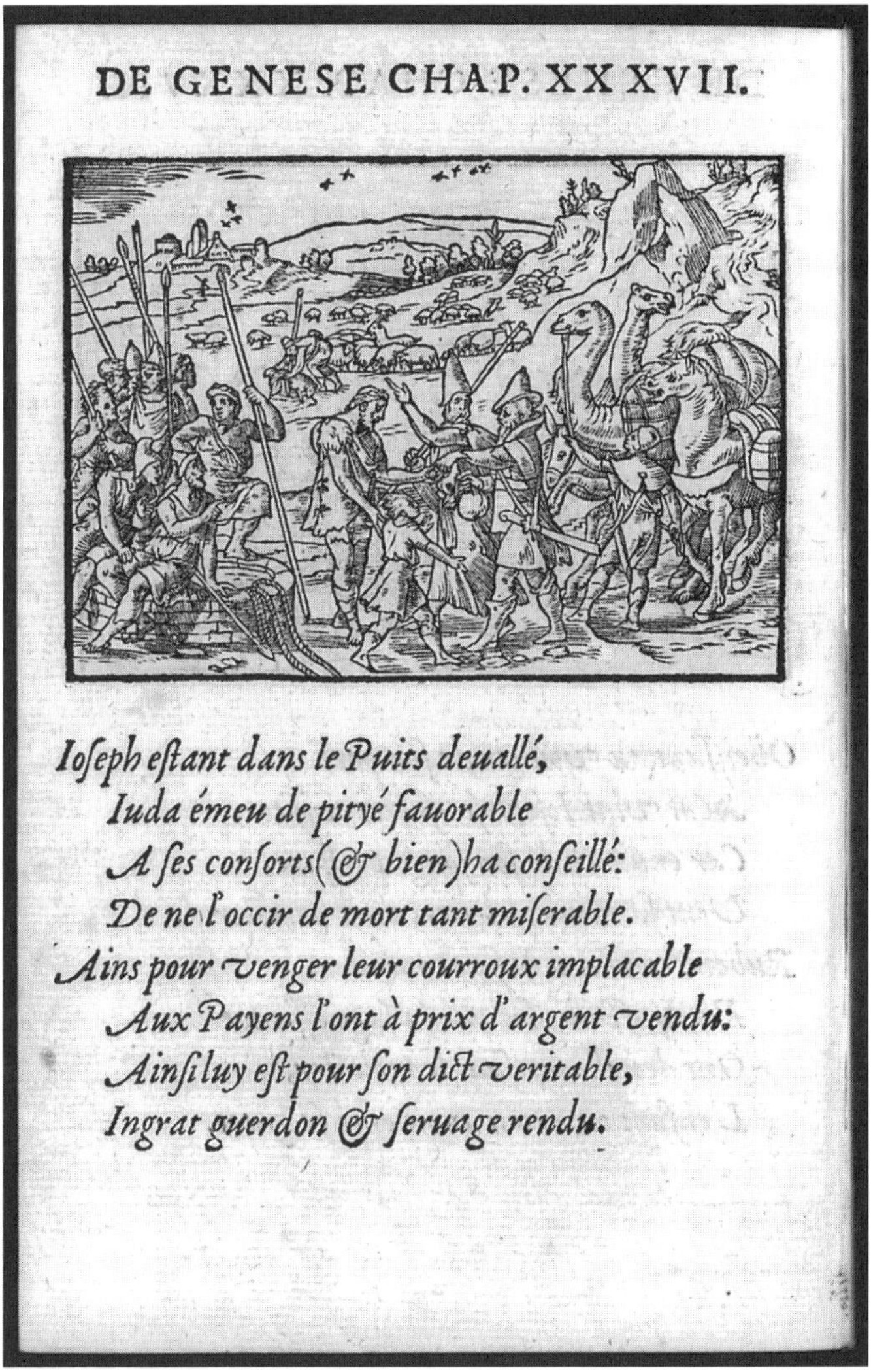
DE GENESE CHAP. XXXVII.

Ioſeph eſtant dans le Puits deuallé,
Iuda émeu de pityé fauorable
A ſes conſorts (& bien) ha conſeillé:
De ne l'occir de mort tant miſerable.
Ains pour venger leur courroux implacable
Aux Payens l'ont à prix d'argent vendu:
Ainſi luy eſt pour ſon dict veritable,
Ingrat guerdon & ſeruage rendu.

12. ユダ，弟のヨセフをイシュマエル人に売る．

13. 魚を買う女.

GENESE XXV.

Iacob fut doux & ſimple de nature,
Mais Eſaü, robuſte perſonnage:
Qui lui vendit ſa primogeniture,
A l'appetit dun petit de potage.

14. エサウ，豆のスープと引き換えに，長子権を弟のヤコブに譲る．

は、握手を交わしたにちがいない。アントウェルペンの画家セバスティアン・フランクスのタブローでも、ワイン商人から酒樽をいくつも買う男が、こうしたしぐさを見せているのだ[43]。

いずれにしても、商売の際のジェスチャーを見ると、双方が同時に、双務的に関わったことが予想される。そこでは、損得が計算され、認識されているのだ（「マタイによる福音書」二〇の、日当に不満を述べたブドウ畑の労働者のように、もちろん、口論となる場合だってあるわけだが[44]）。そしてまた、別の日に、売り買いの交渉が繰り返されて、今度は取引がうまく成立して、どちらも満足ということになったりするのである。

とはいえ、贈与モードと、売買モードでは、いわば期待値が異なっている。贈与交換の場合は、少なくとも理想的なものならば、価値における通約不可能性と、時間における不確定性が、なにがしかは存在する。贈与の見返りがいつもたらされるのかなど、だれにもわかりはしないのだから。一六世紀の礼儀作法書は、「自尊心によって」、お返しを早くしすぎるのもいけないし（そんなことをすれば、贈った側が、贈与は強いられたものだという感情を抱きかねない）、また、遅すぎてもいけないのであり（そうなると、贈った側の自尊心を傷つけてしまう）、「ちょうどいい時期と場所を待たなくてはいけない」[45]と、読者に注意を喚起している。贈与における、義務と感謝のリズムには、そもそも終わりがないのだ。逆に、売買の場合、ひとたび取引が成立して、支払いがおこなわれれば、これで一件落着ということだから、終わりが可能となる。とはいえそれは、いつもハッピーエンドというわけにはいかない。シャルル・デュ・ムーランは、このことに関連して、「もしも恩知らずに貸せば、金は返ってこない。返ってきても、全部は受け取らない。そうすると、友だちから敵を作ることになる」

という古い格言を引用している。円満にけりがつけば、それにこしたことはないのだ。ジャン・ド・ジェンヌは、ジャネット・デュヴァルに、その年季奉公が終わるにあたって、一年分の給金、シャツ二枚、ショール二枚を渡したあとで、「彼女は満足して立ち去った」と、家事日記に記す。クロード・ド・ラ・ランデルは、帽子屋に、あれこれの付けを返したあとで、「これで帳消しになって、おたがい友人でいられる」と、帳簿に書きつけている。[46] 実際、円満な結末を可能にし、ビジネスライクな関係の継続を保証するために、贈与と売買とがミックスされたのである。

もちろん、贈与の周期が不確定であることが、絶縁を招くこともありえる。「長く待たされた、つましい食事は、贈り物ではなくて、高く買わされたということ」という、古いことわざも存在するのだ。[47] 国や教会の官職についても、贈与と売買のあいだの境界をめぐって、混乱が生じていたけれど、こうした線引きの揺れについては、あとで触れることにしたい。とにかく、女中はピンを、日雇い労働者はワインを、領主はシカを、近くの農民はシードルを、高貴なパトロンは狩猟用の鳥を、教授は甘い物《スイーツ》を、医者は手袋を、学者は本を、結婚まぢかの娘は宝石や花をもらったのである。そして、さしあたりは、だれもがこの贈り物を、感謝して受け取ったのであった。

5 失敗した贈与

忘恩という悪魔、貴様の心は石だ
我が子の姿で現れると
海の底の化け物よりおぞましい
(リア王が娘のゴネリルに、『リア王』第一幕第四場、
松岡和子訳、ちくま文庫、一九九七年)

ここまで、贈与のシステムは、注文の仕組みとして、人間関係の潤滑油として、ステイタスの目印として、ある都市住民の表現を借りるならば、「りっぱな建物にセメントで付けられた石の数々のように」、人々のつながりを助けるものとして立ち現れていた。そして贈与モードと市場モードとは、おたがいに創造的な緊張関係を保ち続け、「生前贈与」においては、意志と義務がもつれあっていたにもかかわらず、もらう側は感謝の気持ちを示していたのだ。

だが贈与だって失敗に帰することはあるわけで、一六世紀の人々はしばしば、このことに悩んでいた。フォンテーヌブローの宮殿で、宮廷人たちは、パンドラの絵を見ながら、贈り物でいっぱいの箱

にはさまざまな祝福が収められていたことを思い出していたし、その一方で、パリスの審判の絵を眺めては、そういえば黄金のリンゴのせいでトロイ戦争は勃発したのだと、戒められてもいた。(読者は、不和の女神が、饗宴のさなかに、「もっとも美しい女性に」と書かれた黄金のリンゴを、アテナ、アフロディテ、ヘラのあいだに投じ、三美神がパリスを審判に選んで、彼に銘々が贈り物をしたことを覚えているにちがいない。そしてアフロディテが、世界でいちばんの美女を、つまりメネラエスの妻のヘレネをパリスに差し出したために、パリスはアフロディテに軍配を挙げたわけであった。)村の小屋のなかで、農民たちは、贈与の範囲の狭さについて、「理髪師は、他人のヒゲを剃る」とか、「手は、別の手をなでる」といったことわざを交わしていたのである。[1]

パリスの審判という神話が象徴するように、贈与システムに内在する避けがたいテンションから、トラブルが起こるのである。言い換えるならば、市場が独占を生じさせるように、贈与が、不実を生むのだ。だが一六世紀のフランスは、濃密な感謝と義務《オブリゲーション》の文化に由来する贈与のシステムに、強度の負荷を負わせていた。裕福な農民より上のさまざまな階層においては、他人に義務を負ったという気持ちが、人々の心理的エコノミーのなかに入りこんでいたのだ。そこで、これから先の章では、家族の生活、出世に必要な引き立て、フランス王政下の政治的慣行、はたまた宗教的な定めといったもののなかから、このことの起源を調べてみたい。ごくふつうの贈与の場合でも、それなりのリスクはあったわけだけれど、それにしても、自分が目下の身分でありながら、目上の者にお返しをしたいとか、相手の注意を引きつけたいというときには、どのようにふるまえばよかったのだろうか？「父親や、師や、神に対しては、だれも、それに見合うお返しなどできはしない」という格言がある。これは、正確な計算など不可能だと教えているのであり、この格言に勇気づけられる人間もいれば、がっかりする人間もいる。もっとも、ヨーロッパからぐんと遠い、アメリカ大陸はブラジルの森のなかには、別のタイプの非対称の贈与のシステムがおこなわれていて、これに対してヨーロッパの人間は、感謝についてのまったく別の価値観を適用するしかなかったわけである。それはともあれ、ここでは、まずは家族のなかでのトラブルから話を始めたい。

一六世紀になると、結婚によって子供たちを出世させる可能性が増加したため、親は、一家の将来の設計をかっちりしたものにしようとして、これまでになくエネルギーを注ぐようになった。土地を所有する農家から、都市の富裕な商人の屋敷や貴族の城館に至るまで、あちこちで、父親や母親たちが、はたして息子のルイは農民になるのか、司祭になるのか、あるいは弁護士や医者になるのか、将軍になるのか、宮廷人になるのか、あるいは娘のマルグリットを近くの男に嫁がせるべきか、遠くの家との縁組みを考えるべきかなどと、あれこれ思い悩んでいたのである。発展を続ける都市経済と、近代国家の形成のさなかにあって、子供に選択肢が多ければ、それだけ両親も、一家の生き残りを確かなものとし、さらには社会的上昇を夢見て、子供たちの手綱をしっかりと押さえておく必要があった。家族の男子について、リヨンの繊維業者が述べているように、理想としては、父親は、息子たちの「出世をこころがけ」、上の息子たちを「学問をさせるべく送り出して、しかるのちに、本人の適性などに応じて、さらに先に進めるような家に入れてやる」のがつとめなのであった。そうすれば、上の息子も下の息子も「親不孝になどならず」、彼らも、次の世代の出世を考えてがんばるだろうというのだ(3)。

親が子供たちと、あれこれ相談すれば、結婚をめぐる子供の希望と親の願いとのすりあわせを、穏やかにおこなうことができる。これが、ユマニストの教育論で奨励されている方法であった。とはいえ、一五五七年の王令で、女性の場合は二五歳未満、男性なら三〇歳未満の場合は、婚姻が有効であるためには、親の同意が必要だと規定されているように、強制的な力が働いて、初めて合意に至ることもあった。そして最後に、贈与によって合意が成立することもあったのだ。贈与の約束とか、贈与によって期待される感謝の気持ちや義務感とか、あるいは、せっかくの贈与が取り消されてしまうのではないのかという恐怖心などからである。たとえばリヨンでは、両親や他の親族たちが、遺言書を活用して、相続人の行動を左右しようとする様子が見てとれる。ある船大工は、孫を包括相続人に指定したが、「悪しき生きざまの、やくざな人間」になったり、叔父の元にとどまることを拒んだ場合には廃嫡するとの条項を付け加えている。リヨンに居住する、トスカーナ出身の独身の商人は、妹のひとりに遺産を残しているけれど、彼女が、悪い親戚の家に住むようなことになれば、遺言を取り消すとの条項を入れているし、「わたしの同意もなしに、わが意に反した結婚をしたのだから」という理由で、もうひとりの妹を遺産相続から排除している。国王公証人にして田舎判事であった人物の未亡人は、再婚してできた息子よりも、初婚による孫娘のほうに遺産を残そうと考えたというから、この時代の男女の優先権を逆転させたことになる。その息子は、彼女に対して訴えをおこしたばかりか、ことあるごとに逆らって、彼女を虐待し、公衆の面前で何度も侮辱しては、夕べの祈りから戻ってくる人々に、こう叫んだという。「性悪で、みだらな淫売屋のおかみめ！　あの女をつかまえろ、つかまえてくれ。聖ヨハネの病気〔てんかん症のこと〕にかかっているんだから！」。ところが、それでも彼女は、自分が死んだら棺桶にふたでもしてくれるのではないかとでも思って、たっぷりある財産のうちから、五〇リーヴルばかり遺贈してやっているのだ。(4)

家族の願いにそむかぬように、子供の宗教的選択を導こうとする遺言書などは、もっとも雄弁なものといえる。一五四二年、ある印刷業者〔『パンタグリュエル』初版を出したクロード・ヌーリーのこと〕の妻が、最初の結婚でできた娘への遺贈について、リヨンの公証人にこう述べている。「娘のカトリーヌは、わが母にして聖なる教会の教えと命令に反して、異端であるルター派〔「ルター派の輩」は異端派の総称で、ここではカルヴァン派〕に身を置き、ジュネーヴの町に居住している〔娘は、改革派としてリヨンからスイスに逃れ、一五三四年には、「檄文事件」のビラを刷った印刷業者、ピエール・ド・ヴァングルの未亡人となっていた〕。彼女が、あらゆるよき、真のカトリック教徒が義務として実行しているごとく、ジュネーヴを離れて、リヨンのルター派ではない地域に帰り、われわれの母なる教会に戻って、カトリック教徒としてふさわしく暮らさないかぎり」、遺産の分与にはあずからせないというのだ。彼女の願いが聞き届けられたのか、その五年後、カトリーヌをたぶらかし、虐待した、再婚相手の夫は相続権を剥奪されて、カトリーヌは母親の包括遺産相続人となっている。(5)

一五七七年、ジュネーヴに亡命したリヨン商人が、息子のギヨームを包括相続人に指定しているが、息子がジュネーヴに移って、「聖なる改革派信仰にしたがって」暮らすならばという条件が付けられているのであって、「放蕩とけんかに明け暮れて、上記の遺言人が訓育した、真のキリスト教信仰から逸脱したままならば」、一〇〇リーヴルを遺贈するにとどめ、自分の妻フルリーに財産を譲るとなっている。一六世紀の父親や母親は、法学者クロード・ド・リュビの表現をもう一度借りるならば、大変な「自由」を享受していたわけで、この自由裁量なるものが、子供の将来に対する強力な期待感と結びついていたのである。(6)

親たちは、自分が準備してやった道に、子供がしたがってくれて、配偶者など、残された者とも仲むつまじく暮らしてくれることを望んでいた。モンモランシー公夫妻は、「父母から受け継ぐべき財産について、しばしば起こる兄弟間のあらそいごとの原因を、わが子供たちに関しては、きっぱりと根絶しておきたく思い」と述べてから、広大な領地を自分の一〇人の子供に分配している。ジュネーヴでは、鍛冶屋の未亡人が、「おたがいに仲良く暮らすために」、さまざまな支払いをしたら、その領収書をおたがいに貰うようにするのだと、息子や、娘や、その夫に忠告している。リヨンの公証人は、もっと厳しくて、一家の財産分与をめぐって、争ったりしないという条件付きで、自分の妻と、田舎にいる兄弟に遺贈をおこなっている。いっぽう、ラングドックやガスコーニュの農家の家長たちはもっと現実的であり、息子たちを相続人とするものの、財産の管理はすべて未亡人に委ねて、「母子がうまくやっていけない場合には」といって、未亡人に差し出すべき資産を詳細に指定している。複数の部屋を明け渡すこと、毎年一定量の穀物、ワイン、油を、そして二年ごとに、衣服や靴や靴下を渡しなさいというのである。(7)

とはいっても、もめごとが絶えることはなかった。うまく収拾されることもあったけれど、深刻な決裂状態になってしまうことも多かったのだ。一五四二年のこと、ラ・トレムーユ公爵夫人は、夫の死後も、ポワトゥー地方の城館で、義母、長男とその家族とともに、死ぬまでずっと暮らしたいものだと考えた。支出をおさえなくてはいけないが、息子がつむじを曲げてもいけないから、奉公人には暇を出したものの、一五人は残した。ところが息子は、「自分の権利を行使して、自分に帰属すべきものを手に入れるために」、彼女に出ていけといった。そして、彼女がこれを拒否すると、城の一室に、暖房もなしに隔離したのである。「息子が母親にそのようなことをするとは、異様な仕打ちではないですか」と、彼女はこぼしている。だが息子は、「そうした契約は存在しないのだから」といって、譲らない。こうして、金銭補償をめぐる争いと、息子の肩を持つ者による「上記の夫人は、子供たちを愛してなどいなかった」という非難告発合戦のあげくに、彼女は、ついに城を出ることを受け入れたのだ。息子は奉公人を門に立てて、家具を持ち出されないように監視させ、村の広場では彼女の長持ちを開かせて、自分の所有物以外を運んでいかないかどうか、確認までさせたという(8)。

この贈与をおこなった張本人ラ・トレムーユ公爵フランソワはといえば、すでにあの世にいて、舞台から引っ込んでいたのだ。ところが、ときには遺贈者が生存していて、こうした争いが勃発すると、贈与行為を後悔する場合も見られる。いわゆる「生前贈与」については、その平和時の様相をすでに描いてみたわけだけれど、そうではないケースを追いかけてみよう。フランスの法律では、受贈者に不実なふるまいがみられた場合は、遺言を取り消すことができる。そこで、失望した贈与者は、公証人とともに、いわば忘恩の物語を書き記すことになるのだから(9)。

遺言の取り消しで、一五四〇年代末以降、さまざまに取りざたされたのは、法学者のシャルル・デュ・ムーラン〔一五〇〇—一五六六〕の事例である。一五四七年、デュ・ムーランは契約・利子・贈与などを論じた著作を刊行したが、その同じ年に彼は、一六年ほど前に弟のフェリーに対しておこなった生前贈与を撤回している。デュ・ムーラン兄弟の父親はすでに死んでいて、長男のシャルルを資産相続人と定めていた。シャルルの説明によれば、弟フェリーに贈与をおこなったときには、自分は学業に忙殺されていて、結婚のことなど念頭になかったのだという。そこで、フェリーが領地をしっかりと管理し、妹が適齢期になったら、しかるべき婚資を保証してあげることという条件で、シャルルは相続分のほとんどを弟に譲ったのである。こうしてシャルルは、誠実な長兄であり続け、弟フェリーのオルレアンやパリでの学業を援助して、さらにはパリ高等法院の弁護士にもしてやったのだ。ではシャルルは、その見返りに、なにを獲得したのだろうか？　フェリーは、妹の結婚資金として別にしておいた財産を売り払い、父親の領地からの収入を横領し、農地を荒れ放題にしてしまう。さらにひどいことには、フェリーは、パリのあちこちで、兄シャルルについて根も葉もないことを言いふらしては、友人たちを激昂させ、シャルルに気の滅入るような思いをさせたのである。この間、シャルルは結婚し、子供もできていた。そこで、「不実のゆえに」、過去の贈与を取り消したのだった。[10]

シャルル・デュ・ムーランは、パリ高等法院での訴訟に四年間を費やしたあげく、いったん贈与した資産を取り戻す。しかも、このトラブルのいきさつを書いて公表したので、弟のフェリーはますます怒り狂った。兄弟の不和は生涯にわたって続き、次の世代にも引き継がれる。すでにふたりとも墓の下であった一五七二年、なんとフェリーの娘とその夫が、シャルルの娘を殺害して、宿怨を晴らし、その昔、一度は贈与された城館の鍵を奪った罪で起訴されるのである。[11]

むろん、失敗した贈与がことごとく流血の惨事で終わるわけではない。しかしながら、暴力ざたや、ひどく無礼なことが引き起こされる例も存在する。ローヌ河沿いの小さな町コンドリュー〔リヨンの南四〇キロ、水上槍試合で有名〕で、聖職禄のない司祭をしていたジャン・コロンビエ老人の訴えは、そうしたものといえる。一五六〇年代に、ジャン老人は、自分を死ぬまで面倒見るという条件で、甥のアントワーヌとその嫁に、全財産を譲った。これをいいことに、甥夫婦は、ジャンがあちこちで司祭の仕事をして、なにがしかの金を手にして戻ると、それを取り上げてしまったのだ。手ぶらで帰ってくると、「じいさん、稼ぎはなかったのかい？　ブタ野郎め、出ていきな」とか、「あんたなんか、もう袋に入れてローヌ河に放り込むしかないんだから」などと、口をきわめてののしったという〔司祭は、甥夫婦を異端者と告発したわけではない。自分のことを、「坊主ふぜいが」と罵倒したと非難している〕。こうしてふたりはジャンを虐待して、コンドリューの街に放り出してしまう。ジャンは、むさ苦しいかっこうをしたまま、物乞いして、食べ物と寝る場所を探さなくてはいけなくなる。そして結局は、別の甥のピエールという者が彼を引き取って――なぜ、もっと早く、そうならなかったのかと不思議ではあるが――、ジャンは一五六八年六月、「不実と暴力と脅迫」のかどにより以前の贈与を取り消し、今度こそしっかりと世話を見てもらえることを期待して、新たにピエールに贈与をおこなったのである。[12]

こうした遺言の撤回という例は、ほかにもたくさん挙げることができる。[13] 今日の民事訴訟に慣れている読者は、そんなケースはいくらでもあると思うかもしれない。人間というのは、いつの時代も、望みのものを手に入れるためとあらば、相手と争い、さまざまの手段や法律用語を駆使してきたのであって、フェリー・デュ・ムーランやアントワーヌ・コロンビエの「不実な態度」も、そうした人間の性分を教えてくれる、ちょっとした実例にすぎないではないかと。

なるほど、そうかもしれない。でも、こうした争いごとのうちには、歴史的に見て、一六世紀フランスに特有の側面も見てとれるのである。わたしは先に、子供にとって新たな可能性が生れたこと、家族の将来設計をする上で、親権が新たな「自由」を獲得したことと、そして親が子供に寄せる多大なる期待——子供が成人し、彼らが叔父・叔母になったときに生じる期待——といったもののあいだに、ある種の関連があることを示唆した。キリスト教の贈与の教義と三美神は、贈与者は、見返りなどは期待せずに与え、受け取る側は、いつも感謝の気持ちをいだき、返礼する気持ちになるべきだと教えてきた。ところが遺言や贈与行為は、見返りを予測していることが多く、それを感謝というパン種が熟すのにまかせるのではなく、むしろはっきりと明記している。一五三九年の王令では、「生前贈与」においては、その取り消しをも含めて、内容を契約により明記すべきことが定められ、このことが、いわば遺言を設計していくという側面を強めたのだ。となれば、義務履行に対する不安が非常に大きな状況においては、最初の期待と、不実への訴えとのあいだに、大きな食い違いがあっても驚くべきこととはいえない。

シェイクスピアの『リア王』は、こうしたもめごとの底に流れている感情の動きに対する、一六世紀風の注釈を提供してくれる。これは、のちに撤回され、うまく授受がなされなかったところの、生前贈与をめぐる芝居にほかならないのだ。リア王が、王権と領地を贈与するにあたって設定した条件は、すでに危ういものとなっていた。それは、王が称号と国王の大権とを維持して、百人の騎士を伴って、二人の娘リーガンとゴネリルのところを、一か月ずつ交代に訪問するというものであったわけだが、思いやりがなくはない、その二人の娘にとっても、その条件はあやふやなものとなっていた。「お前たちのうち、誰が一番父を愛していると言えるかな？　親を思う気持ちが最も深い者に、最も大きな贈り物を授けよう」⒁〔松岡和子訳〕、という父親の愛情テストに通るのは不可能なのであって、コーデリアは、臆することなく父親にこう告げていた。

お父様、お父様は私を生み、育て、愛してくださいました。
そのご恩返しは当然の義務、私は
お父様に従い、愛し、敬います。⒂

コーデリアが非難するのは、リア王の要求が途方もないこと、義務に果てしのないことであり（「私でしたらおそらく、いったん嫁ぎましたからには、誓いをその手に受けてくださる夫に、私の愛情はもとより、こころづかいや務めのなかばを割き与えずにはおられませぬ」⒃）、さらには、愛情の量というものは、正確に言語化できて、豪勢な贈与にぴったりと見合ったものだという、父親の愚かしい考え方なのである。こうして、独占欲と、このように厳格な同量的思考《コメンシュラビリティ》のせいで、贈与関係は破綻をきたして、三美神は二人になってしまう。

贈与をめぐるトラブルのアリーナは、家族とはかぎらない。昇進や評判が、コネや引き立てに大幅に依存している場合には、友人や同業者などを含めて、さまざまな場所で、義務の履行をめぐる不安が生じてくる。エラスムスは、一五一六年のギリシア語から訳された新約聖書〔『校訂新約聖書』バーゼル〕に、付記を添えて、フランスの優れたユマニストでヘレニストのギヨーム・ビュデを称賛しているものの、ビュデによる、「ルカによる福音書」冒頭のギリシア語からの翻訳には異議を唱えている。刷り上がったばかりの、この著作を、友人がビュデに手渡すと、ビュデはすぐさま、礼賛という贈与への感謝のことばを書き送る。

親愛なるエラスムスよ、わたしに喜びを与えてくれたからには、けっしてそれが仇になるようなことはありません。わたしをしっかりと遇してくれた友人に対して、同等のものをお返しすることなく、この点であなたにひけをとることに、同意するわけにはまいりません。友は、力を尽くして、ビュデの一族の思い出を不滅のものとしてくれました。（中略）蟻を象にしてしまった、あなたの称賛によって、自分が困難な立場にあることはわかっております。あなたへの借りは、いつでも、また留保なしにお返しするつもりでおりますし、――あなたが当然受けてしかるべき、最高の称賛によってということです――、あなたの著作を知る人々の前で、ということは万人の前で、わたしの感謝の念を、なんのためらいもなく示すつもりでおります。

また、わたしが用心するあまり、出し惜しみをして、あなたへの称賛を、おそるおそるするようなことになれば、それはむしろ、あなたに対して不公平なことになりますし、悪しき友人としてふるまうことになってしまうでしょう。友人に対して先手を打ち、到底忘れがたい恩恵をほどこしてくださり、このわたしを困惑させてくださったわけですから、今度はわたしが主導権をにぎりまして、あなたを困らせてさしあげなくてはいけません。でも、あなたは、頭脳の回転の速さのおかげで、困った状況から、いともたやすく抜け出せそうですね。わたしには、この借りをお支払いするのに、満足すべき手段や、好都合な道が見つかりそうもないのです。きっぱりと耳をそろえてお返ししたいところなのですが、一生、そうもできそうにありません。わが恒産はとぼしく、負債があまりにも巨大なものですから。しかしながら、これほどの忘恩という負債を抱えるくらいなら、むしろ、なんでもいただいてしまおうという気分にもなるのです。

贈与の友情にまつわる表現をさしはさんだ、この礼儀正しくも、なにやら裏のありそうな美辞麗句のあとで、ビュデは、ギリシア語のあやまりを訂正してくれたことをエラスムスに感謝するとはいえ、それでも、正しいのは自分であって、エラスムスはまちがっていることを主張する。エラスムスともあろう者が、このような「些末なことがら」(17)にみずからの博識を無駄づかいすることに、驚くしかないというのだ。おまけに、エラスムスもビュデも、この手紙を、その後の著作に収録するのであり、これが、学識と確執からなる友情にみちた、この二人の長期にわたる手紙のやりとりの最初の一通となるのだ。

もっとひどいのは、自分が感情を害しながらも、なにがしかの贈与を懇願する必要から、しかたなく書簡作法にしたがって書くというタイプであって、これは依頼人とパトロンのあいだでしばしば見受けられる。たとえば、ラ・トレムーユ公フランソワの執事ジャン・ド・ラヴネルは、一五四〇年、宮廷から、こう書き送っている。

殿、ピエール修道院長から書簡を受け取りました。シャロンの牧場の管理人職をわたくしに賜るよう、殿に請願してくださったものの、故ベルマリオンの息子にすでに付与してしまったとのご返事をちょうだいしたとのことでございます。となりますと、いくらわたくしが、自分にふさわしいと考えまして、もっとよい地位をお願い申しあげましても、それは、時間の無駄でしかございますまい。わが運命とはかようなもの、なにをお願いしても、いつも断られるばかりなのでございますが、なんとも面妖なこととしか思われないのでございます。と申しますのも、わが先祖とわたくしは、一〇〇年以上にわたりまして、非の打ち所もなく、殿のお家に仕えてきたのでございます。最近も、わが兄は、亡き殿様に──神のお許しのあらんことを──、献身いたし、パヴィアの戦い〔一五二五年。フランソワ一世が捕虜となる〕にて戦死いたしましたが、このわたくしも、途中で病に倒れることなかりせば、戦場にてわが務めを果たしたにちがいございません。殿、よろしければ、このこともご勘案くださいませ(18)。

しかしながらその二年後に、ラ・トレムーユ公は死去しているから、この請願が聞き届けられたとは思えない。

ところで、宮廷人文学は、フランスのみならず全ヨーロッパでとても流行したジャンルなのだが、そこには、名門や王国貴族の家で出世したいと思うならば、どのような贈与をおこなえばいいのか、また、目をかけてもらうといっても、どのぐらいの代価を要するのかについて、さまざまなことがたくさん書かれている。一五五六年、アントニオ・デ・ゲバラ〔一四八〇―一五四五。スペインのフランシスコ会士で、カール五世の側近〕の『宮廷の寵臣』が、カスティリア語からフランス語に訳されており、それは、食卓でいい席を確保するのには、小姓や給仕頭に手袋、ベルト、帽子などを贈る必要があるという話から始まっている。次いで、偉い方々の屋敷の門衛にはうち解けた調子で話しかけなくてはいけないし、進物やら、年末の心付けなどもする必要があるという話題に続く。それから、宮廷人たる者、みずからの栄誉のためにも、宴会や祝祭を催す義務があるということになって、「結局は、思いがけず出費もかさみ、借金をする羽目となるのだ」、という話に落ち着く。(19)

もっと悩ましいのは、宮廷人志願者が、いかにその野望を隠すのかということであり、これについては、これもゲバラによる『宮廷への軽蔑について』――一五四三年にカスティリア語からフランス語に訳されている――、という、レトリックにみちたアンチ宮廷本で論じられている。宮廷人は、あっちへ行ったり、こっちへ行ったりして、ひねもすおしゃべりしたり、笑ったりして、愉快に過ごしているものの、内心では、猛烈な憎しみをいだいているのだという。「絞首台に送ってやりたいような人間に、敬意を表するなど、ひどい欺瞞ではないか。だがそれも、野望ゆえのことなのだ」と。こうした見方は、その数年後に、パリ高等法院付き弁護士フィリベール・ド・ヴィエンヌ〔トロワ出身、エラスムスの仏訳などもある〕が著した、逆説にみちた名著『宮廷哲学』で、さらに詳しく展開される。相手に迎合するような人生を送っていてどうなるというのだと、著者は問いかける。とはいえ、寛大さ、りっぱな外見、礼儀作法、優雅さといったものは、たとえそれが「自分自身を失うこと」であっても、「他人に気に入られる」ためには、必要なのである。「人々の好意を引きつけるために、われわれは本心を隠して、まわりに合わせるのだ」、「宮廷貴族という存在は、みずからに従属するのではない。笑う必要があれば、笑うのだし、おもねる必要があれば、泣きもするのだ。（中略）結局のところ、宮廷人は、自分の感情がまったく別のところにあっても、人々を喜ばせるためならば、なんだってするのである。[20]」

こうした欺瞞は、贈与モードの専売特許ではなかった。物品の重さ、寸法、質についてのうそやごまかしは、あらゆる商売でまかり通っていた。それがほとんど強制に働くような場でも、いわば駆け引きの一部となっていたのだ。しかし、この時代にパトロンやその報酬を探し求める場合は、時折とはいわず、たえず礼儀正しく、上品でなければいけなかった。優雅で、親しみがもてて、心優しいマナーは、贈与モードに内在するものだと考えられていたのであって、これに参加する者は、かなりのプレッシャーを感じていた。

フィリベール・ド・ヴィエンヌの著作から何十年かたって、もうひとりの司法関係者ミシェル・ド・モンテーニュ〔ペリグー租税法院、次いでボルドー高等法院の判事をつとめた〕が、実利を求めて生き抜いて、出世したいと願う場合の、贈与と義務のプレッシャーについて、自分の感情や判断をするどく述べている。自律した感覚をはっきりと持ち、かつまた表現能力に優れていた点で、モンテーニュが異例の存在であることはいうまでもない。したがってここで彼を、一六世紀の「典型」として引用するのではない。それならば、パトロン制度の庇護のもとで、王侯たちの寵愛にたっぷりと浴して、国王の詩人として、失われた黄金時代を夢想するところの、ピエール・ド・ロンサールのほうがしっくりくるのではないのか。[21] だが、モンテーニュという人は、自分自身ばかりか、自分の時代の透徹した観察者であって、贈与がとりむすぶ人間関係という襞《ひだ》の奥にまで分け入っていくのである。

『エセー』一五八八年版に初めて登場した「むなしさについて」という章〔第三巻九章〕で、モンテーニュは、それまで、ガスコーニュ地方の自分の家と土地が、いかにして宗教戦争という流血と荒廃を避けてきたのかを語る。

わたしは免れている。でも、それが正義によるのではなくて、むしろ運のせいで、それも、わたしの先見の明によるものであるのが気に入らない。それに、わたしが法律の保護の外にあって、それ以外のものの保護下にあるのも気にくわない。こんな具合だから、このわたしは、半分以上、他人の恩恵で生きているわけであって、これはひどくつらい負い目というしかない。わたしは、お偉方の善意や寛大さのおかげで、わが安全が保たれるのなどごめんだし、わたしが法にしたがうのか、勝手にするのかを、彼らに認めてなど欲しくはないのだ。[22]

そしてモンテーニュは、ここで戦争という暴力の話題をうち切ると、今度は、日々の生活での、贈与や義理といったしがらみに対する、自分の気持ちを述べる。

人は、報酬や恩恵によるのではなくて、権利と権威によって生きていくべきだと、わたしは考える。(中略)

わたしは、いかなる債務《オブリガシオン》に服することも避けているけれど、とりわけ、名誉にかかわる義務で自分の身をしばるという債務だけは、なんとしても逃れたい。なにかを頂戴して、そのせいで、感謝という名目により、わが意志が抵当に入れられてしまうことほど、わたしにとって高くつくものはないと思う。だから、売りに出された官職ならば、むしろ、進んで受け入れる。そうしたものならば、金を渡すだけでいいけれど、それとは別のものだと、自分自身を渡すことになってしまうのだと、心から思うのだ。誠実さ《オネットテ》という定めで、わたしをつなぐ結び目は、社会的《シヴィル》拘束という結び目よりも、はるかにきつくて、重苦しい。自分で自分を縛るよりも、公証人に縛られるほうが、よほど楽なのである。

こうしてモンテーニュは、こうした世間のしがらみや、そのレトリックから、かなり自由である自分を祝福する。「恩恵と感謝についての知識は、微妙にして、大いに役立つものであるのだけれど、わたしが、これを理解しているところでいえば、これまでのわたし以上に、自由で、借りがない人間は見たことがない。わたしの借財といえば、だれにも共通の、自然の義務だけなのだ」と述べて、彼は「お偉方への贈与など、わたしのあずかり知らぬもの」という、ウェルギリウスの一節〔『アエネイス』一一・五一九―五二〇〕を引用する。モンテーニュは、神に負債があるだけであって、神の恩恵により自由を享受しているのである。(23)

また別の場所では、キケロについての考察のなかで彼は、ひたすら阿諛追従《あゆついしよう》して、わが身を売るようなことばを書きつづっては、自分の奉仕や愛情を差し出したり、いとまごいや感謝のことばを述べたりすることに対する嫌悪感を示している。(24) 彼が人のために書いてやった推薦状は、いつも「そっけないもの」だったという。自分は「お追従者」ではないのかと感じることを、ひどく嫌っていたのだ。自分に借りがある人から称賛されたとしても、そんなものは判断のしようがないではないかというのである。

とはいえ、モンテーニュ自身は、この自画像に示されたほどに、贔屓《ひいき》の世界から自由であったわけではない。一五五七年から一五七〇年まで、彼はボルドー高等法院の判事を勤めていたのであり、このポストからして、少なくとも最初のうちは、他人の歓心を買うことも必要であったにちがいないし、結局は、その官職を売ることになる相手からの、働きかけもあったにちがいない〔一五七〇年、フロリモン・ド・レーモンに譲渡〕。一五七七年、アンリ・ド・ナヴァールの「腹心貴族」に任命されたモンテーニュは、その後、ナヴァール王と、フランス南西部の穏健カトリック派との仲介役を務める。そして一五八一年にはボルドー市長に選出されて、この職責ゆえに、市政のことで、何度も宮廷におもむくことになる。つまりモンテーニュは、観察者としてのみならず、同時に参加者として、恩恵と愛顧の社会のことを書いているのだ。

モンテーニュは、これとは別の贈与の関係にもかかわっている。一五八〇年から翌年にかけてのイタリア旅行のあいだに、ワインや書物を受け取っているし、旅の一行のために催された晩餐にあずかり、ルッカ近郊の温泉〔デラ・ヴィラ温泉で、二度湯治を行なっている〕で数週間過ごしたあとには、地元の女性たちを招いて、商品付きのダンス大会を開いている。また『エセー』のふたつの章は、女性の友だちに捧げられており、そこでは、彼女たちを讃えるのにふさわしいことばが費やされている。[25]彼は『エセー』の初版を、アンリ三世本人に献上して、国王がこの著書は気に入ったと述べると〔一五八〇年七月、パリで国王に拝謁している〕、へつらいのことばの代わりに、「陛下、拙著にはわたしの生活と行動にかんする論述しか収められておりませんから、このわたくしが陛下に気に入っていただかなくてはいけないことになります」と、気のきいた答えを返したのだ。これと同様に、モンテーニュは、グレゴリウス一三世に謁見した際〔一五八〇年、一二月二九日〕の、足への接吻という、つらく、厄介な義務をなんとか軽減しようとして、すぐあとで「教皇は、足先をほんの少しだけ持ち上げてくださった」と説明を加えるのだった。[26]

だが、より重要と思われるのは、モンテーニュが、最愛の友人が相手に送る形見という、特権的な贈与の領域を作り上げていることであって、この主題については、のちほど話題にしたい。とにかくモンテーニュは、われわれのために、当時の世間での贈与関係がもたらす、感情的なしこりや知的な痛手について記述してくれたのである。彼が称揚するのは、とどまるところを知らない義務感による、曖昧さや、従属や、ゆきすぎとは対極に位置する、明快な契約であり、私情をはさまぬ正しき法であり、誠実で親密な発話のエコノミーなのである。

では、こうした贈与をめぐる不平不満において、女性の声はどこから聞こえてくるのだろうか？　すでに見てきたように、女たちは、贈与のあらゆる局面で活発であって、仲間や親族たちと、食べ物、衣服、宝石などをやりとりしている。生前贈与もしているし、社会階層の上下双方向に向けて、贈り物や施しものをしているのだ。われわれは、女性たちが、恩知らずと非難したり、かと思えば、「異常だ」と後ろ指をさされたりしながら、子供から相続権を取り上げたり、贈与を無効としたり、それに条件をつけたりした姿を見てきたわけである。

だが、贈与とその慣行をめぐって、どれほどの犠牲《コスト》や緊張を強いられているのかについては、彼女たちの気持ちをまだ聞いていない。男たちが書いた宮廷人論では、化粧をして、媚びを売る女性は、完璧な欺瞞の象徴であり、それは、悪いことをしているという意識がほとんどないだけに、余計に非難すべきものとされている。一六二六年、「宮廷のよそよそしさと虚飾を、わたしは拒絶する」と、女性文学者マリー・ド・グルネーが書くように、宮廷生活の手練手管を糾弾する女性も存在したとはいえ、これが彼女たちの不満の中心主題をなしていたわけではない。はてしない贈与の義務にたいして不満をぶちまけたモンテーニュにしても、こうした発言そのものが、一六世紀の、明らかに男性中心のオートノミーの感覚にどっぷりと浸かっていたのだ。自分たちの権威を、「なにか特別で、いっぷう変わった特徴」から引き出すような、世の男たちとは一線を画して、彼は、「文法家でも、詩人でも、法律家でもなく、まさにミシェル・ド・モンテーニュとして、わたしという普遍的な存在によって自分を示すところの、最初の人間」になると宣言していたのである(27)。

しかしながら、一六世紀の女性たちが、みずからをこのように描くことはほとんどない。女性詩人ルイーズ・ラベが読者に述べたごとく、女たちは、「さまざまの分野の学問に身を捧げる」ことの自由を獲得するために、ひたすら苦闘しなければいけなかったのだ。金糸を編んだり、リンネル地を織ったり、印刷工房で采配をふるったり、農場を経営したり、学校で先生をしたりする能力が、いかに巧みで、優れているにしても、「なにか特別で、いっぷう変わった特徴」を持っているのだと、他人に認めてもらえることはめったになかった。彼女たちの天職とは結婚であり、カトリックの女性の場合には、それに代わるものとしての修道生活なのであった。ただの「ミシェル・ド・モンテーニュ」ではなくて、あくまでも、だれそれの娘、だれそれの妻、そして未亡人なのだ。モンテーニュの晩年における知的盟友であり、文学的な遺言執行人ともいえるマリー・ド・グルネーにしても、自分をモンテーニュの「娘」として定義し、モンテーニュを「義理の父」と定めていたではないか。女性という存在が普遍的なものと考えられていたところでも、それは自己所有ではなく、従属身分のしるし、自己放棄のしるしにすぎなかったのだ[28]。

したがって、女性の場合、自主性・自立性《オートノミー》への関心から、贈与慣行におけるはてしない義務を批判するというのは、一般的なことではなかった。実際、男性とくらべて、女性が、自分のために、公的に引き立て探し求めることは、あまり見られない。社会階層の底辺で物乞いをする女たちは、たくさん存在した。さもなければ、彼女たちは、王妃や公妃のように、社会の頂点から恩恵や贈与をほどこす保護者であり、中間階層にあっては、宿屋のおかみのように、口さがない女たちの輪をとりしきる存在であった。もちろん、なかには贈与を通して、官職や引き立てを探し求めるという、個人的なケースも存在しなくはない。ルイーズ・ブルジョワは、かつてお産をしてやって、感謝している母親たちの助けを借りて、「国王の産婆」の地位を獲得しようと奔走している。また、リヨンの出版者アントワネット・プロネは、この波乱の世の中にあって、「子供を何人も抱えた、かわいそうな寡婦たち」への保護を期待して、ストア派哲学者でもあった皇帝マルクス・アウレリウスの仏訳を、リヨン司令官に謹呈している。それに、王妃の注意を引きつけようとした、宮廷の貴婦人だって存在する。[29]

しかしながら全体として見れば、女性が公的な愛顧を求めるのは、自分のためではなく、むしろ夫や、兄弟や、とりわけ息子たちなど、家族のためであった。ジャンヌ・デュ・ロランスが、その家族の歴史で語っているところによれば、母親のルイーズ・ド・カステランは、一五七四年に、アルルで医師をしていた夫が死んだあと、八人の息子に教育をほどこし、出世させるために、「力を惜しむことがなかった」という。父親のルイが、「子供たちをよろしくといって、学校の先生をよく食事に招いて」いたから、それがお手本になったのだ。そして息子たちが博士になると、未亡人ルイーズは、彼らの後ろ盾となったり、あるいは雇ってくれそうな人々のところを訪れている。医者となった息子に、アルルのサン＝トロフィーム司教座聖堂参事会員の死が近いことを知らされた、ルイーズは、さっそく息子ジュリアンの長所を、他の参事会員たちに説いてまわる。ジュリアンは神学者で、大聖堂のためにも、ずいぶんと貢献してきたのですといって、「なんとか思いどおりにことを運ぼうとして、あれこれ挨拶をしてまわる」のである。彼女は聖職売買《シモニア》には大反対であったから、息子のために金を支払うようなことはしなかったらしいが、「あれこれの挨拶」には、おきまりの宴会も含まれるにちがいない。こうしてジュリアンは聖堂参事会員のポストをみごとに射止め、今度は、ルイーズの代わりに彼が、義理を負うことになるのだ。[30]

女性が自著に献辞を載せることは、一六世紀には、さほど頻繁なこととはいえないものの、それでも、教育のある女性の一般的な態度を教えてくれる。そこでは、贈与というプロセスや、その言葉づかいへの違和感は、いささかも示されない。彼女たちが気にするのは、女性が読者に語りかけるという権威の問題なのである。マリー・ド・グルネーが、モンテーニュ『エセー』一五九五年版の序文で述べているように、いくら愚劣な男でも、「これは女の話すことですから」といって、女性の意見などど無視すれば、それで通った時代なのである。そこで、女性の書き手たちは、著作をおたがいに捧げたり、あるいは単に「すべての淑女(31)」に捧げたりすることによって、こうした不安を回避することが多い。

とりわけ象徴的なのが、王族への献辞である。一五四一年、エリゼンヌ・ド・クレンヌ〔本名はマルグリット・ブリエ〕は、ウェルギリウス『アエネイス』第四巻までの仏訳を、国王フランソワ一世に謹呈している。その献辞においては、国王が極端なまでに称賛される一方で、女性の無能力という、伝統的な紋切り型が用いられる。

この翻訳の計画を練りはじめてから、わたくしは大きな不安に駆られまして、このような困難な企てのきっかけがなかなかつかめませんでした。と申しますのも、わたくしの文体は力強さもなく、狭小なものでございまして、陛下のような、崇高にして、卓越したる方に、謹呈する資格などあるはずもないものと、自分を戒めていたのでございます。陛下におかれましては、学問の輝きも、ことさらに優れてあらせられ、それを、ミネルウァとの交わりの、甘美なる心地のよさによりて獲得されておられます。ミネルウァは、寛仁大度なる陛下をば、ご贔屓になり、恵みを授けようと、あまたの才能を分かち与えたのでございます。そうして陛下に、歴史に関する知見を、めざましい知性を、この上ない雄弁を、寛大なる御心を、さらには、高邁なる政治的人生と高貴なる習慣を、お授けになったのでございます。

エリゼンヌ・ド・クレンヌは、フランソワ一世が、高潔で寛大な気質の持ち主であることに思い至り、「自分には能力もなければ、知性にも欠けているものの」、この書物を国王の手にお渡ししようと決心したというのである。[32]

こうした装飾過多にして、大げさな献辞は、モンテーニュが最悪だと考えたものにほかならない。それでも、この献辞は、彼女が『恋の苦しみ』〔一五三八年。心理小説の先駆〕出版とほぼ同時期に綴った、高貴な淑女たちへの献辞の手紙で用いたような、直接的で、感情のこもった文章とは、あきらかに一線を画している。そこでの彼女は、この悲恋の物語によって、「女性たちが、ごく自然に、憐憫の情をいだく」ことを期待していた。[33] つまりド・クレンヌは、ひとつの贈与関係から別の贈与関係へと、苦もなくシフトしたのであった。

では、こうした女性の書き手たちは、社会的な関係におけるたえがたいプレッシャーというものを、どのようなところに感じていたのだろうか？　それは、贈与関係につきものの、果てしない義務や、ここから生じる自己欺瞞に対してであろうか？　そうではないのだ。彼女たちが敏感になっていたのは、むしろ、交換のあらゆる側面で浮上してくる、果てしない服従への要求に対してなのである。一六世紀においては、彼女たちに許された境界の内部でも、その自我は極度におびやかされていたのだ。

そうした女性の苦情は、論述やエッセーよりも、むしろ物語のなかに見いだされる。証人の一人としてグリゼルダを召喚するが、彼女の話は、クリスチーヌ・ド・ピザン〔一三六三頃―一四三一頃。フランスで最初の女性作家などともいわれる〕の『婦人たちの都』で語られている。この作品は、ペトラルカ『妻の従順さという神話』の書き替えである。[34] サルッツォ公爵〔Saluzzo はトリノの南、約五〇キロの都市〕にして美男子のガルティエーリは、貧しい百姓娘グリゼルダとの関係を、彼女の父親から結婚の同意を取りつけて開始すると、グリゼルダには、貴族の奥方となるにふさわしいドレスと宝石を、いわば結納の品として贈る。そして公爵は、グリゼルダの誠実さやがまん強さを確かめる第一の試練として、百姓の娘にへいこらすることをよしとしない重臣や家臣たちが、娘と息子を殺そうとしているという話をでっちあげる。すると彼女は、「あなたの子供ですから、好きなようになさってください。このわたくしと同じく、ふたりもあなたのものなのですから」と答えるのだった。そして彼女は、子供をきちんと埋葬すべきことだけは確かめたものの、ふたりが連れ去られるときにも、悲しみや動揺を顔に出しはしない。

公爵が課した次の試練では、財産と身分が問題となる。家来たちが、どうしても百姓女を妻にすることなどは許せないというものだから、グリゼルダを離縁して、貴族の女性と再婚すると、公爵はうそをつくのだ。するとグリゼルダは、彼から受け取った衣服をすべて脱ぎ捨てて、指輪・宝石・アクセサリーなどを返すと、自分は身分のちがいを常に意識してきましたからと、「これから、父親の家に帰らせていただきます」と答える。こうして彼女は、涙も流さずに、静かに彼のもとを離れて、薄ものをまとっただけで、父親のあばら屋へと帰っていくのだ。同行した貴族や貴婦人たちは、さめざめと泣きながら、主君の仕打ちをなじるのであった。

婚礼の準備をするから来てくれと、ガルティエーリに宮廷に呼び戻されたグリゼルダは、婚約者と称する若い娘と、にこやかに挨拶をかわし、その美しさに感激するが、実は、それはグリゼルダの実の娘なのだった。グリゼルダはガルティエーリに、自分の気持ちをこう伝える。「ひとつだけどうしても、あなたさまに、いわせていただきたいことがございます。前と同じように、あなたのご伴侶を苦しめたり、じりじりといたぶったりしないでくださいませ。その方は、お若く、真綿でくるむようにして育てられておりますゆえ、前の方とはちがい、耐えられないかもしれませんので。」

これを聞いた公爵は、これまでグリゼルダが苦難の数々に耐えてきたことに憐憫の情を覚え、彼女の美徳に対する感嘆の念に圧倒されて、ついに自分の本心を明かし、こう述べる。「おまえに課した、この数々の試練の挙げ句に、これほどの夫婦愛を身をもって知った男などは、この世の中には他にはいない。(中略)おまえだけが、わたしの妻なのだ。わたしは、他のいかなる女も望まないし、妻にもらうことなどないのだからな。」

こうして、娘も息子も生きていて、無事に自分の前に姿を現したのを見たところで、グリゼルダは、初めて、その感情を顕わにすると、喜びのあまり、うれし涙にくれるのだった。「かくしてグリゼルダは、あらためて正式に認知を受けて、ふたたび、とても豪華な衣装を身にまとった」のであり、公爵と、愉しく、静かに暮らして、村にいた父親も、宮廷の一員になったのである。

ガルティエーリとグリゼルダの物語は、頓挫した贈与を主題としており、贈与モードが強制へとシフトしていく様子を示している。衣装や宝石は、最初のうちは、完全に贈与されたのではなく、ガルティエーリの目的に応じて、貸与された、あるいは割り当てられたにすぎない。だからグリゼルダも、公爵が「自分の所有物」の返却を求めたときに、驚きはしなかったのだ。再三の試練は、彼女の揺るぎない感謝の念を試すのではないし——彼女はそうした気持ちを一度も表明してはいない——、彼女の変わらぬ愛を試すものでもないのだ。愛情などは、「結婚」当初しか示していないのだから。ではなにを試したのかといえば、それは、彼女の変わらぬ服従心にほかならない。クリスチーヌ・ド・ピザンは、女性は移り気だという非難に対する、みごとな反証として、グリゼルダという人物を造型したのであったが、それに加えて、公爵のキャラクターを「異常なふるまいを見せる」人物として設定することで、男たちが、女の服従心に対する執着心から、極端に走ると、どれほど残酷なふるまいに及ぶのかを明らかにしてみせたのだ。グリゼルダは、そうした力の現実をあっさりと認めて、そのことをガルティエーリに二度にわたって伝えている。そして子供が無事だとわかるまで、自分の感情を少しも表には出さないのである。これは、服従という負担から、内心を守るための方法を、クリスチーヌ・ド・ピザンなりに示唆しているのだろうか？

夫の側からの、服従に対するはてしない要求と、少なくとも同じくらいに厄介なのが、母親ないしその代理人からの、要求なのである。マルグリット・ド・ナヴァールは、『エプタメロン』第二一話の登場人物のロランディーヌを通して、こうした現実を教えてくれるけれど、実はこれは、名門の出のアンヌ・ド・ロアン〔ブルターニュの名門の娘〕と、王妃アンヌ・ド・ブルターニュ〔シャルル八世、次いでルイ一二世の王妃〕との確執が題材となっているのである。[35] 若き女性ロランディーヌは、フランスの宮廷で成長していくが、彼女の「女主人」である王妃は、ロランディーヌの父親に対する遺恨から、彼女をあしざまに扱う。父親の側も、強欲であって、娘の将来になど無関心で、持参金の心配など全然してやらないのだ。こうしてロランディーヌは、何人もの高位の貴族に求婚されたにもかかわらず、未婚のまま、三〇歳を迎えてしまう。だが、不平もいわずに世間から身を引き、祈りと献身に明け暮れる年月を経て、彼女は、宮廷の、もうひとりの不運な人間と知り合いになるのだ。それは、ある大貴族のご落胤で、金もなく、風采も上がらない男であった。王妃は、この若者とは口をきいてはならぬと何度も注意するが、そのつど、彼女はなんとかごまかして密会する方法を考え出す。こうしてふたりの友情は愛情へと変わり、男が求婚すると、ロランディーヌは、「わたしは神さまのご命令にしたがうことになるのですから」といって、これを承諾する。王妃や父親にはしたがわないことになるがかまわない、父親などは、「わたしの幸福を追い払ってしまって」、長いことこちらを不当に扱ってきたのだからというのだった。だが彼女は、父親が結婚に同意するか、死ぬまでは、この結婚を接吻までにとどめることを男に承知させる。

こうしてロランディーヌとその夫は、周囲が禁じたにもかかわらず、密会を続けるものの、王妃のスパイが結婚の秘密を見つけてしまう。だがロランディーヌは、ものすごい剣幕でしかりつける王妃に対して、ついに不満をあらわにする。長年、王妃から恨まれて、いじめられて、どの求婚者もがっかりさせてきた挙げ句に、今度こそ結婚しようとして、貞淑に、名誉ある選択をしたのに、顰蹙《ひんしゅく》を買ったのである。ロランディーヌは、「わたくしよりも、ご自分に落ち度のあることで、今わたくしを叱っておられますが、それは大きなあやまちです」と、言い返すのだ。

この反抗的態度によって、彼女は父親のところに送り返されて、森のなかの城館に幽閉されてしまう。そして、夫がドイツで、とある貴婦人に夢中になっているという報告を聞いても、彼女の貞節さはいささかも揺らぎはしない。ところが夫が急死してしまい、結婚の誓約から解放されて、父親も彼女を受け入れると、若いころに持参金を準備してやらなかった自分のあやまちを認めるのである。そうこうするうちに、とある貴族からプロポーズされて、ロランディーヌは再婚をはたし、父親の遺産を受け継ぐという話である。

以上のふたつの物語は、女性という存在が、服従というたえざる圧力に対して、どのように反応するのかを示している――前者は、贈与が悪用された状況において、後者は、贈与が保留された状況においてである。どちらのケースも、女性の場合は、夫や、父親や、母親的な存在との関係が、強制的なものに陥りやすいことを物語っている。女性の遺言書に見られる、いさかい、非難、撤回といったものが、いかなる感情に支えられているのかがよくわかるのだ。モンテーニュからすれば、人は感謝の要求からは、まず免れられないのだし、マルグリット・ド・ナヴァールからすれば、強制などすれば、感謝する力も失せてしまうというのである。

ところで「人食い人種《カニバール》について」という有名な文章で、モンテーニュは、ブラジルのトゥピナンバ族を、つねに自然の法にしたがって生きている種族として描いている。

この国には、いかなる種類の商売も、文芸の知識も、数の知識も、役人とか政治家ということばも、下僕の使用も、貧富の習慣もない。契約もなければ、相続も、分配もなく、暇でいる以外に仕事はない。成員全体への尊敬はあっても、親族への尊敬はない。衣服も、農業も、金属もなく、ワインも小麦も用いてはいない。

うそ、裏切り、隠しごと、貪欲、ねたみ、悪口、容赦を意味することばなど、聞いたことがない。[36]〔拙訳、『エセー2』白水社、二〇〇七年〕

つまりモンテーニュは、祖国フランスでは通用している贈与・互酬性といった要素が、まったく不在なひとつの社会を思い描いたのである。彼は、存在しない単語のリストに、「感謝」「義務」「不実さ」などを載せてはいないものの、この国を訪れた、信頼に足る人間の口から聞いた話の報告からすると、この土地には、そのような感情と結びついたふるまいは存在しなかったことになる。

しかし、実際は、交換に関するモンテーニュの描写は必ずしも正確とはいえない。先祖伝来の敵を戦争で捕まえた場合には、焼いて食べてしまうという、ブラジル原住民の一般的な習慣に関するコメントが、実に示唆的であるのと比較して、こちらは洞察力が欠けていたというしかないのだ。ただし、「野蛮《ソヴァージュ》」という概念にみられる、軽蔑的な要素を取り除き、いわゆる「新世界」を鏡として、旧世界の問題を提起したいという、モンテーニュの努力をしっかりと支えるものにはなりえている。こうした意味では、ヨーロッパ人を、いつわりの、どぎつい光に厚かましくさらして、ヨーロッパ人の優越性を断言するといった、同時代の旅行記に見られる贈与交換の記述とは、一線を画しているのだ。

大航海時代の初期、フランス人たちは、なにが贈答品にふさわしいかについて、意見は一致していた。一五〇四年、《希望号《レスポワール》》の船長のゴンヌヴィルは、オンフルール港〔ノルマンディ〕で、繊維製品――粗いリンネルとウール、それに偉い人に贈る高級生地――と、斧などの道具、ナイフ、櫛、鏡、ガラスのビーズ玉といったものを積みこんでいる。その二〇年後、ヴェラッツァーノの一行は、北アメリカの沿岸に向けて出航するわけだが、このときも、繊維製品、金属製の小物、鏡、小さな鈴、「ガラスのロザリオ」など、似たような品々を積みこんでいる。またジャック・カルチエは一五三四年から一五四〇年にかけて、三度にわたり北米探検をおこなうが、アメリカ先住民《アメリンディアン》の首長へのプレゼントには、生地ではなく衣服を持参している。そしてイロコイ族に、持参した衣装を着せて、何人かをフランスに連れて帰るのだ。また仲間とセント・ローレンス川をさかのぼった時には、櫛、ナイフ、手斧、錫の指輪、「ガラスのロザリオ」などを贈っている。フランス本国に宛てた報告書で、カルチエは、「つまらぬ贈り物」とか「価値などない品々」とけなしているが、それを、イロコイ族の男女は、ダンスと歓喜の叫び声とともに受け取ったというのだ(38)。

プロテスタントのジャン・ド・レリーも、一六世紀のなかばすぎに、ブラジルのトゥピナンバのところに一〇か月ほど滞在している。一五七四年には、これが印刷物となっていて、ここでも、似たような、アンバランスな感謝の念が物語られる。とはいえレリーの叙述は、カルチエと比較した場合、いわば民族学的な観察において、はるかに内容もあり、洞察力に富んだものであって、驚かされる。レリーは、トゥピナンバが隣人たちに食べ物を贈ること、フランス人のような異国の人間をも含めて、友好的な訪問者を、いかに親切にもてなすのかといった、彼らの生活ぶりを、理解した上で書いている。そうした表敬訪問が、おもしろ半分の優越感も交えて描かれている。

ある日のこと、私がとある村に行った時のことだ。私の「ムサカ」、つまり私を家へ迎えてくれた人物から、私の「カラメモ」、つまり革袋の中にある物を、全部見せてくれないかと頼まれたことがあった。まず素焼きの見事な大皿を彼が持って来させたので、私はその中に持物を全部並べて披露した。相手はびっくりして眺めていたかと思うと、出し抜けに全員を集めて宣言した、〈皆の衆、ちょっとまあ、わが家の客人がどういうお方か、考えてみてくだされ。これほどのお宝をお持ちなんじゃもの、大殿様に間違いありますまいよ〉と。

だがその実、これは私と同席した仲間にも笑いながら言ったことだが、彼がこんなにまで評価した物は、要するに、色々な柄のついたナイフが五、六本、櫛が五、六本、二つ三つの大ぶりの鏡、その他細々とした物にすぎず、パリでは竜顔銀貨《テストン》二枚にも価しなかったであろう。前にも述べたように、彼らは何よりも気前の良い人を好むから、私は彼がほめた以上に、自分からほめられるようなことをしてやろうという気になり、持っていたナイフのなかで一番大きくて綺麗なやつを、皆の見ている前で、彼に無償で謹呈した。実際、彼がこのナイフをありがたがること、わがフランスで金貨一〇〇エキュに価する金鎖を贈られた者の喜びように匹敵したのだ。(39)〔ジャン・ド・レリー『ブラジル旅行記』二宮敬訳、《大航海時代叢書二―二〇》岩波書店、所収、一九八七年〕。

こうした、ちょっとした贈与の意味作用について、少しだけ考えてみたい。特に、カルチエにおいては「アゴヘダ agoheda」、レリーでは「タクセ・ミリ taxe miri」(「小さなナイフ」の意味)と呼ばれている、ナイフ等の金属製品について考えてみよう。(40)われわれは、友人どうしの日常の贈与交換において、ナイフなどの小物がいかなる役割をはたしているのかに関する、エラスムスの考察を学んだ。またジル・ド・グーベルヴィルの日記からは、彼が、お祭りの日に村の女性たちにピンを配り、女中たちにも、ちょっとした品々を渡していることを教わった。ヨーロッパ人にとって、金属の小物が大いに役立っていることはいうまでもない。貴族以外の男は、だれでもベルトに大ぶりのナイフを差していたのだし――貴族は帯剣していたのであるが――、働いている女性は、袖にピンを付けていたのだ。

こうした小物類は、フランスでは重要な関係性を象徴する品《トークン》であり、記号《サイン》なのであって、信頼や善意の証拠の品であり、ある場合には、通常の俸給への、純粋な上乗せ《サプリメント》の意味合いを有していた。だが大西洋の反対側にいけば、それらは、先住民とのヨーロッパ流の贈与関係や物々交換における、実質的な品物《サブスタンス》と化して、先住民たちは見返りとして、欠かすことのできない食料をくれたのだし、その地域に関する重要な情報を教えてくれたのだ。こうして、人間関係の有効な記号としての、慣習的な贈与にすぎなかったことが、先住民が過大評価しているような品物を、ヨーロッパ人が相手をあざむくようにして贈与することに変わったのである。

カルチエも、いつわりの表象としての贈与のことを書き留めている。そして、第二回目航海のときには、テニョアニーとドム・アガヤという、フランスに連れ帰って一年すごしたイロコイ族のふたりの男に、直接挑まれることにもなる。先住民が、フランス人にウナギなどの魚類を持ってきたので、カルチエはお返しとしてナイフ、ガラスのロザリオなど、「ちょっとした小物類」をプレゼントする。ところがテニョアニーとアガヤは、仲間たちに向かって、「フランス人からもらったものは、なんの価値もないものだ。ナイフなどくれたからには、今度は、手斧をくれるはずだ」〔カルチエ『航海の記録』西本晃二訳、《大航海時代叢書二―一九》岩波書店、所収、一九八二年〕と言い放つのである。カルチエは、はばかることなくこのことを報告しているものの、それはイロコイ族が、この挑発に乗ることなく、当初のもくろみどおりに交換が続けられていったのがうれしかったからにほかならない。

レリーの場合も、いつわりの表象としての贈与を描き出すけれど、そこには、カルチエのような傲慢さは見られない。むしろ逆に、フランス人からの品々を、トゥピナンバが上手に活用した実例を報告するのだ。女性たちは、ブレスレットの代わりにロザリオを身につけ、男たちは、手斧を使って木材を割り、少年たちは、釣り竿の先に木のとげを付けていたのを、鉄製の釣り針に交換したという話である。レリーはまた、トゥピナンバが、金属製品を抜け目なく評価した実例も、ふたつ挙げている。もっともその前では、彼は、トゥピナンバのもてなし役のナイーブさを、仲間といっしょに笑っているのではあるが。

フランスでは、贈与品の価値をけなしたり、くれた相手の気前のよさをからかうのは、侮辱よりも、さらにひどいふるまいとされていた。だが新世界では、初期のフランス人旅行家たちは、こうしたふるまいを受け入れる。ヨーロッパでは、人々は、「青銅をもらったからといって、黄金をあげるなかれ」という、『イリアス』〔第六歌〕にまでさかのぼる格言によって、おたがいに戒めあっていた。そうしたことは、ホメロスのことばを借りるならば、「常軌を逸した交換」(43)にほかならないのだった。ところが、アメリカ先住民は、単なる異邦の人や非キリスト教徒ではなかったのである。それをいうならば、この当時、フランスは、異教のオスマン帝国と、豪華にして、丁重な外交を行っていたではないか。数年後にカルチエが、誘拐したことの、いわばおわびとして、族長ドンナコーナに青銅のポットをふたつ、手斧八丁など、「ちょっとした品々」を贈りましたと、フランソワ一世に報告している頃、コンスタンチノープルのフランス大使は、スレイマン大帝〔在位一五二〇―六六〕の歓心を買うために、金や銀の壺、絹や深紅のドレスが必要なのでございますといって、フランソワ一世に、なんと六七五〇〇リーヴルも要求しているのだ。[44]これに対して、アメリカの先住民は「野蛮人」であり、ヨーロッパ人が考えている、物の本当の価値など理解していないと思われていたのだった。

つまりヨーロッパのルールによれば、「野蛮人」とは、十全な互酬性に価しない存在なのである。だからカルチエは、またレリーでさえも、アメリカ先住民からの贈与に対して、彼らに「感謝する」フランス人として、自分を規定することをためらうのだ。二度目の航海のとき、現地に到着してほどなく、カルチエとその一行は、歓迎するイロコイ族から、ウナギや魚類、パンにする挽き割りトウモロコシ、大きなメロンをもらう。カルチエは、彼らを、精一杯の思いで迎え入れると、「近づきのしるしとして、たいして価値のないこまごました贈り物」〔カルチエ『航海の記録』、前掲邦訳〕を渡してやる。ヨーロッパの読者の前に、このフランス人隊長が「感謝している」姿を見せるのは、このときぐらいしかない。謝意などは、めったに示されることがないのであって、イロコイ族の長のドンナコーナが、「友愛と信頼のあかしとして」、自分の娘とふたりの少年をプレゼントしたときでさえ、感謝の気持ちが語られることはない。フランス人の多くを絶望へと駆り立てた病気の特効薬を、ドンナコーナがくれた際にも、カルチエは、神に対しては感謝しても、族長や、その薬草を持参した女性に感謝することはない。[45]

レリーはトゥピナンバについて、彼らは「恩知らずではない」と述べている。彼らは、だれが贈り物をくれて、それがいかなる品であったのかを、いつでも覚えていて、お返しになにかをあげようと心がけているのである。「礼儀正しさ《クルトワジー》」が、それにふさわしいフランス人の返礼であった。トゥピナンバの住居で、飲んだり食べたりしてから、休息や睡眠をとったあと、そのフランス人が「誠実《オネット》であるならば」、主人になにがしかの小物をプレゼントするのだ。レリーはまた、同盟している側のトゥピナンバのところにいるときには、身の安全を感じるし、フランスの一部の不誠実なカトリック教徒よりも、彼らのほうが信頼できるといって、こう書いている。

わたしはこの部族に信頼を寄せていたともいえる。〔中略〕彼ら未開人は、その敵を憎悪すること甚だしいから、捕らえたとなれば、あれこれ考えることなく撲殺して食ってしまう。それとちょうど反対に、われわれとトゥピナンバウと呼ばれる部族との関係がそうだったわけだが、友人や同盟者のことはとことんまで愛するから、その身の安全のためならば、また何か不快な目に会わせないためならば、むしろ世にいわゆる己が身命を賭することも敢えて辞さないだろう。〔前掲邦訳〕

とはいってもレリーは、トゥピナンバになにかもらったからといって、「恩義」を感じるわけではなく、お返しになにかをプレゼントしなくてはと「義務」を負うわけではない。ほとんどの場合、レリーは、フランス人とトゥピナンバとのこうした交換を、交易や物々交換として語るのであり、彼らが「アマベ amabe」、つまり「さしあげる」という動詞を用いた場合も例外ではない。トゥピナンバの生活習慣に接して、新たな考察を進めていくレリーも、彼らの贈与のシステムには、独自の明確な構造があるのではないのかと自問することはないのだ。(46)

ある日、何人かの先住民と大きな森を横切っていたとき、緑の木々や鳥の鳴き声に感激したレリーは、突然、「詩編」一〇四番〔神の偉大なる創造が歌われる〕を歌い始める。この音楽に大喜びしたインディオが、歌の意味を尋ねたので、説明してやると、相手は「じょうずに歌ってくれたから」といって、獲物のうちの上物をくれる。ところが、こうした場合でも、レリーは感謝のことばを口にすることがないのである。

一七世紀になって、毛皮商人、総督や司令官、イエズス会士、そしてヌーヴェル＝フランス〔カナダにあったフランス植民地の総称〕に入ったウルスラ会〔一五三七年、北イタリアのブレッシャで、アンジェラ・メリチが創設した〕修道女たちが、先住民との長期にわたる贈与や交易の関係を築くようになると、こうした状況も、少しずつ変化していく。(47) イロコイ族やアルゴンキン族たちは、ヨーロッパ人の習慣をわきまえて、より狡猾にふるまうようになるのだ。フランス人や、とりわけイエズス会士のほうも、先住民が毛皮や貝殻玉のネックレスなどをプレゼントする際の、巧みな美辞麗句を真似するようになるのだ。もちろん、この時期を迎えても、依然としてトラブルは存在するけれど、それは、「野蛮人たち」が、相互に異様なまでに気前がよすぎるし、のべつまくなしに、フランス人に贈り物をせがむものだから、ヨーロッパ人は今度は、彼らに軽蔑のまなざしを注ぐようになる。そして先住民の側は、フランス人は強欲で、うぬぼれが強く、他人のことなどよりも、自分たちの財産のことばかり考えているといって、非難するようになる。

一六世紀において、新世界で贈与行為がうまく進行しなかったのは、ある意味で、ヨーロッパという旧世界での、互酬性の限界が極端な形で表れているのだ。フランスにおける、贈与関係にまつわる悩みは、贈与モードなるものに固有の曖昧さに由来していたのであって、階層化された社会で、こうしたプロセスが展開されることで、その曖昧さは増幅されていた。自分にふさわしい贈与を、どうしたら受けられるのだろうか？　感謝の念が押しつけてくる恩義に、どうやって限界をもうければいいのか？　人々は思い悩んでいたのである。贈与者や、親族などが、恩義の限界を越えたかたちで、被贈与者に強制を課そうとすることからも、さまざまなもめごとが生じていたのだ。

ところがアメリカ大陸においては、力関係は開かれており、「文明人」としてのヨーロッパ人が、「野蛮人」に寄せる優越感への要求によって、誇張されていた。ケベックでもブラジルでも、フランス人たちは、贈与よりも、戦いが通常の反応であるような状況に置かれていた。しかしながら、彼らは数においては劣るがゆえに、自分たちよりも「下等な」ホストに頼らざるを得なかった。しかもアメリカ先住民たちは、疑い深く、ときには敵対的であった。族長ドンナコーナは、カルチエに向かって、自分や家来は武器を携えていないのに、フランス人はいつも武器を携行しているではないか、それは遺憾なことだと述べる。そこでカルチエは、「それはフランスの習慣なのだ」と答えを返す。ブラジルでは、自分が目撃したカニバリズムにおびえるレリーは、トゥピナンバを信頼しているとコメントしたにもかかわらず、トゥピナンバに殺されて、食べられてしまうのではという恐怖に襲われることがあると告白している。こうした状況において、贈与交換のリズムや、それに伴う感情は、力の領域にたえず脅かされていたのである。そして、もちろん、ヨーロッパでの場合とは、多くの点で異なるとはいえ、セント＝ローレンス河流域やアマゾンにおける贈与関係の脆弱さが、セーヌ河やロワール河、ドルドーニュ河やローヌ河の流域における互酬性の混乱を、理解するのに役だつのである。

6　贈与、賄賂、そして国王たち

あなたは賄賂を取ってはならない。賄賂は人の目をくらまし、正しい者の言いぶんをも曲げさせるからである。

（「出エジプト記」二三・八）

他の者と比べて、自分たちはその功績に見合うだけの名誉も褒賞も〔国王から〕ちょうだいしていないと不満をもらす人々もいるかもしれない。（中略）だが、彼らが考えなくてはいけないのは、国王はその王冠を、われわれではなく、神から、王国の古き掟から受け継いでいることだ。（中略）したがって、国王がわれわれを拒み、他の者を好んだからといって、それを侮辱だとみなしてはならない。

（オルレアンの三部会における、大法官ミシェル・ド・ロピタルの演説、一五六〇年）

一六世紀のフランスでは、政治・司法・行政の動きの、あらゆる場所に贈与が入りこんでいたから、よき贈与と悪しき贈与を、いかに区別するのか、王国における政治的互酬性とはなにかをめぐって、重大な問題が提起されていた。都市でも町でも、国王即位後の最初の入市式の際には、共同体から王権に対してさまざまな贈与がおこなわれていた。だが、これにとどまらず、大法官、総督や代理官、代官（セネシャル）といった高等行政官が職務につくと、「その都市の友人となるため」とか、「縁あって、その町を支配下に置くのであるから」とかいって、その都市に対して贈与を求めるのが恒例となっていた。地元のワイン、オリーブ、菓子、砂糖漬けのフルーツ、チーズ、穀物、狩りの獲物（ジビエ）、魚類、大きなロウソク、金や銀の盃、金の鎖——その町が用意できるものなら、とにかくなんでも、役人の住まいに差し向けられたのである。役人が町を訪問するときにも、また贈答がなされた。ロデーズ〔南仏、現在はアヴェロン県庁〕では、ルエルグ地方の代官とその随行者に、クリスマスごとに、名産のロックフォール・チーズを進呈し、トゥールーズ高等法院の各判事にも、年賀として、このチーズを贈っている。それ以外にも、節目節目に贈答がなされているのだ。一五四〇年代、リヨンの市参事会は、宮廷に派遣されて、租税の軽減や、新たな法令登録の手続きの差し止めを求めて、陳情している使節に、「これを贈答品とするように」といって、美味なゼリーを送っている。また軍事用の御用金の免除を取りつけたいときには、リヨネ地方総督に三〇〇エキュを渡し、国王に書簡を送って、なんとかこちらの都合のいいように取りはからっていただきたいと頼んでいる(1)。

また政治的なことがらの場合には、市町村のみならず個人も贈答をおこなう。ニコラ・ド・エルブレは『アマディス・デ・ガウラ』の新しい仏訳の出版にあたって、国王の「特認」をちょうだいすべく、当然のように、大法官の秘書に書物を二冊手みやげとして持参している。刊行に際しては、だれもがこのようにしたに相違ないのである。ジル・ド・グーベルヴィル殿も、自分の領地に近い行政中心地であるヴァローニュの役人を訪ねるときには、馬の鞍からぶらさげた袋には、かならずジビエを入れていったのだ。徴税役人には、子ヤギを半頭分、裁判所の役人には、まるごと一頭分、進行中の訴訟に関する資料の写しを作成してくれた書記には、ヤマウズラを二羽（実際に写しを担当した者には三スー渡した上での話である）、といった具合である。[2]

訴訟沙汰などの場合にも、贈与の習慣は広く行きわたっていた。村人たちは、ウサギや、ニワトリやタマゴを手にして、弁護人の事務所に赴くのだった。彼らにとっては、手ぶらでやってくることなど考えられなかったにちがいない。町の連中も、「自分のために、しっかり尽力してもらおうとして」、ガチョウやウサギを携えていった。パリやトゥールーズの裕福な市民などは、いずれは熱心に弁護をしてもらいたいと願って、顧問弁護士に生前贈与をおこなっている。一五七七年にポワチエで回覧に供された風刺的な絵があるけれど、そこでは、農民が差しだす金とウサギを、弁護士が両手でわしづかみにしている一方、その使用人だかが、うしろからも貢ぎ物をつっこんでいる。またピーテル・ブリューゲル二世は、一七世紀初頭に、田舎の弁護士事務所のありさまを描いているが、そこでは、農民たちが、ニワトリやタマゴを渡そうとして行列している（図版15）。判事についても、このような習慣は見られた。地方の裁判所であれ、あるいはさまざまの調査や推挙をおこなう高等法院の判事であれ、そうだった。原告も被告も、双方が付け届けをしていたのであり、その品も、ちょっとした食料品やジビエから金製品まで、多岐にわたっていた。[3]

そのとおりと認めたり、まあいいかと許したり、あるいは非難したりする声が交互にあがる、民衆の言い争いのただなかに、こうした贈与品が存在していたのだ。ことわざもまた、好むと好まざると

15. 農産物などを差し出そうとして，弁護士事務所につめかける農民たち.

にかかわらず、ものごとがこのようにして推移していったことを暗示している。「空手だと、願いも空振りする」とか、「付け届けや贈り物で、ものごとは解決する」といったものだ(4)。

新しく赴任した役人に祝儀をあげることは、フランスの法律にきちんとかなうものであったとはいえ、贈与をおこなった人間は、そのことで特別のはからいを期待していたのだ。一五四一年、新しい大法官に金杯を贈ったところ拒否されてしまい、びっくり仰天したリヨンの市参事会《コンシュル》は、その近親者にポルトガルの黄金をプレゼントして、大法官が贈与を受け取るように説得してほしいと頼んでいる。なお地方三部会が存在する地域に関しては、一五六〇年の王令により、地方総督などの高官は、国王の臣下に進物を促すようなことがあってはならないと定められていた。尚書局の書記官も、署名をしたり、国王の書状を発行したりする際には、定められた金額を越えてなにも受け取ってはならないとの指示を受けていた。それでも書記官への贈

与は日常茶飯事であって、違反したからといって、告発されることはほとんど見られなかった。(5)

もっとも判事への付け届けに関しては、一六世紀には法律が改正されている。とはいえ、これも民衆の不平をとりあげたというよりは、むしろ、こうした司法官たちを管理・掌握しようとする国王側の意図と結びついたものであった。一五六〇年まで、判事たちは、訴訟の進行中に、原告側や被告側からいかなる贈与を受けることも禁じられていた。これに違反した場合、判事はその任を解かれたし、訴訟当事者は敗訴となり、処罰されていた。ただし、食料品やワインなど、傷みやすいものは許されていたのであって、これは実はローマ時代にまでさかのぼる例外規定なのであった。そして一五六一年、オルレアンの法令によって、そうした品々をも含めて、すべての贈与が禁止されたのであったが、唯一、領主が自分の森で獲れたジビエを贈ることだけは認められた。ところがこのために、これはある人物も批判していることなのだが、訴訟の当事者たちが近くの市場にいってジビエを入手して、自分のところで獲れたものですといつわって判事に差しだすことが横行したのだ。そこで一五七九年、ブロワの王令により、訴訟進行中は、原告被告ともいっさいの付け届けを禁じられたのである。(6)

ではこうした法律によって、実際の贈与慣行はかなり影響を受けたのであろうか？　たとえば一四九四年と一五二八年には、トゥールーズ高等法院判事への金銭の授与により、訴追がなされている。また一五四〇年には、ノルマンディ高等法院は、判事たちが「賄賂を受け取った」との提訴を受けたことなどにより、一時期、その機能を停止している。(7)一五五九年には、ブルターニュ地方のレンヌの下級裁判所《プレジディアル》判事ジル・ベックドリエーヴルが告訴されている。(8)告発の中身は、すべての事件を自分で裁こうとして、裁判所の書記たちを酷使し、被疑者を長期間にわたって拘留して、裁判の進行を遅延させているというものであった。とはいえ、彼に対する大きな訴追事項というのは、パンと砂糖にしか言及していないベックドリエーヴルが判決を出すにあたって、金銭などの――証人のひとりは、——贈与を受けているのではないのかということだった。原告のひとりがこう証言している。「わたしは、相手方を拘束してもらおうとして、判事に八エキュ渡しました（中略）賄賂として判事に八エキュ渡したのです」。また別の原告は、「何人もの囚人に、判事に贈り物をしろと忠告されました」とも述べている。そして判事は金貨を受け取ったらしく、渡す側は、金貨をじかにその手に握らせたり、机の端に置いたりして、なにを期待しているのかを、説明するのだ。すると判事は、六枚の金貨を紙でおおいながら、「さあ、行った、行った。おまえの件はさっさと片づけてやるから」と答えたという。

ベックドリエーヴルの方は、そんなのはとんだ濡れ衣で、自分の地位を狙っている原告に「金銭などで買収された」証人たちがでまかせをいっているだけだから、信用しては困ると反論している。事務所の扉はいつも開けっ放しで、人々がたえず出入りしているというのに、そのようなことができるはずもないではないかというのだった。

実際、証人のひとりが買収されて偽証したことを認めたために、ベックドリエーヴルは一五六〇年に無罪放免となって、損害賠償を受け、俸給もさかのぼって支給されている。しかしながら、こうした事例の存在は、実際に訴訟が起り、「判事をたらしこむ」とか、「判事に鼻薬をかがせる」だとか、人々が日頃から判事への賄賂を話題にしていて、どのように賄賂が手渡されていたのかを教えてくれる。この種のもめごとを裁いた判事のひとりでもあったノエル・デュ・ファイユは、その後、こうした経験を生かして、『ユートラペル物語』というよく売れた本のなかで裁判沙汰を描き出して、机の端にさりげなく置かれたお金といったモチーフを使うことになる。(9)

とはいえ、一五七九年のブロワの王令以後も、食料品やジビエを贈る習慣がなくなったという証拠は、ほとんど見られない。その数年後、リモージュの旅籠の主人が、宿泊客に対して、あなたが食べているウサギは一〇〇レアールしましたよと告げるというできごとがあった。下級裁判所の判事たちは、どうやらジビエよりは現金を好んでいたらしいのだ。実際、訴訟の当事者からウサギを受け取った判事は、妻に命じて、それを贈った側に買い取らせている。買い取った側は、また別の判事にあげたり、他の原告の付け届け用に下取りさせようとする。こうしてウサギは裁判所のなかをたらい回しにされたあげく、賞味期限がやってきてしまい、宿屋の主人の手に収まったという次第なのであった。(10)

こうして一六世紀のフランスでは、あることをめぐって、議論が交わされたのである。贈与は、「友情」や恩義を生み出すけれども、はたしてどこからが贈収賄なのかという問題であった。(11)もっともアンシャン・レジームのフランスに、贈収賄を示す用語は存在しなかった。イギリスの場合は、すでにチョーサーの時代から、bribe〔「賄賂」だが、語源はフランス語の「乞食にやるパン切れ」〕という単語が否定的な響きを有していたし、一六世紀初めには、判事に手心を加えてもらうため、あるいは、政治的なはからいを獲得するための賄賂の意味となっていた。たとえばシェイクスピアの『尺には尺を』『ジュリアス・シーザー』で、この用語が使われているし、大法官フランシス・ベーコンは、一六二〇年から翌年にかけて、「卑劣なる収賄《ベイス・ブライブリ》」で起訴されている。(12)フランスではbribeという単語は、昔からずっと、「パン切れ」を意味してきた。pot-de-vin〔直訳すれば、ワインの入った壺〕という表現がなにがしかの不正行為を意味するようになるのは、一九世紀になってからにすぎず、それでも、英語のbribeほど明白な意味合いは有していなかったのだ。一六世紀には、pot-de-vinといえば、旅籠で夕食時に注文するワインのことか、売買が成立したことを祝って、商人が一献交わすことにすぎなかった（それはvin de marchéとも呼ばれた）。フランスでは、もっぱら「贈与dons」とか「贈り物présents」といったことばが用いられていたのであって、その「贈与」の善し悪しは、前後の状況や、そのおこないかたで決める必要があったのだ⒀。

つまり一方には、付け届けといってもささいなものにすぎず、双方の訴訟当事者からもらうわけだし、それを受け取らないのは、むしろ相手をばかにした冷たい態度というしかない、それに、裁判の公平さには、いささかも影響しないのだからと、考える判事が存在したのだ——のちに、訴追されたベーコンもこのように弁護している。ラブレーは『第三の書』で、こうしたタイプの二人の判事の肖像を描いている。ひとりはミルラング〔ロワール河に面した架空の町〕の判事ブリドワであって、彼はあらゆる裁判に、サイコロを投げて判決をくだす。ここでラブレーは、裁きを拘束するのは悪しきことだと述べているのだ。ブリドワの管轄地域では、それ以前は、「通常の司法手続きに用いられます規則・法規なるものが、ことごとく、トリボニアヌス〔ユスティニアヌス帝に仕えて、ローマ法大全の完成に尽力した。ルネサンスのユマニストにしばしば皮肉られた〕なる人間の編纂したものでありまして、これがまた、神を畏れぬ不信心者にして、野蛮で、悪辣で、よこしまで、ごうつくばりで、悪徳不正の輩でして、法律、条令、勅書、法規、王令と、なんでも、金の出しっぷりのいい側に、即金でもって売り渡してしまった」（第四四章）というのだから。だが、ブリドワの裁判では、ちょっとした付け届

け が判決に深刻な影響を与えることなどない。彼は原告の提出した書類一式、「キャンディやら糖果類《エピスリ》のたぐい」を、机の片側に積み重ね、被告側の書類や甘い物・食料品は、もう片側に積んでおくのである。ちなみに、「糖果《エピス》」〔「香辛料」の意味もある〕ということばは、原告・被告の双方が判事に行う支払いを一般には意味していた。以前は、勝訴した側が菓子や砂糖漬けの果物を判事に自発的に贈っていたのであって、こうした習慣が、贈与へと変わっていったのである。こうしてブリドワは、サイコロを振る。しかも四〇年間というもの、ブリドワ判事の決定を不服として上訴した者は皆無だったのであり、これほどにサイコロ裁判はフェアーなものなのであった。もっとも、最後の裁判だけは、そういかなかったのだけれど、それとても、寄る年波のせいで視力が減退して、サイコロの目を読みまちがったのが原因なのだ(14)。

ブリドワ判事は、ポワトゥー地方で、地元の裁判所すべてを合わせたよりも、たくさんのもめごとを調停したという、「りっぱな、働き者」のペラン・ダンダンのことも称賛している。その近傍では、ブタを殺した場合にも、ダンダンはかならず、焼き豚の切り身やらブーダンのご相伴にあずかっていた。彼は、訴訟の当事者たちが、争いに疲れはてて、金も尽きたころを見計らって、双方を和解させるのだ。そして、毎日のように、「どこかの宴会、祝宴、婚礼、洗礼式、床上げ祝い《ルルヴァーユ》に呼ばれて」いたし、居酒屋では、いっしょに気炎を上げるのだった。要するに、贈与や互酬に、おあつらえ向きの場所で、酒を酌み交わしていたのである。ラブレーの読者でもあった〔シェルブールの司祭から『第四の書』を借りた可能性がある〕、グーベルヴィル殿の『家事日記』を読むと、彼もそうした調停役をつとめて、付け届けを受け取り、宴席をもうけては和解をはかり、そのような宴会を、旅籠よりも、むしろ自分の屋敷で開いていることが判明する。(15) 強欲な職業判事については、ラブレーも、「付け届けで肥えた連中」だとして、たびたび槍玉にあげている。彼らときたら、袖の下で暮らし、ジビエ用に、ずた袋を開け放し〔裁判書類を入れるための袋は、壁にかけて、閉じておくのが習慣であった〕、「シャ・フーレ」、つまりオコジョの毛皮をつけた礼服をまとった雄ネコであって、狩りの獲物やビロードやサテンに囲まれて、「賄賂」で暮らす種族ではないかというのだ。しかしながら、ブリドワ、ダンダン、グーベルヴィルといった、田舎の裁き手たちは腐敗していないのである。(16)

だが一方では、いくら些細なものであっても、贈与や恩義への誘惑は強いから、公平な判断をそこないかねないと考える人々も存在した。これはオルレアン王令（一五六一年）の直前のことになるが、トゥールーズ高等法院判事のジャン・ド・コラスは、例の「マルタン・ゲール事件」に関する書物のあとで公刊した『公正なる、良き判事の資質と職務について』において、次のごとき議論を展開している。「出エジプト記」二三・八〔前出〕、や「申命記」一六・一九〔「あなたはさばきを曲げてはならない。人をかたより見てはならない。また賄賂を取ってはならない。賄賂は賢い者の目をくらまし、正しい者の言いぶんを曲げるからである」〕を繰り返すようにして、コラスは、「判事は、いかなるものであれ、贈与や付け届けへの期待などは忌避すべきである。それらは、公正さの観念をかき乱し、判事の目を曇らせて正しい道から逸脱させ、不正なる方向へと向かわせるのだ」と述べている。コラスは、次のように考える。——われわれは君主から俸給を頂戴し、四半期ごとに、それを受け取っている。おまけに、判決を出したあとで、訴訟の当事者から「裁判費用《エピス》」も受け取る。それなのに、金持ちからも貧乏人からも届いた、シカや狩りの獲物で、自分の台所があふれかえらなくてはいけないと考えていいものだろうか？　われわれの義務とは、神と法の命じるところに従って、公平さと裁きとをおこなうことに存するのではないか。それに、贈与を受けることによって、訴訟当事者たちに対し、裁判のなりゆきについて、まちがった観念を抱かせてしまう。敗訴すれば、付け届けを受け取るような堕落した判事を軽蔑して、余計にあげすぎてしまったと考えるだろう。勝訴した場合でも、それを神意に帰するのではなく、貢ぎ物のおかげにしてしまうではないか、というのである。[17]

ジャン・ド・コラスが国王統治権の強い支持者であって、ジャン・ボダンの『国家論』〔一五七六年〕よりもかなり前に、『法廷術について』〔一五六〇年〕のなかで、こうした考え方を展開していることはとても意味深い。贈与の習慣に終止符を打つことは、裁判官と王権との関係を強化して、これと拮抗する、地方の貴族階層とのしがらみを打破することを意味していたのである。[18]コラスがプロテスタントであったことも、重要なのかもしれないものの、彼のこうした心情は、やがて、パリ高等法院長でカトリックの、ギー・デュ・フォール・ド・ピブラック〔一五二九―八四。詩人としても知られた〕が受け継ぎ、これを力強いメタファーで表現することとなる。彼によれば、付け届けを受け取る判事は、シビレエイにふれた漁師のようなものであり、最初は指先が、ついで手の全体が、それから身体の残りの部分が、少しずつ麻痺していく、というのである。[19]

フランスでは、こうした感情が、民衆的な刷り物などを通じて、人々に広がっていく。一六世紀なかばに出されたエンブレム・ブックでは、テーバイにある絵画を元にしてプルタルコスが描いたような、判事たちの姿が図柄となっている（**図版16**）。裁判長のまわりを判事たちが取り囲んで座っている。裁判長は、公平な裁きから逸脱しないように、目が見えないのである。また、金銭などの供与を受けることができないようにと、全員の手が切断されている[20]（裁判長の右手だけが例外）。一方、一五三八年から一五六二年にかけて、フランスで版を重ねた、ホルバインの挿画による『死の舞踏』では、当時の堕落した判事の姿が描かれている（図版17・18）。こうした贈収賄を描いた、他の図像でもそうなのだけれど、貧乏人はなにも付け届けをすることなく、無視されて、悄然としてたたずむだけだ。そして判事は、財布から貨幣を取り出そうとする金持ちのほうに、広げた手を伸ばしている。そういえば、ベックドリエーヴルの事件の際に、証人のひとりが、「判事は、貧乏人からはせびりとり、悪人は金で許してやる、という噂を聞きました」と陳述していたのである。図版17では、判事をさらいにきた「死神」のかたわらに三人の人物が描かれていて、うちの二人が金銭をやりとりしている。親族内での、失敗した贈与行為と同じく、賄賂は感謝を生みだすことはできず、もっぱら見返りを期待することと結びつくのであって、そこには自由な感情の発露はありえない[22]。

「賄賂」をめぐるいさかいにより、人々は互酬性についてあれこれ考えることとなったわけだが、国王への贈与をめぐる争いでは、臣下は、はたしてどの程度の恩義を国王に課することができるのかという問題が、持ち上がることになった。とはいえ、これは別に新しい問題ではなかった。一六世紀には、王権の強化が叫ばれる一方で、臣下も監督権の増大を要求していたから、問題がより先鋭な形で現れたのである。この議論は、国王入市式、国王直轄の官職の獲得という、ふたつの贈与のアリー

AND. ALCI. EMBLE. LIB.

In senatum boni principis.

Effigies manibus truncæ ante altaria diuûm
Hic resident, quarum lumine capta prior.
Signa potestatis summæ sanctiq; senatus
Thebanis fuerant ista reperta uiris
Cur resident? quia mente graues decet esse quieta
Iuridicos, animo nec uariare leui.
Cur sine sunt manibus? capiant ne xenia, nec se
Pollicitis flecti muneribúsue sinant.
Cæcus at est princeps, quòd solis auribus absque
Affectu, constans iussa senatus agit.

16. 「良き君主の裁判」.

Diſperdam iudicem de medio
eius.

AMOS II

Du mylieu d'eulx uous oſteray
Iuges corrumpus par preſentz.
Point ne ſerez de Mort exemptz.
Car ailleurs uous tranſporteray.

E

17. 判事をたらしこむ.

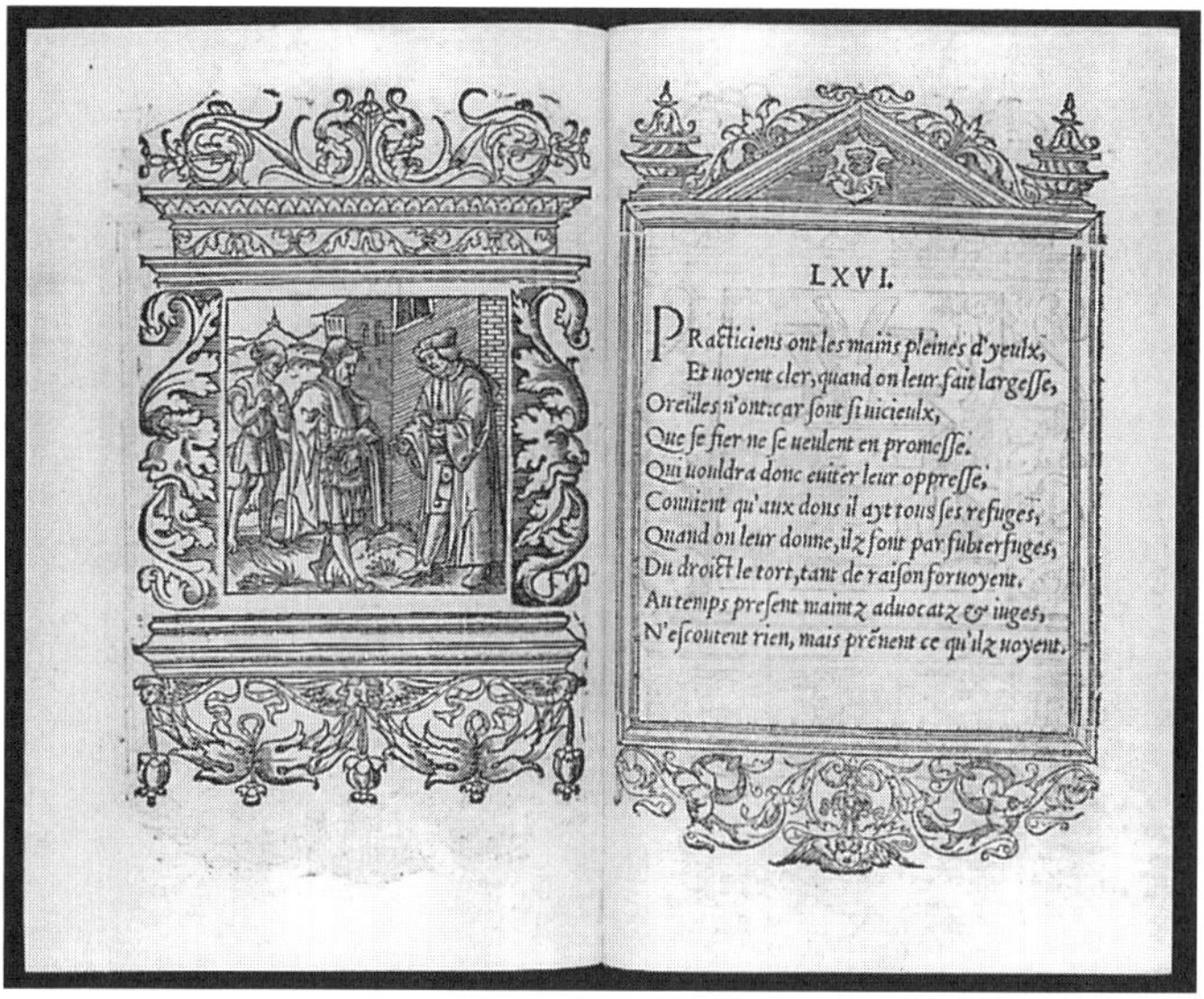

18. 判事をたらしこむ.

ナで争われることとなった。

玉座について、戴冠をおこなってから間をおくことなく、フランスの国王とその宮廷は、パリ、ルーアン、リヨンなど、国内の「よき都市《ボンヌ・ヴィル》」において、公式に入市式をおこなうならわしとなっていた〔「祝賀入市式 joyeuse entrée」と呼ばれた〕。この儀礼は、一四世紀にさかのぼるのだが、一六世紀になると、これが非常に凝った形式の、大規模なものとなる。入市式の挙行される都市は、何か月にもわたり、準備に余念がなかったのである。職人たちは、さまざまの山《だ》車《し》や、絵や、立像を制作した。仕立屋やお針子は衣装をあつらえ、楽士たちはリハーサルを繰り返す。詩人は頌詩や演説を作成し、式典の監督が、パレードの道筋を構成し、水上槍試合、花火、饗宴、「活人画《タブロー・ヴィヴァン》」など、もろもろの催し物の演出をおこなう。

そして入市式のあいだ、国王、王妃、宮廷人は、毎日のように都市にその姿を現し、また都市住民も、あらゆる階層の者が、国王一行の前で、パレードを繰り広げてみせるのである（ただし女性の場合、山車《だし》でなにかの役を演じることはあっても、パレードの際は、もっぱら見る側にまわっていた）。こうして都市全体が、国王に身を捧げるのであり、この華々しいもてなしのあいだに、国王や王妃に対して、宝石をあしらったビロードに包んだ金や銀の像など、実際の贈り物をするのだ。たとえば一五四八年、都市リヨンは、国王アンリ二世に、金製の国王の像を贈っているが、そこには、「信仰《フォワ》」の女神と「恩恵《リベラリテ》」の女神が、ひざまずくライオン〔リヨンの象徴で、Lyon/lion の地口〕を差しだしている姿が刻まれていた。また翌年、パリ市は、新国王のアンリ二世を、ルイ一二世、フランソワ一世という祖先と結びつけたデザインの銀の像を贈っている(23)。

国王もまた、返礼として、その都市に熱烈な感謝を捧げ、囚人の大部分に恩赦を与え、国王宣誓ギルドの都市では、親方職をふやしてやる。また「国王の病気」とも呼ばれた、瘰癧《るいれき》を治癒してもらいたいと集まる、多くの病人に手かざし（ロイヤルタッチ）をおこなうのだった。そして中世後期からの伝統により、国王は、都市政治にとって重要な、制度に関わるふたつのパフォーマンスを執りおこなう。その都市のさまざまな特権や資格を確認すると共に、先代の国王が徴収していた租税のうち、いくつかを免除することに同意するというパフォーマンスである。ロレンス・ブライアントの研究によって明らかになったように、アンリ二世の治世には、このふたつの分野においての改革がなされている。つまり、国王主導という方向でのシフトが起こったのであって、これは、従来の互酬的な権威というコンセプト——権威が、都市・国家・同業組合で共有されているという認識と言い換えることができる——から、国王が付与する特権に収斂するところの、権威というコンセプトへの変換を意味する(24)。

すでに一五世紀末までには、諸特権の確認は、まず宮廷での私的な聴聞会でおこなわれて、その後、入市式の際に人々の前で再確認されるようになっていた。実際、国王即位後は、こうした入市式が何か月も続くのだから、このほうが実情に即していたのだ。しかしながら、アンリ二世時代になると、確認セレモニーの比重は、聴聞会という最初の機会へと傾斜していく。一五四七年の春、リヨンは代表団を派遣して、即位した国王アンリ二世に忠誠を誓い、市の特権、租税の免除、自由都市であることの確認を要請している。国王は、「リヨンの住民が、善良にして忠実な臣下であるかぎり、余も、よき君主であり続けよう」と答えて、先代の諸王による租税免除の特権などを確認する。その一五か月後、リヨンで華麗なる入市式が挙行されたときに、アンリ二世は、これを再確認してはいるものの、その儀式は軽視されて、市の記録にも、出版された入市式の報告書にも記載されていないのである(25)。国王としては、相手の都市での、贈与と、教訓的なスタイルの歓迎行事の折りに、臣下に返答をおこなうと、そこには義務が生じかねないと考えて、むしろ、自分のところに恭順の意を表明しにやってきた際に、確認の返答をおこなう方途を選んだのであり、これが君主に属する国事行為であることを強調したのである。

もちろん、リヨンの名望家たちが、パリやルーアンの名士連中と同様に、逆のやり方を好んだであろうことは、想像にかたくない。宮廷でも、また入市式の際にも、リヨン市民は、自分たちの望みを、つまり、「よき君主《ボン・プランス》」として、いかなるふるまいを、いかなる政策の変更や援助をおこなってほしいかを表明しようと努めている。黄金の像を寄贈するにあたっては、演説がおこなわれ、格調高く敬意が示されるかたわらで、ミョウバンや塩の交易の独占に対する非難が挿入されるのだ。黄金の像に刻まれた「恩恵」の女神のしぐさは、リヨン市民が期待する見返りを、君主に思い起こさせようとの算段であったにちがいない(26)。たとえ国王が上《うわ》の空であったとしても、彼らは国王に直接に語りかけていたのである。

国王に寄せられる請願のうちで、もっとも重要なのは租税に関するものであった。フランソワ一世が死去して、わずか四日後には、パリの市参事会はアンリ二世に対して、その父君に課せられた四万リーヴルの賦課を廃止するように要求している。また数か月後には、リヨンの代表たちが、新しき国王に忠誠を誓った上で、大市での商取引のさまたげとなる、数種類の関税の撤廃を求めている。一五四八年の、アンリ二世によるリヨン入市式のあいだにも、リヨン市参事会は、要塞をほどこした王国の諸都市に毎年課せられる、軍事税の廃止を要求している。この年、都市リヨンの分担金は、なんと六万七五〇〇リーヴルにも上ったのだ。舞台裏では、リヨン市当局が、国王評議会や収税官に対して、この六年間、リヨンがどれほどの軍事税を負担してきたか、そして現在、国王入市式のためにどれほど出費がかさんでいるのか——少なくとも一万六〇〇〇リーヴルと見積もられていた——を訴えたものの、徒労に終わった。公刊された入市式の記録は、「国王陛下は、リヨン市のはたした義務に対して、この上なく有徳にして優渥なる君主として、満足の意を示され、妃殿下とともにフォンテーヌブローに向けて戻っていかれた」と、締めくくられる。だが、六万七五〇〇リーヴルに上る賦課金が、免除されることはなく、リヨン市は期間内に全額を支払うべきだとされた。そして五か月後、国王は、自分を歓迎し、捧げ物をしてくれた、リヨンの大立て者たちを投獄すると、一〇日間の猶予を与えて、賦課金を書き集める手段を見つけさせたのである。[27]

一五四八年のリヨン入市式は、長期的な変化の過程における、小さなエピソードにすぎない。かつて、租税とは、三部会に集まった臣下が、国王におこなう贈与であった。だが、それは、国王が統治の必要に応じて徴収する、継続的なものという、単純な原則に取って代わられたのである。しかしながら、このプロセスで異論が続出して、さまざまな諍いが絶えなかったのだ。一四八四年の三部会は、同意という慣習を強調した上で、シャルル八世の「めでたき即位」にかんがみて、国王に三〇万リーヴルの「贈与」をおこなっている。一六世紀に入ると、この「めでたき即位による贈与」が、いわば国王の権利となり、各都市やその高官から徴収がなされることになったが、それでも、一五六〇年―六一年にかけての三部会や、一五七六年の三部会などは、ある意味で、こうした租税に対する同意を取り付けるべく召集されたのである。[28]

法学者たちのなかには、国王への支払いを、贈与もしくは契約の方式として、あるいは両者の合体したものとして考える学派も存在した。一五八四年に、かつては王税裁判所の弁護士をつとめていたジャン・コンブ〔モンフェラン租税法院長なども歴任〕は、歴代の国王が三部会の意見を聴取してきたから、新しい租税を徴収するのも「簡単だ」と考えることができたのだとして、「上記三部会も、こうした、よき国王の寛仁大度さを認めて、（中略）〈自分たちは陛下とともに生死を共にする所存でありますので、身体と財産とをもって、お助けいたす心構えができております〉と答えたのだ」と述べている。フランスにおいては、「国王の意志こそが法」であったのは確かとはいえ、それでも、「国王と臣下のあいだの（中略）、相互の友愛」が存在しなくてはならないというのである。しかし一方で、国王への支払いは、強制権として構築されていると考える学派もあった。法学者シャルル・ロワゾーの一七世紀初頭の表現を借りるならば、国王が臣下の財布に権利を有しているのは、公共財を保証するためであって、それは有無をいわせぬものであり、これは、「いやがる病人に、薬を与えること」にたとえられるというのだ㉙。

フランスで最後の国王入市式は、ルイ一四世の治世におこなわれた。それは、絶対君主としての国王に完全に焦点が当てられたものであって、平和と調和とをもたらす支配者の栄光を讃えて、従順な、いやしい臣下たちが捧げる貢ぎ物にほかならなかった。なるほど、このセレモニーの終了に先立って、ルイ一四世は、囚人に恩赦を与え、瘰癧《るいれき》患者にロイヤルタッチをおこないはしたものの、もはや互酬性や国王の義務感などは消え失せていた㉚。

だが一六世紀においては、国王の分け前をめぐる衝突はあったにしても、入市式に贈与の要素が存在することが、国王は神のみならず、国民に対して、それも国民が定めるような仕方で、義務を負っているのだという考え方を支えていたのである。

官職をめぐる争いは、国王が付与できるポストが増加したこともあって、一六世紀にはとりわけ激しかった。一五一六年の、ローマ教皇との政教条約《コンコルダート》により、国王は、フランス教会の修道院長や司教などの高位聖職者を任命する権利を手にしたのだし、新しい裁判所を設置できることともなった――たとえば一五五二年には、下級裁判所《プレジディアル》が設けられている。また、官職売買もふえて、それを購入した人間に適性があるのかどうかといった問題も浮上してきた。もっとも、これはまったく新しい慣習というわけではない。弁護士のジャン・サヴァロンは、『官職売買論』〔一六一五年〕で、読者に向かって、官職を拝領した感謝のしるしに国王に「贈与」をおこなうという、メロヴィング王朝の習慣は、早くも九世紀には危ういものとなり、シャルル禿頭王などは、「金銭と引き替えに」官職を与えたといって、告発されるありさまだったと述べている。そして一六一五年に、サヴァロンがこの問題を提起したときには、金に飢えた王制による官職売買が蔓延《まんえん》しており、改革の要求は無視できないものとなっていたのだ(31)。

こうした状況で、臣下たちの気持ちも、国王側の要求をはねつけるように傾いていった。官職を拝領した者は、それにふさわしいからこそ、その地位がころがりこんできたのだろうか？　あるいは、単に国王の意思によるものなのだろうか？　国王は、臣下の長所をしっかり認識しているべきなのだろうか？　あるいは、ただ単に自分の意向に従えばいいということなのだろうか？

ユマニストの法学者ギヨーム・ビュデは、フランソワ一世のために『君主教育論』を一五一九年に編み、この著作は一五四七年に出版されるわけだが、そこでは、臣下の長所を重視すべきだという立場を、はっきりと示している。国王は、贈与にあたっては寛大でなければいけないが、それも寛大にして、公正でなければいけないというのだ。公正なる分配とは、公共の利益に貢献したところの、教養も人徳も兼ね備えた人間にのみ、名誉、役職、恩恵が与えられることでなければいけないというのである。つまりビュデは、贔屓《ひいき》ばかりを探し求める野心家ではなく、自分のようなユマニストこそ、そうした対象にふさわしいと考えたのだった。

学識も人徳もある人間が、祖国と公共の利益のために功績をあげると、覚えもめでたく、国王より、名誉と財産の正当なる配分にあずかることになるが（中略）、このとき、寛大さと正義とが合致するのである。（中略）これが守られない場合は、寛大さは逆に、正義ならざるものとなりはてる。

ふさわしからぬ者に、気前よく贈与をおこなうと、個人的な利益のみを追求する追従者ばかり生まれてしまう。「それにふさわしく、正当だ」と判断した人間に、官職を配分する権限をみずから所有してはいても、国王は、よき選択をおこなうために、忠告を求める必要があるというのだ(32)。

それから半世紀後の、ジャン・ボダン『国家論』は、好きなように官職贈与をおこなう国王の権力を重視する立場と、臣下の資質、要望に重きを置く立場との対立をはっきりと教えてくれる。その官職にふさわしい人物にしか、贈与をできないとしたら、君主の偉大さ、寛大さが十分に認められていることにはならないではないかと、考える人々もいた。君主権という概念を明確にしようとして、執拗に考え続けたボダンは、この議論を取り上げて、ビュデよりも真剣に追究してみたのだ。国王の贈与といっても、官職、名誉、職録、金銭、税の免除、爵位、庶子の認知などなど、さまざまだが、ボダンはまず、これを二つのカテゴリーに分類した——その功績によって与えられる「褒賞《ロワイエ》」と、国王の寵愛によって付与される「特典《ピヤンフェ》」である。そして国王の寛大さとは、まず他に先んじて、「それを当然、受けてしかるべき」人々に向けられるべきものなのである。ところがボダンは、議論を展開させるにしたがって、それには値しない人々にも、君主の贈与がもたらされるべきことについては、次第に煮え切らない態度を示すようになる。

それを受けて当然の人々にしか、国王の偉大さと寛大さが与えられないとしたら、そうした国王の優渥さが認識されないではないかというが、寛仁大度なるものは、偉大な君主にこそふさわしいものなのだ。君主が、しがない職人を出世させて、領主に取り立てたからといって、その者に、それに値するようなにかがあるならば、悪いことだといってはならない。そうではなくて、全然ふさわしくない連中を、有徳の士をさしおいて取り立てて、高官の地位にすえた場合には、当人には利益がもたらされるものの、それ以外の人々には損害を与えることにしかならないのである。(33)

ボダンは、安定した王制に必要だと考える条件を示したのだ。宗教戦争のさなかにあって、彼は謀反や反乱の原因がどこにあるのか、鋭くかぎつけていた。ふさわしからざる者に褒賞が与えられて、これが嫉妬やいさかいを生み、ついには反乱にまで至っていたのであるから。(34) さらにいえばボダンは、「価値」や「功績」に対する当時の観念が、どれほど社会的地位と結びついているのかを、しっかり見きわめていた。貴族は、自分が貴族だというだけで、他人よりも価値があると信じていた。一六世紀の著作では、真の政治的奉仕のために必要な徳を涵養するのには、教育が重要であることがしばしば強調されるものの、「血筋のよさ」を擁護する側は、生まれがよければ、そうした美徳を備える機会がふえるのだと考えていた。若い貴族は、父祖の実例に学ぶだろうとか、貴族の父親ならば必ずや、息子がりっぱなふるまいをするように教育するにちがいないとかいうのであったし、なかには、美徳のための能力は、その高貴な「種」に含まれていて、しっかりと貯蔵されているのだとまで断言する者もいた。新興貴族や富裕なブルジョワジーなど、少しばかり下の社会階層に属する者たちは、貴族が、優れた美徳を有しているだとか、りっぱだとか、いい教育を受けているだとか主張するのに異議を唱えはしたけれど、今度は自分たちが、「卑しい身分の連中」[35]よりも、はるかに、国王の官職に選ばれて当然の存在であることを正当化する段になると、同じような理屈をふりまわすのだった。

したがってボダンからすると、君主は、自分の意志にしたがって贈与をおこなう――あるいはおこなわない――大いなる自由を持っているのだが、臣下の長所・特質や社会的秩序をきちんと考慮すべきであるということになる。国王の配分的正義は、「調和のとれたもの」でなければならず、功績の序列を見定めて、社会的身分と才能に見合った贈与をおこなう必要があるというのだ。

君主という父親は、臣下を子供として扱うのであり、君主の法以外の、人間の法には縛られていないのである。しかしながら、官職の設置や廃止に関しては、きちんと法や規則を定めて、これを守り、だれにでもではなくて、それにふさわしい者だけに、名誉や報奨を付与するようにしなくてはいけない（中略）。もっとも忠誠な者には財布を、勇敢な者には武器を、公正な者には裁判権を……。[36]

これと同時に、君主は、生まれや財産を考慮して、平民よりは貴族を遇さなくてはいけないのだが、さりとて、「嫉妬の炎」を燃え上がらせないようにしなくてはならないのだ。

賢い王は、王国を調和よく支配して、貴族も平民も、金持ちも貧乏人も、優しく混ぜ合わせてやる必要がある。とはいえ、それには貴族を平民に対して優位に置くという分別を欠いてはならない。というのも、武勲においても、法においても優れたる貴族が、法官の職であれ、軍人の職であれ、平民よりも厚遇されるのは当然の話なのだ。また、他のことでは貧しき民と同等ではあっても、富裕なる者が、金銭よりも、むしろ名誉となる地位に、好ましいとされるのも、そしてまた、貧しい者が、名誉よりも金銭をもたらす官職を勝ち得るのも、いずれも理にかなっているのだ(37)。

ほかのところでボダンは、社会秩序に対してさらなる譲歩をおこなっている。ボダンは、ラテン語版だけに現れる一節において、能力が同等のときには、貴族や金持ちを優遇するということにとどまらず、平民や貧乏人に比して経験が足りない場合でも、反乱を避けるために、君主は名誉を金持ちと貴族に分け与えることを勧めている。その際、能力が十分でない者に、熟練した人間を付けてやって、その欠陥を補ってやるようにすればいいというのだ。ボダンはたぶん、財産を受け継いだ人間ならば、貧乏人に比べて、買収される危険も少ないのではと、単純に考えていたにちがいない(38)。

ビュデやボダンの目からすると、一六世紀のフランスにおける、国王による贈与の慣行の実態なるものは、矛盾だらけなのであって、国王も臣下も満足してはいなかったのだ。名誉ある官職であって、ボダンがいうところの「報奨」の、完璧な実例でもある、ルーアン高等法院判事の任命について、具体的に見てみよう。一五四〇年代、新たに判事として任命された際には、国王への支払いをおこなう必要があった。それは、王国の緊急事態を助けるための貸し付けという名目であって、一五二〇年代初頭、パリ高等法院の役職の任命に関しても、同様の支払いがなされていた。貸付金であるから、返済される可能性があるという理屈だけは、当初はしっかりと守られていた――官職の獲得は市場の取引ではないし、支払いは、あくまでも善意のローンというわけであった。それのみならず、新たに判事として任命してもらうには、ノルマンディの貴族階級に属する、法曹界の大立て者の手をわずらわせる必要があり、そうした人物の推薦が不可欠であったのだけれど、彼らもまた、その見返りとして、新判事からのなにがしかのサービスを期待していた。官職の付与を認める国王書簡には、新判事の美点が列挙された。「当人の、良識、知性、忠誠心、誠実さ、経験、大いなる情熱に関して、申し分のない報告がなされた」ことに鑑みて、といった具合である。そして新判事は、宣誓に先立って、ルーアン高等法院において、それまで受けてきた教育、法律の知識、清廉潔白さ、修辞学の能力といったものを、証明してみせなくてはいけなかった(39)。

王国の官職は、ほぼどれも、こうした支払いとパトロネージの組み合わせにより獲得された。王権が官職を堂々と競り落とさせるようになった、アンリ三世の治世においても、国王允許状では、相変わらず、その者の功績など、官職受領に値する特質が強調されている。事実、一五七九年のブロワの王令も、そうした報告の必要性を規定しているのだ。リヨネ地方における、国王による「官職贈与」の記録を、一六世紀全体にわたって調べてみると、その種の文言が入りまじっていることが見てとれる。つまり、目明かしや牢屋の看守から、収税吏やリヨネ国王裁判所の判事にいたるまで、国王は、そのつど役職志願者に関する「よき報告」を受け取って、その者の「良識、知性、忠誠心、誠実さ、経験、そして大いなる情熱」に、「全幅の信頼」を寄せることになるのであって、しかるべき場合には、当人の「教育」や「経験」にも付言がなされている。おまけに、そうした「よき報告」の出所が示される事例も多い。たとえば、一五四六年、フランソワ・シャルランがリヨネ地方の「国王の外科医」に任命された際には、筆頭外科医にして、「国王の侍従《ヴァレ・ド・シャンブル》」の貴族、アダム・デシャーヴが推薦人となっている。ただし允許状で、支払いに言及がなされることは、めったにない。一五五六年初頭、ネリ・ド・トゥールヴェオンは、リヨン代官所《セネシヨセ》の奉行となるべく、エキュ金貨四〇〇〇枚を支払っているが、高い地位を射止めるために大金を貢いだことになる。こうした例をのぞけば、支払額は、紙面の片隅に小さな文字で書き留められていたり、あるいは、別の国王関連の帳簿に記載されるにすぎないのである[40]。

はたして国王は、官職贈与にあたり、当人の功績や身分をしっかり認識することを求められているのだろうか？　あるいは、至高にして、寛大なる贈与者として、自分がいいと思った人物に、必要とあらば、それを売り渡すことができたのだろうか？　いずれにせよ、国王の贈与をめぐる争いは、フランスでは解決されなかった。こうした対立・争いが、アンシャン・レジームという時期の特徴なのでもある。

一六世紀においては、贈与がむだに終わった場合は、深刻な状況を招いた。一方で、人々は、贈与のシステムに依存することによって、おたがいの連帯感を築き、人間関係を確かなものにすると同時に、それを穏やかなものとして、奉仕を認めあい、財を流通させ、保護・縁組み・昇進を希求した。

また他方では、こうした贈与による関係が、たえがたい負い目となり、腐敗堕落の温床ともなっていた。贈答儀礼にともなうことばづかいは不純で、いつわりのものであり、「奉仕《セルヴィス》」「長所・功績《メリット》」「報奨《レコンパンス》」といったことばの意味が、ねじ曲げられていると主張する人々も存在した。家族生活、パトロネージ、国家において、強制力なるものが贈与関係を書き替えてしまうことが、不信や不和を生んでいたのだ。そこで王国は、官職に支払いを求めることにより、名誉・恩典・利益の分配をめぐって異議申し立てを受けていた、既存の贈与システムに、売買というモードを導入したのである。

しかしながら、贈与と義務というリズムにどっぷりつかった社会が、贈与がうまくいかないからといって、どうすればいいというのか？　贈り物など、全部やめてしまえというのか？　そんなことは考えられない。互酬性の善悪を選別すればいいというのか？　それにしても、どうやって区別すればいいのだろうか？

アテネのティモンという「人間嫌い」の話は、プルタルコス〔『マルクス・アントニウス伝』〕、ルキアノス〔『ティモン』〕などを通じて、一六世紀フランスの教養人には知られていた。この人物に磨きをかけたシェイクスピアの芝居では、最初は、とても気前よく物をばらまいていたタイモン〔ティモンの英語読み〕であったが、いざ破産して無一物になると、あれほどおべんちゃらをいってくれた客やお追従者から見捨てられてしまい、彼は辛辣な人間に変貌する。かつては、「わたしたちは、親切なおこないをするために、この世に生まれたのです」と広言していた、タイモンなのであった。ところが今では、洞窟の奥から、「出会う奴らは、みな泥棒だ」と、山賊たちにこう語りかける。

太陽は泥棒だ、その強大な吸引力で大海からはぎ取っている。月も大泥棒だ、その青白い火を太陽からかっぱらっている。海も泥棒だ、あの大波は月を溶かしてしょっぱい涙にしたものだ。大地も泥棒だ、みんなの排泄物から盗みとった堆肥で、ものを養い育てている。どいつもこいつも泥棒だよ。きさまらを手荒い力で取り抑えて、むちうつ法律だって、勝手気ままに泥棒をはたらいている。身のためなど考えるな。行け、たがいにはぎ取りっこしろ(41)。

〔『アセンズのタイモン』第四幕第三場、八木毅訳、《シェイクスピア全集8》筑摩書房、一九六七年〕

またモンテーニュは、皮肉にみちた短いエッセイで、「一方の得が、他方の損になる」次第を語っている〔第一巻二二章。一五九五年版だと二一章〕。小麦が高騰すれば百姓がもうかるし、建物がこわれれば大工がもうかり、人が病気になれば医者が繁盛し、争いごとがふえれば裁判官や弁護士がもうかり、人々が悪徳に屈したり、死んだりすれば、教会の神父さまは大忙しというわけである。そして、「もっと悪いことに、各人の心の奥を探ってみるならば、われわれの内心の願いの大部分が、他人を犠牲にすることで生まれ、はぐくまれている」ではないかと彼は述べる(42)。自然にしても、その誕生や成長を、他のものの変質や腐敗と結びつけているではないか、というのである。

はたして、人間の互酬性という果実を信じることができるのだろうか？　「無償でもらったのだから、無償であげるのです」と、イエスのように考えることができるのだろうか？

7　贈与と神々

神は、人間の所有物の原初の付与者として、あらゆる贈与のやりとりの観察者として、また時には受贈者として、すべての贈与に荷担しておられる。贈与の流れは、ここでは特権的な性質を帯びる。それは社会における交換なるものの模範となり、その処方箋を提示することができる。宗教制度のなかでの贈与関係もまた、特別のステイタスを有していて、他の制度内での贈与行為の基調を定めるものとなる。宗教的なふるまいや、その隠喩《メタファー》は、広く人間の互酬性なるもののパターンを定めるのに寄与してきたのである。

だが、そうした規範についていえることが、分裂や切断についてもいえるのだ。互酬性をめぐる不確定性や対立が、一六世紀フランスの宗教論争のなかにも、流れ込んでいるのである。贈与関係の多くの領域にのしかかっていた、恩義というプレッシャーは、カトリックの救済方法を批判するプロテスタント側のなかにも、不安にみちた表現として顔を出している。一六世紀の宗教改革は、その深い意味合いにおいて、贈与をめぐる争いなのであった。すなわち、はたして人間は神に返礼することができるのか、神に恩義を負わせることなどできるのか、相互に贈与をおこなうべきだとして、それは人間にとってなにを意味するのかという問題をめぐる争いである。こうした宗教対立は、独自の立場から、固有の展開を見せていくとはいえ、実際は、これまでに検討してきた、臣下に対する国王の義務をめぐる争いとパラレルなものといえる。本章では、人間と聖なるものとの関係性をめぐる、一六世紀の考察のなかから浮上してきたところの、相互の恩義を構築するための四つの異なる方法についての述べてみたい。はたしてそうした方法は、「出会う奴らは、みな泥棒だ」というタイモンの絶望に対して、しかるべき答えを提示することができるのだろうか？

カトリックの贈与システムは、聖なるもの、とりわけ神からの賜り物は売買不可能であるという、古くからの観念の上に成立していた。もちろん実際は、聖職に就くために、修道会に入るために、何百年にもわたって金銭の支払いがなされてきたわけであるが、こうした習慣は、聖職売買（シモニア）の罪だとして、たえず糾弾されてきた。教会とは、流れるように贈与が動いていく組織なのだという考え方は、教義においても、教会法においても、はっきりと定められてきた。一五七〇年の『絵入り新約聖書』でも、この主題が明示されている。（**図版19**）その図版では、元魔術師のシモンが、手をかざすだけで聖霊を授けることができる能力を、使徒たちから、金銭と引き替えに買い取ろうとしている。するとペテロは、「良心なき男よ。おまえは、神からの賜り物を、金や財産で手に入れたいなどと思っているのだな。ならば、おまえの金など、おまえを滅ぼしてしまえばいいのだ」（「使徒行

ACTES CHAP. VIII.

Simon preſente aux Apoſtres de Chriſt
Argent, à fin d'auoir meſme puiſſance
Qu'eux de donner aux gens le ſainct Eſprit
Par le toucher des mains: à luy s'auance
Sainct Pierre & dit, Homme ſans cõſciẽce,
Puis que d'auoir tu as preſomption
Le don de Dieu par argent & cheuance,
Soit ton argent à ta perdition.

Gg 4

19. シモンが，使徒から精霊の能力を買い取ろうとする．

伝」八・二〇―二三）と述べるのだ。(1)

カトリック制度の特徴とは、非常に複雑にして、分節化された互酬性を有することであって、そこでは多くのものが――ロウソクから信仰に至るまで――、贈られている。生者と死者とのあいだで、交換がおこなわれるのだ。すでに見たことだが、「死者の日」（一一月二日）には、さまよう霊魂のために食べ物が捧げられる。死者の霊は生者たちを訪ねて、警告する。そこで煉獄のあわれな魂のために、人々は祈りを捧げる。そして、人間のために神に取りなしてくれる聖人たちには、その像やロウソクを奉納する、といった具合である。

俗人と聖職者のあいだでも、交換がおこなわれる。俗人は、聖杯（カリス）、司祭服、教区の旗、賽銭などを捧げる。その見返りとして、聖職者は祈りを捧げ、ミサという儀礼により神への仲介をおこなうのだ。個人のミサや、毎年の死者追悼のミサでは、金銭を奉納するものの、それが、単なる対価としての支払いではなく、贈与という慣例にのっとったものであることの象徴として、毎回、異なる金額が支払われている。リヨンのサント＝クロワ教会での、毎年恒例の死者追悼ミサでは、通例は二スー、一〇スー、二〇スーといった賽銭が求められたが、貧乏人のために祈るときには、「憐憫の念がまさり、無料の場合もあった。パリの神学博士ルネ・ブノワは、十分の一税《ディーム》〔教会の維持のための〈初穂料〉であったが、その後、その権利が世俗に譲渡・売買されるようになった〕は一種の贈与である、俗人が、司祭の仲介によって、最初の収穫の奉納を神に捧げているのだとまで述べている。奉納によって、農民たちは、主から、さらなる霊的・物質的な恵みを受け取る備えができたのだ、「その真心より、その自由な意志により、十分の一税《ディーム》を支払う者を、神は繁栄させるのである」というのだ。そしてブノワは、聖職者たちに対して、十分の一税《ディーム》をしかるべく活用すること、世俗のことではなく、神の栄光のために、教会の修復のために、信仰の維持と貧者の救済のために活用すべきことを説くのである(2)。

聖職者の周辺にも、さまざまな回路の贈与が存在した。遠隔の地にいる教皇への支払いよりも、はるかに重要なのが、修道士相互の交換であり、司教区、都市、教会参事会、修道会のあいだの交換であった。ある司祭に、聖職録は別のだれそれにあげるから、あきらめてほしいと頼んで、承知してもらったとする。すると、そのお返しに、その司祭をワイン付きの食事に招き、「貸し付け《プレ》」をおこなって、ミサのための基金に充当するのだった。また、新しく教区司祭になった者は、自分を指名して、引き立ててくれた上位聖職者に、ロウソク用の蠟を送るのが習慣となっていた。新しい司祭や参事会員は、仲間の司祭たちに受け入れられたことで、「信仰心に揺さぶられて」、教会参事会のミサ用の基金を設けたりしていた(3)。教会参事会のお歴々や、修道院の僧侶たちは、毎年、列をなして、おたがいを訪問しあったのだし、特定の祭日には、いっしょに祈願をおこなっていた。そして、それぞれの聖遺物を持ち寄って、会食をおこない、なにがしかの金銭のやりとりをしていた。典礼により客人を歓待するというシステムが働いていたのだ(4)。もっぱら隠遁していると思われがちな女子修道院も、使者を介して、聖遺物や信仰書のやりとりをしていた。一五一七年、パリのモンマルトルにあるベネディクト会修道女たちは、リヨンのサン＝ピエール教区のベネディクト会女子修道院に、そのサン＝ピエールの丘で、その昔に殉教したキリスト教徒の耳をひとつと肋骨を三本、寄贈している。教区付きの司祭は、自分たちの信心会《コンフレリ》を擁していて、ともに宴会をおこなったり、資金管理も共通にしていたりしたから、無用な争いも減ったし、仲間意識も醸成されて、おたがいに支え合いながら、神への奉仕に身を捧げていたのである。(5)

そうした教区司祭たちは、遺言書でも、おたがいのことを忘れはしない。聖歌隊の少年や、教会参事会員に、教会の修復用に、自分の聖職を受け継ぐ者に、そして司祭や修道女となった親族に遺贈をおこなっている。(それらの遺言書からは、俗人が友人・隣人間で、ごくふつうに貸し借りをしているのと同じように、彼ら聖職者も、おたがいに少しばかり融通しあっていることが判明する)。リヨンのサン＝ポール教会の聖歌隊長アメ・バロナは、宗教戦争によって荒れ果てた教会と穀物倉の再建のために寄付をおこなう。その死後、この寄進を記念して、教会参事会は、「この寄進のことをいつまでも記憶にとどめ、あらゆる悪徳のうちでも最大のものの、忘恩によって、その名を汚すことのないように」と、教区ミサで「メメント」を唱えたあとには、祭壇でかならずアメ・バロナの名前を挙げることにしたのだった。(6)

信心会《コンフレリ》は、同業の職人たち、同じ教区や、町村など、とりわけ俗人のあいだで形成されていた。メンバーは二〇人そこそこのものから、数百人に及ぶものまでさまざまだったが、たいていは四〇人から六〇人ほどの会員が基金を設けていた。会員は、ともに祈りを捧げ、ミサの後の祝別されたパン《パン・ベニ》を分かち合い、争いを仲裁し、病気になれば助けを差しのべ、葬儀の手はずを整え、そして毎年、恒例の宴会を開いて飲み食いした。(7)

平信徒も聖職者も、祝祭などの際には、貧民に寄付をおこなった。飢えたる者のために、戸口に食料を置き、信心会の宴会のときにも、そのようにした。また、教会の入口で乞食に施しをしたり、葬列でローソクをかかげて歩く貧民に衣服をあげたり、貧しい少女には持参金を残したり、施療院の病人たちには、食事や毛布を提供したりしていた。そこにはいつも、そうした恩恵にあずかった者は、感謝の念を抱いて、寄贈者の魂のために祈らなくてはという気持ちになるはずだとの期待感がひそんでいた。

そして最後に、神への贈与があった――あらゆる贈与は、神に由来するのだから。貧者への施しは、同時に神への寄進なのだと、しばしば書かれているが、寄贈者の功徳に神が注目されて、その者の救済に一役買ってくれるのではないのかと考えられていたのだ。幼な子イエスの神性を讃えて、訪れた東方の三博士が、黄金、乳香、没薬《もつやく》を捧げる場面（「マタイによる福音書」二・一―一二）が、しばしば絵画に描かれて、教父の時代にまでさかのぼる伝統として議論された。こうした注釈によって、寄贈行為に精神的な意味づけがなされたおかげで、――たとえば没薬は、キリストの復活を象徴するといった具合だ――、信者は、それらの行為を再現する必要はなくなった。公現祭（一月六日で、東方の三博士による礼拝の日とされる。英語だとthe Feast of Kings）の贈与は、近所の人々への甘いお菓子などに変わり、陽気な宴会やダンスにより、神聖な響きも弱められたのである。(8)

贈与をめぐって、なんといっても中心となる象徴的な行事は、ミサ聖祭であった。ミサにおける犠牲は、キリスト教神学者が何世紀にもわたって思索を重ねたものであるが、文化人類学者や、その影響を受けた歴史学者によって、人間と神とを、至高にして最重要の方法で結びつける奉納だとして論議されてきた。人はそこで神を讃え、神に感謝し、神への畏怖の念を示すのである。人々は、共同の成員《コミユニオン》として、かつまた食事《コメンサリテイ》をともにする者として、その場に呼び出される。だが神にとっても、人間にとっても、犠牲が必要なのである。アンリ・ユベールとマルセル・モースが一八九九年に発表した共著論文「犠牲の性質と機能について」の表現を借りるならば、「神々がそれを要求した」ということになる。人間による寄贈こそが、神を生きながらえさせるのであって、「収穫からなにも貯えられなければ、麦の神も死んでしまうではないか」というのだ。またインガ・クレンディネンは、一六世紀前半メキシコの大地の神を、大地の恵みに養われた人間の肉に「飢えた」存在として記述している。メキシコにおける犠牲とは、「大地に養われた肉と血とを、大地に返却すること」により、神々に対する「心ならずの負債」を返却する儀式だというのである(9)。

人間の側も、アステカ人の場合のように、食べ物を恒常的に確保するために、あるいは神々の機嫌をとって、その怒りを鎮めるために、犠牲を必要とする。供物を捧げる人々を、いわば「身代金」を支払って受け戻すために、全能の神に犠牲者が捧げられたのだ。「買い戻すという観念を伴わない供犠は存在しない」と述べて、ユベールとモースは、供犠を、厳密な互酬性にもとづく贈与交換として構造化するのであり、これは、二四年後のモースの『贈与論』を予告している。「犠牲を捧げる者が、自分のなにかを与えるのは（中略）、ある部分では、なにかを受け取るためである。つまり、犠牲とは、二重の様相のもとで差しだされるのだ。それは有用な行為にして、義務なのでもある。そこでは無私無欲が、私利私欲と混じり合っている。こうした理由により、供犠はしばしば、契約という形で思い描かれてきたのだ(10)」。

一六世紀のカトリック教徒も、ミサにおける犠牲を、このようなものとして考えて、わが身に受けとめていたのだろうか？　教区のミサの進み具合を検証してみることで、贈与と返礼というテーマを見定めてみたい。奉献の行列に次いで、ミサ典文が唱えられる。信者たちは、ロウソク、ワイン、パン、聖職者や貧者のための施し物を、祭壇にまで持参する。そして聖杯（カリス）をおおっている布に口づけをして、「あなた様に捧げるささやかな贈り物を、お受け取りください。わたしの悪しきおこないすべてと引き替えに、あなたに捧げます。あなた様が、アベルの贈り物を受けたのと同じように」と、フランス語で祈りを捧げて、これが主への捧げ物であることを述べる。

それからミサ聖祭を執行する司祭が、パンとワインという実体を、主に捧げられるべき、キリストの正真正銘の血と肉に変える儀式をおこなう。この儀式には、終始、贈与を示す発話が伴う。イエス・キリストの名において、父なる神に対し、犠牲を祝福し、聖別していただきたいと祈願するのである。そこではパンとワインが、「これらの贈り物、これらの寄進、汚れなき聖なる犠牲（haec dona, haec numera, haec sancta sacrificia illibata）」と呼ばれる。そして司祭は、カトリック教会の名において、つまり、ミサに参列している信者のみならず、生きているすべてのキリスト教徒、天国の聖人、煉獄で痛悔の心を抱いている死者の名において、この捧げ物を奉納する。こうして父なる神に対して、和解のしるしに捧げ物を受け取っていただきたい（ut placatus accipias）、そちらから頂戴した聖体のパンとワインを、優しく、好意的な目で見ていただきたい、「あなたは義の子であるアベルの贈り物や、われらが族長アブラハムの犠牲を、聖なる犠牲を気持ちよく受け取り、大いなる祭司メルキセデクがあなたに捧げた聖なるパンを、喜んで受け取られたのですから、それと同じように、これらを受け取っていただきたい」と祈るのである。[11]

見返りへの期待は、祈願という形で示される。「主を忘れるなかれ（Memento Domine）」においては、ミサに集まった信者たちの前で、奉納の儀とともに特定の個人の名前が挙げられて、「これは彼らと彼らの親族を讃える犠牲なり、彼らの魂の贖罪と、その救済への希望と、その健康を祈願するものなり」と述べられる。そして「かくして、これを（Hanc igitur）」のところで、これらの捧げ物を、心安らかに手元に置かれて、彼らを永遠の死から救いたまえとの祈りがおこなわれる。こうした聖体の奉挙（エレヴァティオ）に関して、一五二〇年の信仰の手引きには、女性信者のなすべき祈りが次のように記されており、いかなる見返りが期待されていたのかをうかがわせてくれる。

永遠の父なる神よ、あなたが祝福された御子《みこ》が、木の十字架によりあなたになされた犠牲を、お渡しいたします。（中略）この聖なる犠牲によりまして、わたくしの罪をすべてお許しくださり、あなたの聖なるご意志を、ぜひとも、すべてのものに恵みたまわらんことを(12)。

こうして祈願は続いていく。「もう一度、思い起こせ（Memento etiam）」の個所では、死んだものの、まだ天国に行けない信者の運命を、よりよきものにしていただきたいと神に祈る。そして信者たちは、罪深い存在として、わが胸を叩き、司祭が、いつの日か、この者たちも天国の聖人のお仲間に迎えてくださらんことをと、神に祈りを捧げる。最後に、聖体拝領の直前に、司祭はひれ伏して、あらゆる罪が赦免されて、聖霊に満たされるために、キリストの血と肉とを、しっかりと拝領いたしたいのですと、主に嘆願するのである(13)。

ミサ聖祭という供犠に関する、一六世紀のカトリック側の注解は、中世神学にもとづいて構築されたが、プロテスタント側の手厳しい攻撃に対抗するようにして、深化をとげていく。一五六〇年代、リヨンやパリで説教をおこなった、大物イエズス会士アントニオ・ポッセヴィーノは、犠牲とは、神の怒りや憤慨をしずめて、神への崇敬の念を示し、神を讃えるために、清められたものを捧げることだと説明している。牡牛や子牛を捧げるユダヤ教の供犠が予示していたごとく、ミサとは、旧約聖書の救済の約束をはたすものなのだ（図版20・21・22）。ポッセヴィーノによれば、その目的とは、祝福された、聖なる連帯感によって、われわれを神と合一させ、仲間に加えることだという。あるいは、別のイエズス会士、エドモン・オジェ〔アンリ三世の聴罪司祭もつとめる〕の表現を用いるならば、「すべての忠実なキリスト教徒を、友愛と、平和と、融和の身体のうちに護持すること」であった。またルネ・ブノワは、パリのサン＝ユスタシュ教会に集う信徒たちに向かって、生者や死者の罪の許しのために、そして受難の記憶を深く刻むために、ミサのあいだにキリストは、父なる神にいけにえとして捧げられるのだと説教している(14)。

世俗語で書かれた、こうした神学書のどこを見ても、犠牲を捧げたことによって、父なる神が「恩義を感じる」ようなことはない。神が、こうした「捧げ物」に対して、「感謝の念」を示すことはなく、神の返礼が、ミサそのものの結果だとは書かれていないのだ。一二世紀の文書における、「神への贈り物」をめぐる意味論的な場を調査した、ベルンハルト・ジュッセンは、munus（供物）は、remuneratio（報い、あるいは返礼）とではなしに、むしろ cor（心）と結びついているのであって、東方三博士の奉納のように、りっぱな態度と感情によって神に捧げ物をすべきことが示されている事実を明らかにした。神は、もらった捧げ物に対して返礼するのではなく、他人に善行をおこなった人々

SACRIFICIVM.
Sub Lege Naturæ.
Thomas de Leu
Statinatque homo creatus fuit naturali ipso instinctu, patrem Creatoremque suum
agnoscere amare, varijsque honoribus venerari cœpit: primus enim Abel victi-mas Deo
immolauit; deinde Noe, post hunc Abraham. Denique omnis posteritas varijs sacrificiorum generibus
supplicauit. Vnde spes, et diuinitatis timor et reuerentia in vniuerso mundo accreuit.

20. トマ・ド・ルー《自然の掟による犠牲》.

SACRIFICIVM
Sub Lege Moysis.
Thomas de Leu. ex.
Cum populus Israel Aegiptum reliquisset ac mare rubrum siccis pedibus transiisset, 2
Creator cunctipotens alios supplicandi ritus aliamque dedit legem quam in binis
tabulis scriptam accepit Moyses, qui Imperio Dei eas publicauit, exposuitomnesque eius
ceremonias edocuit, vt huiusmodi mysteriis nostræ redemptionis gratia significaretur.

21. トマ・ド・ルー《モーセの掟による犠牲》.

SACRIFICIVM
Sub Lege Euangelica.
Thomas de Leu ex
At Christus iussu patris factus homo, mirandum nostræ salutis opus perfecit;
Et sic mysteria nouæ legis, in cruce aperuit et compleuit ac corporis sui sacrificium
instituit non animalium cæde, imò sub panis et vini specie se nobis dedit manducandū,
ita vt hoc beneficio iter cœli nobis facile reddiderit sic Deus ab omni æuo cultus est.

22. トマ・ド・ルー《福音の掟による犠牲》.

に報いるのである。[15] 一六世紀の教訓書などでも、こうした正しい感情の必要性が説かれている。正しい信仰心でミサを拝聴するためには、一般のキリスト教信者は、キリストの苦難に思いをはせて、「そのことを深く心に刻みこむように努力して、涙を流すまでにしなくてはいけない」のだ。トゥールーズで長年にわたって異端審問官ならびに説教師をつとめたエスプリ・ロティエは、ミサが供犠であることを率直に認めてはしても、教会の意図は、「われわれのあやまちを贖《あがな》って、帳消しにすることではなく、われわれを父なる神と和解させて、かつて洗礼を受けたあとで、あやまちにより失われてしまった、この洗礼という恩寵を回復させることである」[16]と、述べている。

そうはいっても、ミサとは恩寵の源泉であり、聴罪司祭も説教師もこぞって、悔悛の情と敬虔な信仰心という、正しい心でミサに参列するならば、ただちに、あるいは近い将来に効験あらたかとなろうと教えていた。神は、小罪のみならず、忘れてしまった大罪をも許したまい、その罰は消滅したというのだ。ミサのあいだに想起された、煉獄で痛悔にさまよう魂も、解きはなたれて、天国へと向かう。「ミサによって、魂はかならず煉獄から引き離される」という民衆の格言のとおりなのだった。（ただし、フランシスコ会士ジャン・ベネディクティは、聴罪司祭向けの著作で、たしかにそうかもしれないが、それはその人が祈りを捧げた魂とは別の魂のことではないのかと警告している。） 敬虔なる気持ちでミサ聖祭に出たあと、人は肉体も意志も強いものとなり、邪念や悪魔の誘惑への備えもできて、悪しき情念に負けはしない。「聖アンブロシウス〔神々の食物であるアンブロシアambrosiaとの地口であろう〕いわく、ミサの後では、よけい食事が体のためになると」というとおりで、人々はミサが消化を助けるとまで思っていたのである。

ミサ聖祭における捧げ物は、その時々の具体的な要求をかなえるための手段ともなった。妊娠・出産や航海の無事を祈ったり、発熱、暴風雨、家畜の伝染病から守ったりといったことが、一五一〇年にリヨンで出たミサ典書には書かれている。もしも結果が好ましければ、信者たちは、父なる神への「これらの捧げ物や贈り物」のおかげだと考えた。なかには、ミサにおける聖別や犠牲といった儀式の威力を、すっかり信じこんで、薬草や、願いごとが書かれた紙片を、祭壇の布の下にそっとすべり込ませて、「魔法の力を授けてもらおう」とする連中もいた。[17]

プロテスタントの側からすると、ミサとは、神に身代金を出すようなものであって、贈与によって神を強制するものだとしか映らなかった。しかしながら、カトリック信徒の方は、教養のあるなしにかかわらず、こうした決めつけを、あまりに厳しすぎると感じていたのだ。ユベールとモースによる供犠の一般化も、同様で、カトリックの場合に見られる曖昧さや非対称性を無視している。イエスの犠牲的な死を再演することで、父なる神の気持ちは静められ、和解へと向かったのであって、それ以上の恩義を着せられたのではない。捧げ物に伴う頼みごとに、神がどう反応するかといえば、それは、多くの要素によって決定されるわけで、そこには計り知れないことが存在するのだ。神がなぜ、カインの捧げた麦を受け取らずに、アベルの捧げたヒツジを受け取ったのか、だれも正確には知りえないではないか（「創世記」四・二―七）。それでもミサは、人間と父なる神とのあいだの、「贈与による、親しい互酬性のモデル」を構築したのであり、ここでは、交換のエネルギーが同一の場のなかを行き来して、これが頻繁に繰り返されることによって、人間が神の好意に託す希望がつちかわれているのである。

では一六世紀のいつごろから、カトリックの贈与システムは、これに加わる人々を困らせることになったのか？ どこが、カトリック内部の改革派からの批判にさらされやすかったのだろうか？ まず第一は、捧げ物という習慣が、しばしば、支払いへとシフトしていったことである。司祭は聖なる品々の売人《トラフィッカー》ではないかという、プロテスタント側の攻撃によって、「シモニア（聖職・聖物売買）」という古くからの問題が激化したのだった。カトリック側からすれば、教会参事会員が、毎日ミサをおこなってくれる司祭に穀物や金銭をあげるのは正当なことであった。働く者は報酬に値するのであって、賃金は当然の礼儀でもあった。では、俗人が、司祭の説教に対して金を渡したり、あるいは、告解を聴いてもらったり、ミサをあげてもらうために、司祭に金を払うのは正当なことなのだろうか？ イエズス会はこれを否定して、この種の金銭を受け取ることを、その成員にいっさい禁じた。一方、フランシスコ会士のベネディクティは、金銭を要求した時にかぎって「シモニア」となるという判断を示している。⑱

一五七二年のリヨンでの挿話は、こうした点におけるカトリック側の曖昧さをはっきりと物語っている。イエズス会士アントニオ・ポッセヴィーノは、サン＝ニジエ教会で四旬節の説教をおこない、教区の信徒たちは熱狂的な反応を示していた。ところがポッセヴィーノが、教会に説教を聞きに来た人々からお金を集めるという「古い習慣」はやめようではないかと説いたために、教会の世話役たちはびっくり仰天してしまった。説教しても、なにも受け取りませんからと、彼は誓ったのだ。そこで世話役たちは、教区としては、こうした機会以外に収入の手段はないし、募金をやめたりすれば、これから先、説教する司祭たちも困りますからと説明した。するとポッセヴィーノは、「托鉢修道会」

からやってきた説教師のためにそうするのは理にかなっているといって、募金を認めたものの、こうやって集めたお金が、わたしではなく、彼ら貧しい修道僧に行くのだと告知してほしいと述べたのである。(19)

カトリックの交換のシステムにおいて、もうひとつ欠けていたのは、綿密さというか、しっかりした互酬性であった。気前のよさといっても、それは、自分の親族、聖職者仲間、教会の仲間、使用人など、限られた集団のなかで発揮されているにすぎなかった。ことわざに「床屋は、おたがいのヒゲを剃る」というけれど、好意は家の周辺に限定されていたのである。

そこでカトリックの改革派は、アッシジの聖フランチェスコと弟子たちが、何世紀も前におこなったように、こうした限界をうち破ろうと試みた。エラスムスは、慈悲や憐れみを、捧げ物よりも上位に位置づけて、捧げ物は、キリスト教の法を守るための形式として、ゆるやかに規定した。そして贈与は、教会の建物に、豪奢な装飾をおこなうよりも、貧しき人々に使われるべきことを述べた。パリでも、ルーアンでも、リヨンでも、新たな都市の慈善システムが作られて、寄付は、貧民用の基金として集約されたのち、困っている人々に配分された。市当局は、さまざまな問題を抱えていて、民衆の反乱を危惧していたし、貧民を通りから排除したくてたまらないとも思っていたから、こうした変革に着手したわけだが、それをカトリック改革派が後押しすることもあった。一五一八年、エラスムスは、「市民の総体とは、大きな修道院のようなものではないのだろうか」と書いている。その六年後、仲間のユマニストのフアン・ルイス・ビベス〔スペイン生まれだが、ベルギーのブルッヘ（ブリュージュ）で活躍した〕が、「キリスト教の慈善が、都市に広がり、それを、全員が和合して、まとまって暮らせる家に変えるだけではなくて、その外部にまで展開していって、キリスト教世界全体を包み込むようにしなくてはいけない」と声をあげると、イープル〔フラマン語だとイーペル Ieper。フランスとの国境に近い、ベルギーの都市〕の貧民を対象として『貧民救済論』〔一五二六年〕を著し、具体的な提案をおこなった。またリヨンでは、一五三〇年代に、改革支持派の司祭ジャン・ド・ヴォーゼルが似たような役割をはたして、その説教において、「施し物は、死者ではなく、生者のためでなくてはいけない。それが人をよみがえらせるのだ」と述べている。都市の城壁内に限定され、健常な物乞いは排除されてはいたものの、いまや、援助を受ける人々の輪は、かなり広がっていた。新たな貧民救済システムにおいても、贈与者と被贈与者との接触は可能ではあったが、以前は、家々の戸口で、あるいは近所や教区内で施し物を差しだしていたのだから、その距離はずいぶん遠ざかった。リヨンの場合、毎年、復活祭の行列への参加者――孤児や、市の救貧名簿に載った貧民――は、慈善家たちのために祈りを捧げなくてはいけなかった。一方、観客としての慈善家たちも、「信仰心と慈愛に心を動かされて」、次にまた寄付をおこなう気持ちになることを求められた。[20]

しかしながら、こうした変化が、古くからの慈善救済の形式と完全に取って代わることはなく、カトリック守旧派から激しい反対を受けることも見られた。トゥールーズのような都市は、貧民救済基金の一極集中化を、頑として受け付けなかったのである。[21] いずれにしても、こうした変化も、互酬性が深く根づき、供犠としてのミサ聖祭を特徴としてきたカトリックのシステムに順応したものでしかなかった。

かっちりした互酬性システムに対抗するようにして、所有権などいっさい存在しないような人間関係という名のもとに、そうしたシステムを拒否するという反応も存在する。すべてを分かち合うところには、贈与など存在しないのである。われわれは、これを結合と恩義の第二モデル、つまり融合モデルないし無境界モデルと呼ぶことができよう。カトリックにおいては、たとえば一六世紀末、アビラの聖女テレサ〔一五一五―八二〕。『自伝』『霊魂の城』などの著作で知られる〕の神秘主義的な著作を読むと、こうした融合の経験を見いだすことができる。そこでは、人々が合一しているというよりも、むしろ、キリスト教徒と神が一体となっている。したがって、人間どうしの融合に関する強力な記述を探そうと思うならば、ミシェル・ド・モンテーニュと、初期の改革派教師ロベール・オリヴェタンに注目しなくてはいけない。両者ともに、恩義と交換をめぐる不満足なシステムに反撃しているのだから。

モンテーニュの『エセー』初版に収められた、「友情について」という文章は、一七年前に死んだエチエンヌ・ド・ラ・ボエシー〔一五三〇―六三〕との、六年間に及ぶ友情の記述である。ふたりは、ボルドー高等法院の若き判事のときに、町のお祭りでばったり会って、すぐに意気投合したという。モンテーニュによれば、ふたりのコミュニケーションは全的にして、完全なものであって、その友情は、キケロが描いた最良の友情よりも、さらに高みにあったというのだ。

わたしが話している友情の場合、ふたつの魂は混じり合い、完全に渾然一体となって、もはや両者の縫い目もわからないほどなのである。（中略）この高貴な交わりにおいては、ほかの友情をはぐくむような、奉仕だとか、恩恵は、考慮にもあたいしない。なにしろ、われわれの意志は、完全に融合しているのである。（中略）われわれのような友人どうしの結びつきは、真に完璧なものであって、そうした義務感は消え失せるようにするのだし、親切、恩義、感謝、懇願、謝礼といった、分割や差異を感じさせることばは憎むべきものとして、ふたりのあいだから追い払うようにさせるのだ。事実、両者のあいだでは、意志、思考法、判断、財産、妻子、名誉、生命など、すべてが共通であって、その和合は、（中略）〈体がふたつある心〉にほかならず、ふたりはたがいに、なにを貸し与えることもできないのだ。[22]〔前掲拙訳『エセー2』〕

「空しさについて」という章で、モンテーニュが、公的な生活における義理という緊張感を、契約によって救っていたことは、先に見たとおりである（実際には必ずしもそうではないとしても、少なくとも『エセー』のなかでは、そうなっている）。ところが、「友情について」という、ラ・ボエシーを論じた文章でのモンテーニュは、贈与が媒介する友情や義理をしりぞけて、超越的な親密さに、縫い目のない結びつきに軍配をあげている。もちろん、これは人間関係の互酬性というストレスを、長期にわたり解決してくれる、社会的方策にはならない。なぜならば、ストレスから解放されるのは、限られた時間であり、しかも、特定の相手とのあいだで成立するにすぎないのである。「というのも、わたしが話題にしている完璧な友情は、分割不可能なものであって、各人が、その友に自分をまるごとあげてしまうので、ほかに分けるものなど残らない」と、いうのだから(23)。

しかしラ・ボエシーの死は、モンテーニュに、いやおうなしの分割をもたらし、この分断がついには、ふたりの友情に贈与モードを導入することになる。ラ・ボエシーは、モンテーニュを、蔵書や文書類の相続人と定め、モンテーニュは、これに答えて、ラ・ボエシーのソネットや政治的な著作を刊行したのだ〔一五七一年〕。またモンテーニュ自身の『エセー』にしても、ある意味では、ラ・ボエシーとの会話を続けるための努力であったのだけれど、それもやがて、読者全体とも会話を分かち合うものになっていく。

このモンテーニュは、その晩年にも、新たな友情をはぐくんでいる。マリー・ド・グルネーという若き女性文学者と、「女性がそこまで到達できたことなどは、これまで書物でお目にかかったことがないような、完璧ともいえる、至高の友情」を結ぶのである。それは妻ならざる若い女性との結びつきであって、ここでは融合ではなく——マリー・ド・グルネーの表現を用いるならば——、「義による娘」とその父との関係が問題となる。そしてモンテーニュは、『エセー』の最終的な手沢本《しゅたく》〔いわゆる「ボルドー本」とは別物〕を彼女に託する。モンテーニュの死後の一五九五年、『エセー』を刊行した彼女は、その後も改訂版を出していく。こうして贈与は生命を回復して、果実をみのらせるのだ。それは、贈与者への見返り——モンテーニュが忌みきらったことだ——ではなく、死後の、未来に向けての返礼なのであった(24)。

一六世紀末の、モンテーニュの人間関係という実例は、これより何十年も前にロベール・オリヴェタンが書き記した、聖書に関する注目すべきテクストの背後には、いかなる目標、気持、期待の地平が秘められていたのかを教えてくれる。そのテクストとは、一五三五年に出版された、フランス語による最初の改革派聖書に寄せた献辞にほかならない。オリヴェタンは聖書の仏訳を担当したのである。ピカルディ地方に生まれたピエール・ロベール・オリヴェタン〔一五〇五―三八〕は、オルレアンやパリでの大学生時代に、「純粋な宗教」を知って、一五二八年にはシュトラスブルク（ストラスブール）に亡命し、その地で神学やヘブライ語を学んでいる。その数年後、スイスのヌーシャテルで学校教師となった彼は、子供やキリスト教徒の善男善女のための信仰入門書を著している。そして一五三三年、ヴァルド派コミュニティの子供たちに、新たな教育をもたらそうとの使命感から、アルプス山中へと入っていくのだ。ヴァルド派は、カトリックからは異端だとみなされた世俗語による聖書――羊皮紙の写本だ――を携えて、何世紀ものあいだ、山奥に隠れ住んでいたのであったが、プロテスタントの改革派からすれば、彼らこそは、キリスト教信仰の真の運び手《キャリア》なのであった。そして山間の地で、オリヴェタンは旧約はヘブライ語から、新約はギリシア語からと、聖書のフランス語訳を仕上げる。ヴァルド派の「長老《バルブ》」は、聖書刊行の資金として五〇〇エキュを贈っているが、これはかなりの大金なのであった。㉕

こうして一五三五年六月、ヌーシャテルのピエール・ド・ヴァングル、別名ピロ・ピカールの印刷工房で、フォリオ判聖書の最後のページが刷り上がる。その数年前に、すでに福音主義関係の書物の発信地点となっていた都市リヨンを離れたヴァングルは、より純粋な空気を求めて、ヌーシャテルにたどり着いたのだった。聖書の出版という、もっとも聖なる任務のために、彼は、熱意あふれる若い知識人たちを、編集スタッフとして集めた。その中には、仲間のオリヴェタンや、バーゼルでヘブライ語を学んだ若きジャン・カルヴァンがいたのである。さて、その献辞は、むしろ「反献辞」ともいうべきものなのだけれど、「しがない翻訳者P・ロベール・オリヴェタヌスから、イエス・キリストの教会に、敬意をもって」捧げられている。(26)

オリヴェタンは、この仏訳聖書を王侯や皇帝に謹呈して、気前のよい報奨にあずかろうとは思っていない。また、「どこかの、いとも高名にして、いとも優れたる、いとも高位にして、いとも強大で、いとも豪奢で、いとも勝ち誇った、いとも神聖にして、この上なく祝福された方」から、お墨付きをもらうつもりもない。もちろん、「慣習夫人《ダーム・クチユーム》」は、この翻訳については、だれか君主然とした道案内を、きちんと見つけなくてはだめですよと命じたものの、彼は、「慣習夫人」に服従する意志はないのだ。この本は、ほかの本とは別物であって、世間の著者がしているように、「豪勢な贈り物や、あふれんばかりの賜り物との、ずるがしこい交換」によって、捧げることは不可能なのである。

「貧しくも、小さな教会よ、このような書物は、そもそも、あなたと、そして、われらが主の一人息子のイエス・キリストを介して神を知っている、あなたの忠実なる信徒以外には、だれの好意や支持も、また同意も必要としないのです。(中略) イエス・キリストの内において、あなたの友にして兄弟である、このわたしは、あなたにだけ、この貴重な宝物を捧げます。」 オリヴェタンは、これを「ヘブライとギリシアの戸棚や長持ち」のなかで発見して、きちんとしたフランスのバッグに詰めなおしたのだ。「この捧げ物は、当然あなたのものなのです。なぜならば、そこには、あなたの相続財産のすべてが、あなたの正当な所有物が、あなたに所属するものすべてが収められているのですから。(中略) すなわち、真実の生命のことばが、神の御言葉が収められているのですから (中略)。」

こうしてオリヴェタンは、贈り物の交換という習慣につきものの表現を使って、「おお、貧しく、小さな教会よ。このプレゼントをお受け取りください。（中略）この贈り物は、愛情と真心により、あなたに届けられ、捧げられたのです」と述べる。しかしながら、その目的はといえば、謹呈を「超越した」関係を、互酬性を越えた関係を、歌い上げるようにして称賛するためにほかならなかった。

この富はあなたのものです。これをあなたに差し上げても、あの方のものであり、完全にあの方のところにとどまり続けるのです。このような財産がもたらす富は、とても豊かで、すばらしいものなのです。（中略）もらう人と、あげる人に、同じ喜びや歓喜をもたらすという、寛大なる所有という恵みよ！　人間のあいだでは、損をしたり、失ったりすることなく、人にあげられるような贈り物が、他にありましょうか？　人々は、なにかあげるときには、にこやかなふりをして、自分がどれほど善意でものを贈るのかをわからせよう、自分の気持ちをよく見せようとして、口先でなにやらおべっかを使ったりします。でも、心の片隅では、不安におびえて、「おいおまえ、自分がどうしようとしているのか、しっかり見てろよ。おまえが気前よく出したものが、むだにならないように見張るんだ」なんて、自分に向かって叫んでいるではないですか。
しかしながら、この仕事と贈り物の場合はちがいます。他の贈与とはまったく別の、幸福な性質を有しているのです。これは、なによりもまず各人に渡されて、伝えられるために作られたのですから（中略）。この富は、これをもらった人を豊かにしてくれて、なおかつ、あげた人を貧しくすることも全然ないのです。これをあなたに差し上げて、あなたの所有物とする機会を持てた人々は、自分がとても儲かった、よい買い物をしたと思うのですから。(27)

オリヴェタンの献辞は、聖書の教えを、なんの恐れも、損失も気にすることなく、安心して授受しあうという経験を物語っている。うっとおしい恩義が、頭をもたげることはない。はてしなく豊穣にして、恩恵にあふれたものとして、聖書は作られ、手渡されるのだから。オリヴェタンは、自己と他者の垣根が取り払われた、オープンな社会状況を構築したのだ。神からの福音がおとずれる王国では、聖なるコミュニケーションの王国では、つかの間であるにしても、所有権は存在しないのである。

この一五三五年の改革派聖書には、ジャン・カルヴァン〔オリヴェタンとは同郷で、親戚〕も顔を見せている。彼は、オリヴェタンの「反献辞」の前に、「反特認」を寄せていて、版元が一定期間の独占権を願い出る「特認《プリヴィレージュ》」という慣例を、いわば反転させているのだ。カルヴァンの書簡は、すべての国王や皇帝たちに宛てて綴られ、この翻訳には、世俗の「特認」などいっさい不要である旨が告知される。この仏訳聖書の「特認」は、王のなかの王から直接にちょうだいして、各地で、すべての人々に捧げられるのだから。聖書は長期間にわたり、堕落したカトリック聖職者の手に独占されてきたが、いまや、人々が読める言語となって、各人に手渡されるべき時なのだというのだ。こうしてカルヴァンは、オリヴェタンの「反献辞」に続いて、今度は、「あなたは、われわれの隣人であり、神のうちで、われわれとしっかり結びついているのだから」と、「シナイ半島にいる、契約の民」、つまりユダヤの民に手紙を寄せる。モーセの律法の教えから一歩踏み出して、新約聖書の信仰と約束を受け入れるよう、彼らを促すのだ——「ダヴィデの子孫たるメシアの王国には、果てはないのです〔中略〕神の意志により創造された、新たな不滅の人々は、新約という永遠の王国の市民となる必要があるのです」と。「この天上なる土地、エルサレムの神殿と都市が完全に築きあげられるためにも」、ユダヤ人もギリシア人も、だれもが（「ローマ人への手紙」一〇・一二）、キリストによる救済を受け入れるようにと祈るのである。[28]

こうしてカルヴァンの文章は、オリヴェタンの献辞のクライマックスで示された、浮き浮きしたような融合感《フュージョン》にぐっと近づいて、そこに、至福千年的ともいえる雰囲気を加味している。この二人からすれば、書物やテクストのうちに具体化された、神の恵みのことばが、人間を、境界・贈与交換・互酬性を越えた、ひとつの識閾空間《リミナル・スペース》へと昇華させたことになる。とはいえ、モンテーニュとラ・ボエシーの間の、他人に注ぐエネルギーなどは残っていない、「縫い目のない結びつき」と同様に、この信者たちの合一のエクスタシーも、一瞬ぱっと輝いただけであったし、時折、再燃するにすぎなかったのだ。さもなければ、改革派信仰のために、理論、典礼、制度を、より冷静に構築するエネルギーなどが、残っていたはずもないのである。

新しい宗教をうち立てることは、古いものをこわすことでもあった。一五三三年、〔ヌーシャテルで〕ピエール・ド・ヴァングルの印刷プレスが稼働し始めて、これまたフランスからの亡命者で、改革派の宣伝・勧誘に熱心であったアントワーヌ・マルクールの『商人の書』が出版される。これは一六世紀に何度も版を重ねた、奇妙な論争書であって、そこでは、カトリックの聖職者たちが、「非人間的にして、残酷な商人」であるばかりか、神や悪魔を売り渡す「たけり狂った盗《ぬす》っ人《と》」として糾弾される。商人という身分は、「地上の、世俗のことがら」をおこなうかぎりは、まっとうなものだけれど、「霊的な、神にかかわることとの場合には、呪われた、唾棄すべきものとなる」といって、マルクールは、生者や死者の魂、週や日の時間、儀式や賛美歌など、聖職者が売るアイテムを列挙していく。そして彼らを、品物を商うことで、穏当な利益を得ようと努めている、まともな商人と比較して、彼らがいかにあくどいかを指摘する。聖職者がしているように、ある物を「一目だけ見ること」を商う、商人がいるだろうか？　司祭たちは、金を取って、「貧しく、愚かな購入者」にロウソクの火をつけてやると、それを消して、また別の者に売りつけるではないか。金銭も商品も、両方とももらってしまう商売人が、他にいるだろうか、というのだ。世間の商人は、ほとんどが、たとえば布地のような、特定の品物を商っているのだが、「この連中ときたら、なんでもかんでも奪いとって、ことごとく売り払おうとするのであり、（中略）なにもかも、餌食にしてしまうではないか」というのだ。

マルクールは、聖職者による売買を、贈与というモードよりも、むしろ、まっとうな商売と対比させている。（彼が改宗を期待する人々には、もちろん商人も含まれていたのである。）なるほど彼は、「わたしがあげたものを、なんの見返りもなしに、他の人にあげなさい」と述べた、イエス・キリストのことばを、読者に思い起こさせているけれど、その眼目は、霊的な交換によって与えられるべきものを、売買から守るというよりは、むしろ、信仰生活において、無償であり、万人の所有に帰すべきものを、暴力的な簒奪から、取り返すことにあったのだ。聖職者連中は、売買で金儲けをしているが、それはそもそもが盗みなのであって、破門という「野蛮きわまりない横暴さ」や、みせかけの貧しさというぺてんによって支えられているにすぎないというのである。[29]

ジャン・カルヴァンは、一五三六年には『キリスト教綱要』をラテン語で刊行し、数年後に仏訳を上梓しているが、そこでは、泥棒商人としての聖職者のイメージよりも、さらに一歩踏み込んでいる。この大作ならびに、以後の増補版で、あるいは説教や聖書の注釈において、カルヴァンは、カトリック神学の中核に見いだされる、互酬性という観念そのものを批判するのだ。贈与と恩義からなる、カトリック教義という装置を解体しようとして、彼は、互酬性による関係を、できるかぎり無償の関係性として作り直そうとする。[30]

カルヴァンも、カトリック神学者と同じく、寄贈なるものから出発する。つまり、われわれへの贈り物は、すべて神に由来するのであり、その最大のものが、神の子イエス・キリストからの贈与であって、人類に対する神の約束は、無償の善意から、「無償の優しさ《ベニニテ》」によってなされたのである。主だけが、この契約に向かって足を踏み出されたのであって、主は、われわれの功徳を恩義に感じているわけではない、そうした功徳は、よく検討してみれば、われわれに救済を獲得させるだけのものであるはずがない、と考えるのだ。[31]

ではカルヴァンは、永遠の生命なるものを、loyer や merces といった用語で、つまり「報い」や「褒賞」として語っている、聖書の悩ましい記述を、どのように扱ったのだろうか？　聖書には、「人の手のわざは、その人の身に帰る」（「箴言」一二・一四）[32]、「戒めを重んじる者は、報いを得る」（「箴言」一三・一三）、「喜び、よろこべ、天においてあなたがたの受ける報いは大きい」（「マタイによる福音書」五・一二）、「植える者と水を注ぐ者とは一つであって、それぞれの働きに応じて報酬を得るであろう。わたしたちは神の同労者である」（「コリント人への第一の手紙」三・八―九）といった、言及が存在するのだ（デーヴィスは、英語版では、一五六〇年のジュネーヴ版英訳聖書から、仏語版では、一六二二年のジュネーヴ版仏訳聖書から引用している。ここでは、煩雑さをさけて、これまでと同じく、日本聖書協会版の訳文を使用する）。だがカルヴァンは、まったくひるむことなどなく、それらを、神が人間に賜った無償の贈与として再解釈する。これらの個所での loyer のようなことばは、救済の獲得にあたいする働きを、われわれがなしたということを意味しない。それはむしろ、神が選ばれし者を導いていく、神に捧げた生き方への褒賞であり、また、この世の悲惨さと肉の弱さに対する補償だというのである。そしてカルヴァンは、「主がわれわれに約束される報酬は、功徳に応じて量られるべきだと、われわれが考えたりしないために」といって、マタイのたとえ話を引用する。天国とは、全員をブドウ畑に働きに行かせる、一家の主人のようなものなのだけれど、その主人が、だれが何時間働いたかに関係なく、みんなに同じ賃金を渡したという。そこで労働者たちが抗議すると、主人はこう答えるのだ。「自分の物を、自分がしたいようにするのは、当たりまえではないか。（中略）このように、あとの者は先になり、先の者はあとになるであろう」（「マタイによる福音書」二〇・一五―一六）と。というのも多くの者が呼ばれるが、選ばれる者は少ししかいないのだから。[33]

そしてカルヴァンは、「天の王国とは、仕える者たちへの報酬ではなく、子供への遺産であることを、しっかりと肝に銘じておくのだ。神が養子になさった者だけが、この遺産を享受できるのである」[34]としめくくる。

この「養子」とか「遺産」といった隠喩は、聖書にも、カトリック神学にも見いだされるもので、このジュネーヴの改革者にとっては非常に重要なメタファーであったわけだが、読む側としては、当時の家族の実態とからませて理解したと思われる。法的な養子縁組は、近世初期フランスではあまりおこなわれていなかった。ただし、都市の職人層は例外であって、彼らは子供がほしかった上に、自分の土地や「血」を守る必要もなかったのだ[35]。しかしながら、養子になっても、完全な相続権を享受できるのは稀なケースであった。嫡出子ならば、遺産相続はあたりまえのことであったものの、そのことが、すでに見たように、遺産を相続できた子供の感謝の念を生み出すこともあれば、逆に、遺産相続から排除されるかもしれないという恐怖心も生んでいた。いっぽう、カルヴァンの神は、絶対的に自由な贈与者であって、遺産分配を命じる慣習法には拘束されず、どの子供が「功徳をつんだ」かにも無頓着なのである。この相続においては、裁きは最終的なものであって、(フランスの家族法でも、改革派ジュネーヴの法律でも規定されることになる)持参金の権利とか、正当な相続分の権利は存在しない[36]。争いは許されず、抗告すべき上級審も存在しなかった。とはいえ、この「遺産」というメタファーは、ある意味では、神の恩寵や救済がキリスト教徒という養い子に属することを暗示していたわけで、贈り物が届くのではという希望もつながったことになる。

　カルヴァンが、イスラエルの子にしても、敬虔なキリスト教徒にしても、人間と神とのつながりを示すのに一貫して用いた、「契約 alliance」というフランス語の意味を理解するには、「養子縁組 adoption」という用語が助けとなる。カルヴァンは、「この特別な契約《アリアンス》によって、神はアブラハムの部族を養い子《アドプタン》とされて」、「神が教会とのあいだに結ばれた、霊的な契約《アリアンス》」、「神の慈悲という、無償の契約《アリアンス》」などと述べているのだ。当時、alliance ということばは、社会・政治・経済的な目的で結ばれた関係のみならず、友情や家族のきずなを指すのにも使われていた——家族は、結婚を通じて、きずな《アリアンス》を創出したのであった。モンテーニュが、文学上の特別な友として、マリー・ド・グルネーを「養女とした《アドプタ》」とき、彼女はモンテーニュの「義による娘 fille d'alliance」となったのだ〔「わたしの義による娘」という表現は、一五九五年版『エセー』二・一七に出てくる〕。この「契約 alliance」ということばは、contrat とか pacte（ラテン語なら pactus）などの法律用語や、カルヴァンがラテン語で使った foedus〔契約、同盟、約束〕よりも、もっと柔軟なタームといえる。ウルリッヒ・ツウィングリ〔一四八四—一五三一〕、ハインリッヒ・ビュリンガー〔一五〇四—七五〕にその萌芽が見られ、その後、一六世紀後半には、ピューリタニズムに発展して、一七世紀なかばの改革派神学との仲立ちとなる、いわゆる「契約の神学 covenantal theology」の動きで使われるのが、contrat、pacte、feodus という用語にほかならない。「契約の神学」においては、神の恩寵が至高とされても、そこには「条件」という観念が存在する。すなわち、神は、人間の側の答え方を条件にして、なにかをしてくださるのであり、この条件が、神と人間とを、双方向的に結びつけているように思われる。

カルヴァンの場合は、神が、なんであれ外部のことに義理があるという思考法は、少しも認める気などなかったはずだ。主の約束や決定は、いつでも、完全に主みずからより発するものであった。最初の「契約《アリアンス》」のイメージを喚起するために、カルヴァンが好んで引用したのが、「わたしはあなたがたの神となり、あなたがたはわたしの民となるであろう」〔「レヴィ記」二六・一二〕という一節にほかならない。ここには、関係性が、単純で、片務的《ユニラテラル》なものとして物語られている。「この契約は、最初から無償のものとしてなされたのであり、常にそうあり続ける」[37]のである。

では、人類は、神から賜った恩寵という贈与をどうするというのか？　まずカルヴァンは、恩寵とは、われわれに与えられた「モノ」ではないことを明確にする。恩寵とは、カトリックの神学が教えるような、「人間の心のなかに授かった資質」ではない、「神の義による賜り物とは、神がわれわれに注ぎこんだ資質などを意味しない」というのだ。そうではなくて、この贈与は、心をしむけること、神の約束を聞き、これを受け入れた結果として、キリスト教徒が方向を定めることだという。「神は、われわれからは、いかなる善根も受け取ることはできないのであるから」、人間は、主に対してじかに返礼するわけではないのだという。(38) そして、こうした教えは、「父に、主人に、全能の神には、だれも、同等のものなど返せはしない」という、慰めともなってくれる格言のさらに先へと、われわれを導いていく。カルヴァンの考え方からすれば、返礼はそもそも不可能なものであって、こうした意味でのいかなる努力も、ルターが糾弾したところの、功徳によって救済を得ようとするという、果てしない負い目に帰着するしかないのだ。したがって、キリスト教徒が、神の贈り物に対して、なにができるかといえば、それは、神にしたがい、神を愛し、神に感謝し、神の名誉と栄光のためにつねにふるまい、隣人に対して善根を積むことなのである。

このようなカルヴァンによる、人間と神の関係の再解釈は、ミサ聖祭における犠牲への批判に、顕著に現れることになる。初期のイスラエルの民の時代、犠牲とは神に命じられたものであった。カインとアベルによる供物（「創世記」四・三―四）の注解で、カルヴァンは、「神は、われらが祖先に対して、ふたつの理由で供物を命じた。まず、神への帰依を表明し、すべてに対して感謝するという点において、敬虔さの実践が、万人に共通のものとなるために。そして、神と和解するためには、なんらかの清めが必要であることを人々に告げるために」と述べている。大洪水のあとで、ノアは、すべての清らかな獣と清らかな鳥を神に捧げるわけだけれど（「創世記」八・二〇）、この「燔祭《はんさい》」についてカルヴァンは、そうした犠牲を通じて、人間が、神の善性を讃え、神に感謝を表明する習慣を付けるべく、この燔祭という儀式が設けられたのだと指摘する。しかしながら、この場合でも、供犠における真のできごととは、外側に現れた儀式ではなく、あくまでも内心の信仰と霊的な祈願なのである。つまり、神が、アベルによる動物の供物を受け入れて、カインによる麦の供物を拒んだのは、特定のものが供犠にふさわしくないからだということではなくて、アベルには信仰があり、カインには信仰がなかったからなのだ。また、ノアの燔祭によって、主は「香ばしいかおり」（「創世記」八・二一）をかいで、その怒りを静めたとあるが、これも、「内蔵や肉の焼けたにおいがただよう煙」をかいだからではなく、神からの慈悲をたまわったことに対して、ノアが感謝の気持ちを捧げたからにほかならないというのである(39)。

しかしながら、イエス・キリストの自発的にして、神聖なる犠牲とともに、すべては一変するのだ。神の子イエスは、その無垢なる死によって、人類の罪を決定的に贖ったのである。血を流すことで、神と人類とを和解させたのだ。こうして、かつての動物の供犠は、きっぱりと一掃されたにもかかわらず、ミサ聖祭という、新しい供犠が、つまずき《スキャンダル》のもととなった。それはキリストによる全的な贖罪をそこなうものであって、神をなだめ、その怒りを静めて、人類の罪の償いを差し出すための、悪しき方法にすぎないというのである。

カルヴァンと、その仲間の牧師たちは、いくつかの根拠にもとづいてミサ聖祭を非難し、「実体変化 transsubstantiatio」(「全質変化」とも訳される。ミサにおいて、ワインとパンが、キリストの血と肉に変わること」とは、聖書にいかなる根拠も有することのない、不可能な教義ではないかと、糾弾したのである。[40] とはいえ、ここでは互酬性というモデルに対する批判に、焦点をしぼりたい。カルヴァンは、ミサ聖祭を、ジュネーヴで新たに制定された「主の聖餐式」と比較する。この聖餐式という儀式において言及される贈与は、ひとつしかない。それはイエス・キリストが、その肉と血によって贈与したものであって、それが現前し、信者に霊的に伝えられる。それは、彼らを永遠の生へと導く贈与なのである。聖餐式とは、神と堕落した人間との「恩寵《グラース》の契約」の証人なのであって、信者は、このことに感謝しつつ、キリストの贖罪の記憶が、自分の心に永遠に刻みこまれることを、ひたすら主に祈願するのだ。カルヴァンは、聖餐式への注解にあたって、融合《フュージョン》・合体の熱烈なイメージをさしはさむのだが、これは、オリヴェタン聖書に寄せた文章で示していた、神とのフュージョンの無意識的記憶ともいえる。「われわれの魂は、この聖餐式により、大いなる優しさ《ドゥスール》と信頼の果実を受け取ることができる。つまり、われわれは、イエス・キリストがわれわれにしっかりと合体し、われわれも彼のうちに合体していることを認識するために、彼のすべてを、われらのものと呼び、われわれのすべてを、彼のものと呼ぶことができるのだ」。だが、この融合のクライマックスとは、より長い道のりの一部なのであり、聖餐式とは、信者が感謝をもって受けとめた神の約束を示し、それを確かなものとするためのプロセスなのである。[41]

カルヴァンは、「聖餐式(聖なる晩餐)」と「ミサ聖祭」という、ふたつの儀礼を明確に区別する。

聖なる晩餐のうちに、われらの主は、みずからの受難の記憶を彫り込み、刻印されたのだ。なぜならば聖餐式とは神の贈り物であって、感謝のふるまいにより、受け取られるべきものなのだ。（中略）これに反して、ミサにおける犠牲は、神におこなう支払《ペイマン》いなのであって、神はこれをわれわれから、満足して受け取ることになる。受け取る側とあげる側に差があるのと同じく、聖餐式とミサ聖祭とは、似て非なるものなのである。寛大なる神の善意を、感謝のふるまいによって認めるべきところを、神に対して、人間に恩義があると思わせようとするなどは、なんともなげかわしい人間の忘恩ぶりというしかない。神に恩を着せるというのか？（中略）まったくもって、悪魔的な思い上がりというしかないではないか。(42)

右の「受け取る側とあげる側に差があるのと同じく、聖餐式とミサ聖祭とは、似て非なるものなのである」という文章こそは、贈与の互酬性という従来の考え方と、カルヴァンとの断絶を示している。『インド・ヨーロッパ語における諸制度語彙集』（一九六九年）という歴史的名著において、フランスの言語学者エミール・バンヴェニスト〔出身はシリアである〕は、インド・ヨーロッパ語において、「あげること」と「もらうこと」が深く連関していることを明らかにした。言語学的には、両者は緊密に結びついており、その境界は流動的であって、彼は、この連結を示すのに、英語の〈to take〉と〈to take to〉という表現を用いている。売買や、歓待の主客など、交換をめぐる二項対立は、その境界が開かれていることに注目して、バンヴェニストは、言語の歴史からすると、返礼としての贈与を呼び起こす贈与という、マルセル・モースのモデルの重要性を示唆したのだ。(43)

カルヴァンの飛躍は、言語的にも新しい区別が、いかになされたのかを見せてくれる。カルヴァンとしては、神と人間の関係というイメージの中核に、贈与・返礼という、あまりに露骨な互酬性を持ち込みたくなかったのだ。そこで、彼は「あげること」と「もらうこと」の、太古からの結びつきを断ち切って、新しく人間の恩義を描き直すという大変な仕事を、自分に課したのであった。

そしてカルヴァンは、まず「犠牲」ということばに取りかかる。犠牲を、慈悲や憐れみの後にくる二次的なものとみなしたエラスムスとはちがって、カルヴァンはこのことばを保持している。だが、それを、ミサをおこなう司祭、奉納される捧げ物、聖体のパンを食べること、これを見守る列席者といった、儀礼としてのパフォーマンスとは全然異なる、ひとつのメタファーとして解釈するのだ。そこでは、人間の命が、犠牲の対象なのである。神を讃えるのも、人間の神への服従も、精神的な捧げ物を他人に役立てるのも、どれも犠牲にほかならない。「より大きな犠牲によって、われわれは、聖なる教会堂のために、心も体も神に奉納し、捧げるのだ。(中略)われわれのなかのすべてを、主の栄光を讃えて、その寛大さを高く掲げることに役立てるべく、われわれは、その全的なふるまいとども、すべてを神に捧げなくてはいけない」という。「申命記」(一六・一六—一七)においては、何人《なにびと》も神の前に空っ手で現れてはならず、「あなたの神、主が賜わる祝福にしたがい、おのおの力に応じて、ささげ物をしなければならない」と規定されているわけだが、カルヴァンによれば、「神がわれわれにくださった幸福」のあかしとして、貧者に施しをすることで、キリスト教徒は義務をはたしているのである。(44)

つまり贈与の流れは、神から下へと流れ、われわれ人間から外部へと向かうのだ。子供が感謝の念とともに遺産を受け取り、それを今度は、自分の子供たちに譲り渡していくような様子を、思い描けばいいのだろうか？〔プロテスタントの女性貴族シャルロット・アルバレストは、フィリップ・デュ・プレシ・ド・モルネー〔一五四九―一六二三。改革派指導者の一人で、「ユグノーの教皇」と称された〕とのあいだに生まれた息子に『思い出の記』を捧げて、息子は、神を畏れながら、母親の乳を飲んでいましたと、こう述べる。「神への畏れにおいて、わたしたちに先立つキリスト教徒の両親のもとに生を受けることは、少なからぬ祝福といえましょう。そうしたキリスト教徒を通じて、わたしたちは、何世代にもわたって連綿と続いてきた、慈悲という〈手付け金《アール》〉を受け取ったようなものなのですから」[45]。最終的には贈与者に返ってくるという要素を含む、モースによる贈与精神のイメージや、三美神とは対照的に、ここには、時間と歴史を貫いて進んでいき、けっして逆流することのない贈与精神を見てとることができる。

　では同時代を生きる人々の、贈与関係における互酬性はどうなるのか？　カルヴァンはここでは、たしかに互酬性を勧めてはいるものの、それは特定の、凝縮されたコンテキストのなかでシステム化された互酬性というよりは、むしろ、広く、拡散した互酬性なのである。聖餐式という、共同でおこなわれる精神的な食事において、「われわれは、おたがいに相手に対して恩恵をほどこすのであり（中略）、すべての慈善への義務を負う」のである。そこには、なるほどキリスト教徒どうしの特別なきずなはあるかもしれないが、万人が、「神に似せて形づくられた」ひとつの本質を分かち合うのであり、「われわれは、広くすべての人々を慈愛によって抱擁しなくてはいけない。だれも除外してはならず、ギリシア人も異邦人《ル・バルバール》も区別してはならない」のである[46]。

　贈与の関係を詳細に検討して、カルヴァンは、カトリックによる特別なシステムを一掃していく。

煉獄は消えたわけだから、もはや、生者と死者の交換は存在しない。もはや、俗人と聖職者との交換のシステムはなく、すべてのキリスト教徒が司祭なのであって、そこでは、牧師が正規の俸給を支払われることになる。まるで信心会のように、兄弟姉妹のあいだを贈り物が行き来するといったこともなくなる。キリスト教徒にとって、その教区以外には、特別な団体はないのである。贈り物に使われるものもぐっと減る。ロウソクはその宗教的な役割を失うのだし、特別な贈答の機会であった、祝日も少なくなる。慈愛による関係が非常に重要なものとなって、ここでのカルヴァンは——古くからの伝統にしたがって——、信者が特定の集団に目をかけて、その成員をより「家族的に」助けることを許している。「近親者」、すなわち血縁・友情・近隣性によってつながっている人々という存在を認めるのだ。しばしば会ったりするのだから、より彼らに奉仕したとしても、神に背くことにはならないと考えるのである。(47)

これ以外にもカルヴァンは、三つの大きなルールを設定するが、それらはいずれも、受け取ることではなく、与えることに関連している。第一に、われわれは、「その者が、それにふさわしいか否かを問うことなく」、すべての人間に対して、慈悲深くふるまうことを求められる。「われわれは、そうした人々をまじまじと見つめてはならない。そうすると、彼らを愛するよりも、憎みがちになるのだから」。神がわれわれをつぶさに検討して、はたしてふさわしい人間なのかどうか問いただしたらどうなるか、胸に手を当てて考えてみなさい、というのである。それよりも、他者のうちに神の似姿を見いだして、彼らがなにもふさわしいことをしていなくても、彼らに奉仕し、愛するべきなのである。

第二に、喜々とした顔と優しいことばでもって、慈悲深くふるまうべきであり、「自分に恩義のある存在として、(中略) 服従させる」ような態度であってはならない。この個所でカルヴァンは、従来の伝統にはなかった、身体という興味深いメタファーを活用して、論点を強調している。「われわれの身体の一部を再生するために、残りの部分が働いたとしても、残りの部分は、そのために自分たちは余計に苦労したのだから、特別の恩義を感じてもらわなくてはなどとは思わないはずだ」、というのである。

第三に、ひとりの人間を助けたからといって、われわれは義務から解放されるわけではない。近親の人々に対して、できるかぎりのものを与えるという借りがあるのだ。われわれの捧げ物は、われわれの能力が尽きたときに、はじめて終わるのである(48)。

結局のところ、カルヴァンの神学は、人間の連帯を、なんらかの計測された互酬性によって思い描くことを拒むのである。そのモデルは、「理髪師は、おたがいのヒゲを剃る」という状況とは、正反対のものといえる。カルヴァンが強調するのは、自分の能力の限度まで与えることであって、他人の価値に失望することが避けられなくても、そのことを勘定に入れてはならないのである。

これに対して、同胞からなにがしかを受け取ることをめぐるルールは、カルヴァンの思想では、ほとんど展開されることがない。受贈とは、大きな神学的考察に付随することにすぎないと考えられている。「畑の用益権を手にした者が、所有者の肩書きを詐称しようとした場合は、このような忘恩行為ゆえに、彼はその占有権をも失うべきではないだろうか?」という理屈である。人は、感謝をもって贈り物を受け取り、寄贈者を称えるべきであって、これを悪用したり、贈り物の素性をあやまって伝えたりしてはならないのだ(49)。贈与をめぐるふるまいで、カルヴァンが言及しているのは、このことぐらいしかない。カルヴァンの神学的な見地によれば、キリスト教徒はすべて、おたがいに対する義務を有しているのだけれど、だからといって彼は、これを出発点として、授受のリズムというパターンを構築することはなかった。贈与に関しては、人々は地図もなしに、勝手に放り出されているのだ。

こうした考え方が、改革派都市ジュネーヴの言語や慣習に、いかなる影響を与えたのか、その後何十年にもわたって、宗教・福祉・政治の領域で、いかなる制度が実現されていくのかについて、ごく簡単にふれておきたい。ジュネーヴの法律は、誕生、洗礼、婚約、結婚といった慶事の際の贈り物には、非常に厳しい制限をもうけており、それは、フランスのカトリック教会における、饗宴の奢侈取り締まり令よりも、はるかに厳格なものとなっている。宗務局《コンシストワール》による査察をも想定した、この法令は、神の都市ジュネーヴにふさわしい行動を促したいという希望から制定されたのだが、同時に、贈与交換にともなう関係性を変えたいという努力の結果なのでもあった。たとえば産後の肥立ちもままない女性を、女たちが見舞いに行くときにも、従来のように甘い物を持参することは禁止されて、訪問の日取りも短縮された。洗礼時に、代父母と両親とのあいだでやりとりされる贈り物は、その上限額も定められ、一七世紀なかばまでには、こうした贈答品も禁止された。婚約式は、一五八一年から完全に禁止されて、この状態がしばらく続いたものの、一七世紀になると、ジュネーヴ政府は譲歩して、列席者は一〇名以内、宝石を贈り物としないという条件付きで、これを認めるに至った。また結婚式についても特別な制限がもうけられ、新郎新婦はおたがいのプレゼント以外は、贈り物をしてはならないと定められたし、相互のプレゼントも、適度のものにとどめるように命じられた。(50)

一六世紀前半の、ジュネーヴにおける選挙では、いわゆる「策略（ブリーグ）」が恒例となっていて、候補者たちは宴会を開いては、ものをばらまき、当選の暁には役職を約束するなど、権謀術数がまかりとおっていた。この問題は、一五三八年から四〇年にかけて先鋭化していたが、一五五〇年代なかばになると再燃する。同時代人の証言によるならば、「宴会、賄賂、買収」によって評議会《コンセイユ》に選ばれた候補者たちが、カルヴァン派の政府に反対票を投じたというのだ。かくして、こうした習慣はすべて禁じられた。純粋に家族だけのものを例外として、あらゆる宴会は禁止された。ジュネーヴの選挙までの六週間は、一五五五年を境として、その様相を一変させ、人々が選挙さわぎに興じる光景は消え失せて、しらふでの議論と、管理された選挙集会にとって代わられたのだ。また議員や裁判官が賄賂の誘惑に負けることがないようにと、一六〇四年には、議会の壁に、両手を切断された古代テーバイの裁判官のフレスコ画が描かれている。(51)

いっぽう、ジュネーヴの社会福祉システムは、一六世紀にめざましい進展を見せている。貧者に手を差しのべるという聖なる義務を担って、執事（ディアクル）という職務が設けられる。孤児や貧民の世話、貧しい家庭へのパンの配給といった活動は、一五三五年のカルヴァンのジュネーヴ到着以前に、地元の改革派が設立した、新しい「総合施療院《オピタル・ジェネラル》」に集約されて、カルヴァンは以後もこれを後押ししていく。またフランスやイタリアから押し寄せる亡命者のためには、特別な基金が設立される。地元生まれの者、新参者を問わず、この改革派都市の住民は、財産を遺贈することでこうした施設を支えたのである。富裕な寄贈者が、貧しい受贈者を支配しようとした場合には、カルヴァン自身が叱責している。カルヴァン主義という新しいエートスは、――直接的な恩義が重要なこととされる――特殊な贈与の互酬性のかたちに異議を唱えて、それに代わりうるものとして、共同体全体を流れてい

く、より一般的なかたちの互酬性を推進しようと試みたのである。(52)
しかしながら、カルヴァンが描いた無償性のヴィジョンは、ジュネーヴの日常生活の習慣に、部分的なインパクトしか与えることができず――とはいっても、いかなるヴィジョンならば、この領域を一掃できたというのか?――、一七世紀になって「策略(ブリーグ)」禁止令が再三にわたって出されていることからしても、政治の分野では、金品授受や宴会が息を吹きかえしたにちがいない。とはいえ、パトロネージ的な形態や、隣人どうしの非公式の贈与慣行が減少したことによって、逆に、親族内部での義務感が強化されたり、あるいは、合法的な契約のネットワークが、曖昧さのない、すっきりした形で広がっていく可能性が開かれたではないのだろうか?

さて、カルヴァンが『キリスト教綱要』初版を出してから、およそ一〇年後のことである。元フランシスコ会士で、三人の私生児の父親でもあり、識見豊かな司教などから、さまざまの恩恵にあずかっていた、ひとりの医者が、偉大な物語の続刊『第三の書』をリヨンで出版する〔一五四六年、パリで上梓。同年のリヨン版は偽版とされる〕。作者フランソワ・ラブレーは、この作品のなかで、パニュルジュとパンタグリュエルの問答形式によって、互酬性の第四のモデルを提示するのである。トルコ人の捕虜となったものの、奇跡的に脱出をはたしたパニュルジュは、着の身着のまま、すっからかんで、パンタグリュエルの世界のなかに入ってくる。パリ留学中の学生パンタグリュエル、一目で、パニュルジュが気に入って、パニュルジュがさまざまな言語で窮状を訴えると、自分の仲間として残らないかと頼むのだ。かくしてふたりは、「新たな友情のコンビ」を組む〔以上は『パンタグリュエル』での挿話〕。このパニュルジュはトリックスターであり、弁舌の達人、商人の守護神、泥棒の守り神としての、メルクリウス（ヘルメス）の化身なのである。そして『第三の書』の冒頭では、若き日の悪ふざけからは足を洗い、今では、善良にして賢明なる君主となったパンタグリュエルを前にして、パニュルジュは、その才能を思う存分に発揮して、返答をおこなう。(53)

ディプソディ国〔「のどからから人国」という架空の国〕を平定したパンタグリュエルは、ユートピア国の忠実な臣下たちをその地に移住させると、ディプソード人を手厚く扱って、征服された国とは、専制・略奪によるのではなく、「よい法律、好意と親切さ」によって味方に引き入れるべきことを、再確認する——これは、かつてパンタグリュエルの祖父グラングジエが、征服したカナール国の住民に対して用いた方法なのでもあった。それからパンタグリュエルは、ディプソディ国の「サルミゴンダンの所領」〔「肉のごった煮」の意味。『パンタグリュエル』第三二章では、語り手アルコフリバスに親授することとなっていた〕を、パニュルジュに授ける。ところが、「新しい城主さま、なんともりっぱに、賢く、その身を処したものだからして、この所領の定期・不定期収入の三年分に相当するだけのものを、なんと一四日もたたぬうちに使い果たしてしまった」、「だれかれかまわず、とはいってもとりわけ、愉快な連中や、うら若い女の子、淫婦やら妖婦は全員集合とばかりに招待しては、無礼講やら、楽しい宴会を数限りなく開いたあげく」に、「森林を伐採し、切り株を焼いて、〔中略〕わざわざ高値で買っては、安く叩き売りするという具合で、麦が青いうちに食べてしまった」のである。

そこでパンタグリュエルは、これでは金持ちにもなれないぞと、パニュルジュに説教をする。(54)するとパニュルジュは、「金持ちにですって?」と言い返す。自分の目的は金満家になることではなく、愉快に生きることだというのだ。こういってパニュルジュは、自分のふるまいがどれほど高潔なものであったかを、滔々《とうとう》と述べるのである。自分は、「配分的正義」により、飢えた若者たちを養い、「交換的正義」により、高く買っては、安く売ってやり、「山賊や人殺しの巣窟、暗殺者のアジト」で、陰謀を扇動する連中の巣くう場所でもある、暗い森の巨木を伐採して、世間のお役に立っているのですからというのだ。

これを聞いたパンタグリュエルは、「だが、それにしても、いつになれば借金とおさらばできるというのだ?」と尋ねる。するとパニュルジュは、「ギリシア語の朔日《ついたち》には Es calendes grecques」と答える。ギリシア語には「朔日《ついたち》」ということばは存在しなかったから、「絶対に、借金なんか返せませんよ」といいたいのである。この「ギリシア語の朔日」という表現は、昔から、借金を返済するつもりのない連中の決まり文句として、よく使われた〔現在でも、成句として残る〕。そしてパニュルジュは、「絶対に」というイメージを勝手に強調すべく、「殿が、殿ご自身のお世継ぎになられる時分にでも」と、借金返済などありえないことを宣言する。こうして彼は、世の中全体が平和に、協調して暮らしていけるような人間関係の、いわば潤滑剤なのですからといって、貸し借りなるものをコミカルに礼讃していく。つまり、貸す側は借金を取り立てたいし、借りる側は、いつまでも借りっぱなしでいたいから、相見たがいで、ともに長寿を願っているという理屈である。おたがいの貸し借りがなくなれば、星辰も、太陽も月も、ばらばらになってしまう。他人が、死んでもどうでもかまわないということになれば、火事やら洪水になっても、おたがいに助けに駆けつけることもなくなってしまう。人間の身体だって、こうした貸借関係がなくなれば、「てんやわんやの大騒ぎ」になってしまう。頭は、手足に視力を貸して、導くことをしなくなる。足のほうも、身体を運んでくれなくなる。心臓だって、つむじを曲げてしまって、働いてくれなくなるし、肝臓は血液を送ってくれなくなる。（アテナイのティモン〔「人間嫌い」の代名詞〕が、ひどい孤独のなかで、太陽のことをどろぼう呼ばわりしたことか、カルヴァンが、身体の頑丈な部分は、弱い部分を、見返りなどなしに助けるものだとしてイメージしていたことなどを思い起こせばいい。）とにかくパニュルジュによれば、なにも借りたりしていないと、身体は滅びてしまうというのである。

それにしても、各人が貸し借りしている世界のハーモニーとは、いかなるものであろうか？　戦争も、高利貸しも――パニュルジュの借金礼讃では、利子は存在しない――、いさかいもなくなって、慈愛が支配する世の中となる。「平和、愛、情愛《ディレクシオン》、忠誠、休息、宴会、饗宴、歓喜、喜び、金、銀、小銭、ネックレスや指輪、そしてさまざまの商品が、人々の手から手へと、次々と走りまわる」のである。身体の各部分でも、血液はその仕事に精を出し、他の器官も「恩義に報いるがために」、自分の仕事をはたすことになる。夫も妻も、おたがいに婚姻の義務をはたして、人類の維持永続につとめることになるのだ。

パニュルジュは、贈与とか返礼というよりも、信用貸しなど、無利子で貸す話をしているとはいえ、互酬性という原則が、贈与にも、貸し借りにもあてはまるという議論を展開していることに変わりはない。パニュルジュの借金礼讃は、おたがいの借財に片をつけることなく、それを果てしなく維持していくといったものだ。つまり、贈与関係において、感謝と恩義が、ものごとや奉仕を動かしていくというのと、似たような理屈なのであって、パニュルジュの場合は、「感謝」と「慈愛」とをまぜこぜに使ったりしている。

辛抱強くパニュルジュの説明を聞いていたパンタグリュエルは、こう述べる。「おまえは理屈が上手だから、夢中になって、おのれの大義名分を言い立てているようだな。でもな、今日から精霊降誕祭《ペンテコステ》の日まで、いくら演説したって、いくら弁護したって、結局、わたしを全然説得できなくて、唖然とするのが落ちなんだ。おまえの口先がいくら達者でも、このわたしに借金をさせるなんてことは絶対に無理な話だ。〈おたがいの慈しみや慈愛を除いては、汝は、だれにも、なにも借りてはならない〉と、聖なる使いも申されておるではないか」。パンタグリュエルは、聖パウロの一節（「ローマの信徒への手紙」一三・八）を引用することにより、パニュルジュが展開した互酬性をめぐる、とんでもない喩え話《メタファー》にはけりを付けて、日々の貸し借りという現実を描き出そうとする。貸し主は嫌われ、恐れられる存在であり、借金とうそは、ふつうは手を携えて進んでいくではないか。もちろん、時には、借金しなければいけないこともあるけれど、それは、少額にとどめるべきだし、あくせく働いても、稼ぎが上がらなかったり、不慮のできごとなどで財産を失ってしまった場合に限定されるというのである。[55]

注釈者のなかには、作者ラブレーが、健全な理屈をパンタグリュエルの口からいわせていると解釈する者も見られる。パニュルジュの方は、ネオ・プラトニズムの議論を、あれこれ寄せ集めてきては軽口をたたき、さまざまの実例をいい加減にあてはめては、散財・蕩尽をしたことの自己正当化をはかるだけの愚かな存在にすぎないというのだ。[56] しかしながら、人間の連帯感の普遍的な原則を、借金礼讃という比喩だけで語り尽くすという、パニュルジュの大胆不敵な語法――フランソワ・リゴロは、これを「普遍的なシンタックス」[57] と呼んだのだが――には、なんとも抗しがたい魅力がある。

この物語のなかで、ラブレーは、知恵のまわるトリックスターのパニュルジュに、うそをつかせたり、ほらを吹かせたりもすれば、臆病で、恨み深い男にしたりもする。だが、時としてパニュルジュは、ものごとの真相に迫るような洞察力も見せるのだし、そのふるまいによって、男女の機微の奥底までも析出してみせるのだ。この貸し借り礼讃の直後に、パニュルジュは、その結婚願望と同時に、結婚恐怖症の理由を述べ立てることになるけれど、この前後のパニュルジュの描写には、明らかに、ある種の自己認識を読みとることができる。パニュルジュはもはや、パンタグリュエルの引き立て役ではなくて、欠くことのできない相棒にして友人なのである。

ラブレーは『第三の書』において、互酬性をめぐる二つの視点のあいだの、長大な論争を創造したのだ。わたしとしては、これを、いわば「理想モデル」の分析風に、「カトリック的」な視点と、「プロテスタント的な」視点と呼んでおきたい。交換や互酬性（相互性）――あげたりもらったりすること、貸したり借りたりすること――を、人間の連帯の中核をなすものとみなすパニュルジュの見方は、正鵠を射ている。人間に安らぎを与える構造としての交換なるものが、ラブレーの物語世界を貫いているのであって、それらのいくつかは、すでに見てきたごとく、友情や秩序の源泉となっているのだ。とはいえパニュルジュの考え方にも、それなりの限界はある。借財や義理は、虚偽を招くばかりか、すったもんだの争いごとなど、ひどい事態を引き起こすのであるから。パニュルジュが描いた互酬性のシステムは、狭いものにすぎない。ある個人から別の個人へ、身体の一部から他の部位へというものであって、借りがわかっていても、どうやら返済の時期は不明であるらしいのだけれど、それでも、曖昧さ、不確定性、不正はないのだから、贈与システムが、賄賂とか職権濫用に変質する心配はないということなのである。

かくして、パンタグリュエルはといえば、「おたがいの慈しみや慈愛を除いては、汝は、だれにも、なにも借りてはならない」と、使徒パウロのことばを引いて〔cf.「ローマ人への手紙」一三・八〕、ことをはっきりさせ、すべてを帳消しにしてしまう。実際、パニュルジュの借金をすべて返してやろうとも約束するのだ。とはいっても、パンタグリュエルが単刀直入にいうところの、広大無辺な無償の原則と、慈愛による貸借が規定された具体的な状況とのあいだには、人間関係という広大な空間が横たわっているのであるから、それを、選択や、貸借をめぐる儀礼や方法で埋めなくてはいけないことになる。

ところがパニュルジュは、パンタグリュエルの回答にも、借金は全額返済してやるという約束にも満足できない。そこで、感謝と義理のおおげさなことばづかいで、パンタグリュエルにこう礼を述べる。「殿には、多大のご愛顧を賜りましたが、まことに過分なるものにして、殿へのわが奉仕とは比べものにもならず、わが功業からいたしまして、めっそうもないことであります」。さりながらパニュルジュからすると、借金から自由の身となることは困るのですというのだ。そうなれば、だれもかまってもくれず、孤独な身となりはててしまう——事実、パニュルジュが結婚を望む理由のひとつは、債権者とも、細君とも、いっしょに暮らしたいということなのだ。(58) サルミゴンダンの人々にだって、腸にガスがたまるたびに、「ほら、借金なし野郎にくれてやるわ！」といって、屁をひられてしまいますからねというのだ。パニュルジュは、貸し借りやら、あげたりもらったりがないと、長生きもできやしないと信じこんでいるのである。そこでパンタグリュエルが、「この話は、もうやめにしよう」と言い出すわけだけれど、この議論にパンタグリュエルが勝ったかどうかは定かとはいえない。

「カトリックの」互酬性、「プロテスタントの」無償性――ラブレーのコミカルな教えは、二重のものといえようか。われわれは、義理の極と無償性の極のあいだを、ジグザグに進んでいるのだ。ラブレーの教訓とは、弁舌の才能《ギフト・オブ・スピーチ》がいつでも働いていて、友人どうしでの議論が交わされれば、話しかけられる相手は豊かになって、話す本人も、少しも貧しくならないような論争の花が咲くということにほかならない。

結論

本書では、さまざまの姿をまとった贈与を通して、それらの内的な精神を、それらが生み出す関係性を、そして外的な形態を、一六世紀のフランスに関して明らかにしようと努めてみた。贈与は、暦やライフサイクルの節目を形成して、社会のあらゆるレベルで、友人、隣人、親族、同僚とのつながりを支えているのだし、身分・階級をまたがる抑圧的な関係を和らげている。そして商取引などには、信頼感や信用を付け加え、社会的上昇や政治取引を容易にすべく、どこにでも姿を見せる。こうしてモノやサービスを贈ることにより、施しを受けた人間の謙遜な態度から、献辞を捧げる人間の丁重な称賛や、宝石を贈る人間の優雅なことばづかいに至るまで、さまざまな作法《マナーズ》が紡ぎ出された。贈与モードは、礼儀正しさを生んだのである。

また贈与は、けんかや、嫉妬や、義理という重荷も生みだした。贈与の道や回路は、狭く、排他的なものともなりがちなのである。贈与という方法は、必然的に争い・対立をはらむものであって、本書の主題もここにある。とはいえ、一六世紀のフランスのような社会では――「アーリー・モダン」あるいは「アンシャン・レジーム」の社会ということなのだけれど――、贈与をめぐるトラブルは、金銭、市場、売買に起因するというよりも、むしろ、家族、国王の政治、宗教といった領域での、権力や互酬性をめぐる激しい争いとして立ち現れてくる。

とりわけ宗教は、贈与の喜ばしい側面と悲しい側面を実際に観察し定義するための、特権的な領域といえる。わたしの叙述が、神の贈り物で始まり、神の贈り物で終わるのも、こうした理由による。プロテスタントの宗教改革は、家族や政治における衝突に「起因する」のではないし、それを「反映」しているわけでもない。むしろ、贈与と受領、恩義と互酬性をめぐって、似たようなパターンが、家族、政治、宗教という三つの領域すべてで演じられたのであり、それらが交錯することによって、恩義というプレッシャーが文化的な風潮《ムード》として強化されたのだ。こうした互酬性の編み目のなかで、富み栄える人々や集団もあれば、そうでない存在もある。しかしながら、そうした結果こそが、国王の義務や臣下の要求に関する、長期間に及ぶ政治的考察をはぐくむこととなったのだし、カトリック改革やプロテスタントの革新をうながしたのである。

本書で扱われなかった贈与のルートも、もちろん存在する。たとえば、芸術家や博物学者の世界における贈与システムは、イタリアに関してだけれど、アレグザンダー・ネイジェルとポーラ・フィンドレンによって、みごとに描き出されているから、ここでは検討から外した(1)。フランスに関する、そうしたデータが得られれば、神学教授、医学教授、祈禱師といった、知識供給者に対する贈与・支払いについてのわたしの議論も、大いに補完されるにちがいない。

ジェンダーと贈与義務というテーマも、もっと深く突きつめることができよう――特に、象徴、祈願、宗教教義との関連において。本書でも見てきたごとく、女性たちは、さまざまなモノを活発に贈ったり、贈られたりしていたものの、彼女たちは、衣類を、女中、友人、親族に遺贈する例のように、特定の贈与行動を発揮する一方で、政治的なパトロネージと結びついた贈与のパフォーマンスとはあまり縁がない。ただし、親族間の贈与については、その領域やトラブルの多くを、男たちと共有している。男女の差は、もっぱら、感謝・義務というプロセスに対する反応にある。男たちは、いらいらしながらも、下手に出ては特別の好意を哀願し、偽善的で大仰な言葉づかいで、頼みごとをしたり、感謝したりしている。うわべの感謝をかぎりなく求められることによって、男たちの意識は、モンテーニュの表現を用いるならば「がんじがらめ《ガロテ》」〔『エセー』第三巻一章〕になっているのであって、贈与慣行が、彼らの自律性や尊厳をおびやかしているのだ。ところが、わたしが調査した女性の書き手たちはといえば、必要とあらば、贈与という儀礼を使うものの、とりわけ、女性どうしでは、互酬性という要求に悩んでいるようには見えないのだ。彼女たちの悩みとは、外から絶えず、服従を要求されることであり、そのせいで、思うぞんぶん感謝の気持ちも示せずに、互酬性の輪が切れてしまうことにあった。

では、フランス一六世紀の女たちは、宗教的な互酬性に関して、いかなるモデルを生みだしたのか？「ミサ聖祭」や「最後の晩餐」について、なにか明確なイメージを描いていたのだろうか？カトリックにせよ、プロテスタントにせよ、一六世紀の女性による宗教的な著作において、そうした神学的な教義や典礼に直接の言及がなされることはない。それよりもむしろ、たとえばガブリエル・ド・ブルボン〔一四八五―一五一六〕の『精神の旅路』――写本である――のような、スピリチュアルな道や、マルグリット・ド・ナヴァール『罪深い魂の鏡』（一五三一年）のような、個人による熱烈な信仰心、プロテスタントのジョルジェット・ド・モントネの『エンブレム、あるいはキリスト教の格言』（一五七一年）というエンブレム・ブックのような、道徳的教訓という道が採用されたのである。とはいっても、一六世紀ならばアビラの聖女テレサ（テレーサ・デ・ヘスス）、一七世紀ならば、マリ・ギヤールこと「受肉のマリ」〔フランスからケベックに移住して活動したウルスラ会修道女。デーヴィスの『境界を生きた女たち』の主役の一人〕のように、主との神秘的な合一により、そして／あるいは頻繁な霊的交わりによって融合を模索したところの、女性の、偉大なカトリック宗教者が出現したことも、忘れてはならない。彼女たちのふるまいにおいては、神や修道院指導者への服従は、受動的なものではなしに、むしろ、精神的なヒロイズムの実践なのであって、それが賛嘆の念をかき立てたのである。ここでは、従順さというものが、感謝の念を阻害するのではなく、むしろ、それを高揚させている。(2)マルグリット・ド・ナヴァールの福音主義的な詩編にも、神秘主義の緊張がみなぎっている。「神が信仰により、わたしをその元にまでお導きくださるならば、わたしを妨げるものがあるだろうか？わたしにとっての信仰とは、天からの贈り物という名にこそ、ふさわしいもの。信仰とは、その熱烈な慈愛により、その卑しきはしためを、創造主へと結びつけるもの(3)」と。

プロテスタントの側では、カタリーナ・シュッツ・ツェル（一四九八頃―一五六二年）――近年、エルジー・マッキーの手で詳細な研究がなされた――が、ルター派の都市シュトラスブルクで、神学書を著している。聖餐式に関する彼女の考察では、「主がわれらのうちにとどまり、われらが主のうちにとどまって、死ぬことのないように」という祈りという記述から、ただちに、「パンを分かち合い、感謝の盃を飲みほす」ことにより育まれる慈悲の行為へと議論が移り、「キリストは、われわれのためにその身を捧げ、その魂を死に委ねられたのだから、われわれも自らを、兄弟である全人類に捧げる必要がある」と述べられている。マッキーは、カタリーナ・シュッツ・ツェルの思想において、倫理的な行動が中心となっていることを強調する。ここでは隣人愛が、プロテスタント信仰の中心教義と同じくらいに重要なものとなっており、彼女の夫を例外として、同時代の男性聖職者の考え方とは比較にならないほど、重要視されている。またジョルジェット・ド・モントネは、キリスト教のエンブレムを集成した著作で、金の袋を小脇に抱えて、黄金の子牛〔金銭・権力のシンボル〕の前にひざまずく修道女の図像を用いて、カトリックの偶像崇拝を非難している。「貪欲は、偶像礼拝にほかならない」(「コロサイの信徒への手紙」三・五)というのである。そして彼女は、「慈愛《カリタス》」のエンブレム(図**版23**)では、「慈愛もなしに、〈わたしは信仰心がある〉などという者は、自分はまちがってキリスト者であることを誇っているのだと心得よ」と書き添えている。モントネは、誠実で、慎重で、静かな妻という、従来のエンブレム・ブックのお定まりの図像は削除して、その代わりに、男女の信者が、助け合いながらキリストの教えという山を登っていく姿を配したのである。[4]

　カトリックにしても、プロテスタントにしても、女性の書き手は、沈黙を守れという掟には従わない。カトリックの女性は、相互の義務という厳しいしばりを、精神的な融合という方法によって迂回している。またプロテスタントの女性は、完全な無償性という不確かなものに代わって、隣人愛を強調するのである。こうした女性たちの著作は、贈与の理論、その象徴的な意味、贈与慣行について、多くのことを教えてくれるにちがいない。

　異なる贈与システムを比較するためにも、そして文化的境界線を越えた、フランスの贈与外交を検

EMBLE'ME CHRESTIEN 59

En contemplant ceste femme, voyez
Que charité est vne œuure excellente.
Qui dit, I'ay foy, sans charité, croyez
Que faussement d'estre Chrestien se vante.
Charité (dy-ie) de foy viue naissante:
Non celle-la d'vn Turc, ou infidele.
Car c'est peché, quoy qu'elle soit duisante,
A tout Chrestien qui n'attent salut d'elle.

C'est

23.「慈愛」の図像.

証するためにも、非キリスト教社会での贈与慣行を、より深く探究することが求められている。フランス国王とオスマン帝国のスルタンとが、大使を介して贈答品のやりとりをしていた事実については、ごく簡単にふれたものの、これだけにとどまらず、オスマン帝国の品々や写本は、美や好奇心の象徴として、あるいは支配という願望の投影として、大いにもてはやされたのである。では彼らは、そうした物を、贈与によって入手したのだろうか？　あるいは購入したのだろうか、それとも掠奪したのだろうか？　ピエール・ブロン、ギヨーム・ポステル、ニコラ・ド・ニコライなど、オスマン・トルコという「アジアへの玄関口」を旅したフランス人も、彼の地での贈与の形態を描いている。子供の割礼時のプレゼント、婚姻時の結納の品々、水運び人への心づけから、大きな施療院や宿泊所への寄付に至る、さまざまな慈善のかたちなどだ。ここでフランス人旅行者たちは、トルコ人に称賛を呈しているのである。たとえばポステルは、「彼らが慈善をほどこす姿は、とても印象的だ」と述べているわけだが、さりとて、彼らが、イスラム社会での、ホスピタリティの働きを理解していたわけもないし、どうやら、それを身をもって体験したということでもないらしい。キリスト教徒とイスラム教徒とは、広い交易関係を築いてはいたものの、贈与の関係は、危険と裏腹のものだったとも思われる。(5)

ユダヤ人の贈与システムと互酬性への考え方は、これまた別物であった。ユダヤ・コミュニティの内部では、贈与慣行は盛んであった。ハヌカの祭日〔別名「光の祭り」で、一二月にある奉納の日〕やプリムの祭日〔旧約「エステル記」に由来。二月ないし三月〕には、贈り物がやりとりされた。結婚に際しては、贈答交換が大がかりにおこなわれ、あれやこれやともったいが付けられて、それは、葬儀などの及ぶところではなかった。ユダヤ教のラビにも、惜しみなく物が贈られた。また慈善としては、安息日の正餐に貧民や学者を招いたり、あるいは、教会堂《シナゴーグ》にロウソクや律法《トーラ》の巻物のカバーを寄付したり、持参金を遺贈したり、施療院にあれこれ配慮してやるといったことが見られた。キリスト教徒の場合と同じで、ユダヤ教徒の場合にも、贈与がいさかいを引き起こしたし（そこには、お布施を受けとらないラビをめぐるトラブルも含まれる）、ラビたちは、そうした争いごとを裁くために、贈与や互酬性をめぐる個所について、タルムードの注釈を引き合いに出したりしている。異邦人には高利貸しをしていたユダヤ人とはいえ、これとは対照的に、彼らが同胞に対して、非常な寛大さを発揮することは定評となっていた。とはいっても、彼らの贈与慣行は、キリスト教徒の観察者からすると、まったく未知のものであった。義務や無償性をめぐる、当時のユダヤ人の考え方は、ラビの「レスポンサ」（教会法に属する事例に関する意見）にヘブライ語で書き留められていたし、律法の解説書にも述べられていたわけだが、キリスト教の学者には秘められたままであって、彼らは、ユダヤ人の思考は「律法主義」なのだからと、一蹴しがちだった。

フランスでも、一六世紀には、ユダヤの民は「マラーノ」として暮らしているのが通例であった。当時、アヴィニョンの教皇庁飛び地、アルザス地方、イタリア、ドイツのいくつかの都市では、実利を尊ぶ、開放的なユダヤ人と、キリスト教徒との贈与交換が見られた。アヴィニョンの場合、もちろん、ユダヤ人とキリスト教徒との商売もおこなわれていたが、贈与ということになると、ユダヤ人共同体が、地元の当局になにかを贈るなど、ごく稀な機会に限られていたと思われる。ヨーロッパの多くの地域では、ユダヤ人共同体の代表者が、自分たちのへ保護を継続して、危害から守ってもらうべく、キリスト教社会の権力者に贈与をおこなうところの、「シュタドラン Shtadlan」という古くからの習慣が存在した。一七世紀になると、中部ヨーロッパでは、宮廷ユダヤ人が金融家・軍需担当者として重きをなしていくが、彼らは、王室のコレクションに、さまざまな工芸品を寄贈している。一六〇〇年には早くも、神聖ローマ皇帝ルドルフ二世〔在位一五七六―一六一二年。学芸の保護や魔術への関心で有名〕の財政を支えたモルデカイ・メイセルが、プラハのユダヤ人共同体を代表して、黄金や宝石をあしらったお守りを贈っている。そこには、ユダヤ教徒にとっても、キリスト教徒にとっても、重要なシンボルである「神殿奉献の燭台」が彫られ、その周囲にヘブライ語で、ルドルフ二世のための祈願文が刻まれていた。ルイ一四世の軍隊への補給を請け負っていた、一七世紀のメッツ市〔一六四八年のヴェストファーレンの和議で、メッツ、ヴェルダンなどはフランスの保護下になっている〕のユダヤ人銀行家たちも、太陽王に、同様の贈り物をしていたという。(6)

そうした寄贈行為に応えて、支配者や行政官たちが、ユダヤ人への保護を確約することもあった。とはいえ、キリスト教徒の権力者たちは、ユダヤ人への感謝の気持ちを、なかなか認めたがらず、彼らに義理を負わされることをいやがった――一六世紀のフランス人探検家たちのネイティヴ・アメリカンに対する態度と同じことだ。

わたしは、フランス人が、インディアンに「つまらない贈り物」しかしなかったという欺瞞を、本国での強制的な行動様式――その場合は、贈与慣行を攪乱することになる――の、もうひとつの形だとして描いた。そうしたことは、セント＝ローレンス川流域やアマゾン流域では、許されてしまうわけで、それは、だます相手が「野蛮人」だからにほかならない。これがおそらくは、フランス帰国後の販売行動〔その後の、新大陸との交易のことか〕にも、長期にわたって影響を及ぼし、モラルをむしばみ、売り手と買い手が遠い存在であることに慣れさせてしまったのではないだろうか？

贈与のシステムは、モンテーニュやマリー・ド・グルネーの時代以降、収縮と拡張を重ねて、ヨーロッパにおける贈与慣行の、知恵や「スピリット」――そこでは、感謝が重要な役割をはたしている――を、あれこれ交換し、受け継いでいって、再定義もおこなわれた。所有権・契約・購買をめぐる、観念や慣行の変容という、こうした重要な要素については、ここで詳しい議論を展開することはできない[7]。しかしながら、その昔のマルセル・モースにならって、本書と現代の贈与論に通底する道徳的な関心については、次のように結論づけていいのではないか

人間が財やサービスを交換する際の、行動や動機を記述するにあたって、市場経済理論では、実際のシステムがいかに自己調節し、公共的なポリシーを規定していくのかを、十分に描き出せないように思われる。(命令や強制のエコノミーによる理論化でも、それは無理だ。贈与交換が広く存在していることや、非公式《インフォーマル》なマーケットや売買の重要性、ボランティア組織の意義などを、無視したり、まちがって解釈したりしているのだから。)アマルティア・センは、最近、「限界効用理論」と私利私欲理論《セルフ・インタレスト・セオリー》は、経済学の基礎としては不十分であること、とりわけ社会福祉経済においてはそうであることを、異論の余地のない明快さで証明してみせた[8]。とはいえ、すでに一九四四年には、「市場とは、どこにでも偏在《ユビキタス》する、不変の経済組織形態であって、いかなる経済も、市場というター

ムに〈翻訳する〉ことができるという、広く、暗黙のうちに認められている観念を、追い払うべく」、あのカール・ポランニーが『大転換』を著しているのである。ポランニーは、人々が財やサービスをおたがいに交換する方法は、ひとつではないことを強調したのだ。そして、互酬性、再分配、市場交換の三つを、「統合のパターン」と呼んだのである。

ひとたび市場という目隠しを取り外してみると、ポランニーの考え方は、もっともなものに思えてくる。経済学者ケネス・ボールディングも、一九四七年から一九六八年にかけて、「脅迫のシステム、交換のシステム、統合のシステム」という、三つの「社会的組織体《ソーシャル・オルガナイザ》」というコンセプトを、交換を担う市場と売買、統合を担う贈与と資金供与《グラント》と組み合わせて、理論化している。そして一九六八年には、すでに見たように、文化人類学者マーシャル・サーリンズが、互酬性の「スペクトル」を、その両極はネガティブで、一般化されていて、中心点には、バランスのとれた互酬性が位置するものとして描き出した。そしてわたしは、自分なりの歴史的・社会的な視点から、本書においては、贈与、売買、強制という三つのモードを使ってみた。この三つが、それぞれの慣行を伴って、さまざまな状況に入りこんで機能し、交錯し、重なり合って、人間関係をかたちづくるというものだ(9)。こうしたアプローチはいずれも、少し前にジャック・デリダが示したものとは対極にある。デリダは、交換や「エコノミー」の計算なるものと、あらゆる贈与に求められる純粋の無償性とのあいだに絶対的な区別をもうけて、贈与を不可能なものとしているのだから(10)。

「贈与モード」を無視した場合には、慈善による施しとか、誕生日・祝祭日のプレゼントといった、あくまでも限定されたものとして、認知されたカテゴリーを越えたかたちの「贈与モード」が、われわれを取り巻く世界にしばしば立ち現れることに、目をつむる結果となってしまう。一六世紀の場合は、贈与をめぐる行動様式に注目することは、さほど困難ではない。なぜならば、知識人による論述や説教から、民衆レベルの諺やうわさ話に至るまで、とにかく贈与の話題があふれているのだから。ところが現代では、ボランティアやNPOなどが、「重要な意味を持つ」セクターであるばかりか、[11]ケネス・ボールディングも力説したごとく、国内外の経済取引の多くが、いわゆる「資金供与《グラント》」となっていて、受けとる側は、さまざまな条件のパフォーマンスを期待されるなかで——従来の「サービス」ということである——、基金を探し求めているのである。そして受けた側も、結局は、こうした援助に感謝の意を表明する。スカラーシップやフェローシップの獲得にしても、申請書・推薦状から受理・謝辞に至るまで、典型的な贈与のパフォーマンスにほかならない。全体としていえるのは、贈与によって生じるものと目される「感謝の念」や、その成果としての行動について、われわれがあまり考えてこなかったということだ。これとは正反対に、一六世紀には、こうした問題が、過度なほどに分析され、盛んに議論されたのである。たぶん、「感謝」ということばには、「責任」という、われわれが好むクールな表現以上のなにかが存在するにちがいない。

　贈与を、限定された、そして／あるいは随時的なカテゴリーだと考えることは、贈与が生み出すトラブルや革新の可能性を過小評価することになりかねない。わたしは、贈与のモードが、争いや忘恩の可能性を内包していること、ある種の歴史的状況が、こうした不安定性をつのらせることを示唆した。[12]一六世紀には、贈与がうまくいかなくても、少なくとも人々は、なにがよい贈り物で、なにが悪い贈り物なのかについての議論に、多大の時間を費やしていた。ジャン・スタロバンスキーも、そのみごとな論文のなかで、一八世紀に、人目を引く、華美な気前のよさをほしいままにする人々と、より公正な分配という目的にかなった、理性的で、配慮に富んだ贈与モードを好む人々とのあいだで、似たような議論がなされていたことを指摘している[13]。

今日でも、贈与なるものが、不吉な、あるいは曖昧な結果を生むことがある。そうした状況に対しては、それをもっぱら、贈与による結びつきを批判するために活用するのではなく、贈与を支持する側が、しっかり反応していく必要がありそうだ。贈与の関係を通じた「支配」や「腐敗」は、二一世紀に入っても、相変わらず、世界状況の一部をなしている――この世界が、家族階層・社会階層や、権力の合法化について、かなり異なる思いを抱く人々からなるにもかかわらず。実は、一九四九年ないし一九五〇年頃に、フランスの哲学者・作家のジョルジュ・バタイユが、「マーシャル・プラン」という贈与をめぐって、当時としては希有な洞察力による思索を展開しているのだ。バタイユは、マルセル・モースの『贈与論』に触発されて、「一般的経済」の理論を提示し、「〈マーシャル・プランが〉、その原則において、〈世界の利益に添ったもの〉となりうるのか、〈アメリカの利益〉に沿った方向にねじ曲げられるのではないのか」と、問いかけている。だが彼は、ソビエト連邦による冷戦という抵抗や、その他の「労働者の騒擾」によって、「マーシャル・プラン」は、ヨーロッパの生活レベルの標準化に寄与するのに、積極的な影響を及ぼすだろうと結論をくだす。冷戦や「労働者の騒擾」は、アメリカによる干渉の必要性を高めるにはちがいないものの、同時に、「それを征服へとねじ曲げてしまう[14]」危険も減少させるというのである。バタイユは、贈与のプラス・マイナスを率直に吟味することで、贈与というモードを弱体化するよりも、むしろ強化したのであった。

新興国、伝統国を問わず、各国で起こっている政治腐敗を糾弾する記事を、われわれは毎日のように読まされている。現代の理論家は、こうした「腐敗や贈収賄」を、合理的な官僚組織を備えた近代国家の産物だと解釈して、廉潔さに欠ける人間や、賄賂がまかり通る社会に慣れきった人間が、そのルールを侵犯するのだと考えがちだ。しかしながら、本書で見てきたように、「腐敗や贈収賄」は、一六世紀・一七世紀のフランス――おまけに中世の前例もある――ばかりか、一七世紀のイギリスやフィレンツェでも、すでに問題となっているのだ。そうした地域では、儀礼やエチケットにのっとった政治には不可欠な部分だとして、贈与慣行を保持するかたわらで、賄賂を取り締まる法律を制定していたのである。今日、良い贈与と悪い贈与について議論することは、公共の利益と個人の利益をめぐって構築されているディスクールにも、一石を投じることができるかもしれない。実際、法律学者ジョン・ヌーナンは、倫理をめぐる、この二〇〇〇年の論議の歴史に基づいて、「腐敗や贈収賄」を同定して、評定をくだす方法を示唆している。(15)

また「愛他主義《アルトゥルイズム》」という可能性」に希望を託す動きも、ふたたび生まれて、無償性としての贈与に対する関心が呼び起こされ、『愛他主義、道徳性、経済理論』というタイトルの経済学者たちの論文集も刊行されている。こうした見直しの引き金となったのが、リチャード・ティットマスの『贈与の関係――人の血液から社会政策まで』(一九七一年)にほかならない。ティットマスは、輸血用の血液を獲得するための二つのシステムを比較する――売血という、アメリカ合衆国の商業システムと、献血に頼る、英国のボランティア・システムである。英国の場合は、汚染血液の割合は比較的低く(エイズ以前の議論であって、C型肝炎などの汚染が問題となっている)、目減り率も少ないから、患者にとっては低コストのシステムとなっている。これに対してアメリカの場合は、汚染血液の割合が比較的高いから、目減り率も大きくなり、むしろ結果としてハイコスト・システムとなっているのだ。

この著作を読んだ高名な経済学者のケネス・アロウは、「片務的《ユニラテラル》な取引《トランザクション》という、広大な等級」の存在を認めて、輸血、慈善、ある種の政府支出などが典型的だと主張した。もちろんアロウは、依然としてマーケットの信奉者ではあるものの、売り手の社会的責任感の欠如が――たとえば売血者が、自分の血液がC型肝炎に汚染されているかについて、真実を語らないなど――、経済的な非効率を引き起こすのではとしている。だが彼は、こう続けるのだ。

> 多くの経済学者と同様に、わたしは、自己の利益を倫理的なもの《エシックス》で置き換えるということを、さほど信頼する気にはなれないのだ。全体としては、そうした倫理的な行動の必要性は、価格システムが破綻したような状況に限定するのが、ベストであると思う。（中略）なんの歯止めもなしに、倫理をスタンダードにすることは、好もしからざる結果を招きかねない。愛他的な動機という、稀少なリソースを軽々しく用いることを、われわれは望んではいない。(16)

しかしながら、本書では、いくつかの面で、それとは異なるアプローチを採用した。まず第一に、贈与行動とは、丁重で、礼儀正しく、友好的なトランザクションであって、そこでは、感謝は期待されても、返礼の義務は明確ではなくて、それが必ずしも倫理という領域に属するわけではないものとして想定している。このことと関連して、贈与が、商業的なトランザクションとしばしば結びついていることからしても、そもそも、売り買いなるものが、ただ単に、相互の自己利益だけに由来する交換行動として経験されるわけではないのだ。贈与といっても、計算されたものの場合もあって、民衆が実践的な知恵により、あげた見返りはきっとやってくるのだからと、自分で自分を安心させていることは、すでに見たとおりである。互酬性という習慣は、もちろん、時と場合によっては、競争やいさかいを引き起こすものの、共同体の平和を強化するものとして機能したかに思われる。もっとも、贈与が、神をその最高の手本として、いわば無償の精神によって、つまり、見返りをほとんど期待することなく、まったくの気前のよさによっておこなわれる場合もある。感謝という燃えるような思いが、そうした精神を突き動かしていたのだ。無償の贈与、あるいは――一九世紀にフランスで生まれ、やがてイギリスに渡った用語を使うならば――、「愛他的な」贈与は、それが大きな変革と組み合わさるときには、最大の力を発揮したのである。一五三五年の、プロテスタントによるフランス語聖書などは、こうした豊かなエネルギーの産物にほかならない。

この改革派聖書の翻訳を担当したオリヴェタンは、もっぱら贈与を目的としたものでありながらも、無尽蔵なものだという、至福の贈与として、この書物を提示している。ここに見られる充満性《プレニチユード》は、無償性を希少なものとする、アロウの冷静沈着な見方とも異なるし、真の贈与や無償性などは不可能なものだとした、デリダの思考とは、はるかに遠い地点にある。そしてラブレーは、オリヴェタン的な精神でもって、『第三の書』という樽に入ったワインを、どんどん飲みに来てくださいよ、と読者を手招きする――いくらでも飲んでください、絶えず注ぎたして満タンにしておきますからね、というのだ。ラブレーの酒樽は、汲めどもつきぬもの、永遠の青春の泉、本物の豊饒の角《コルヌコピア》なのである。またクリスチーヌ・ド・ピザンは、農耕女神ケレスの贈り物や、牢獄で、飢えた母親に乳をふくませるローマの女の慈愛を通して、「充満《プレニチユード》」を描きだした。ピザンは、「充満《プレニチユード》」——これは要するに、母親のことなのだが——のうちに、なにがしかの限界も読みとってはいたが、人間が数をふやすためには、大地を耕すべきことを、男や女に教えてくれたのだから、ケレスには感謝すべきだと考えた。そして、ローマの娘は、この「充満」の循環を表すものとして描かれ、「彼女は、年老いた母に、自分が幼いときに母親からもらったものを、お返しする」(17)のである。

今日でも、われわれは、こうした「充満」への希求を目の当たりにすることができる。われわれ自身が与える側にして、もらう側でもあるという、豊饒この上ない寛大さを、この世界で手にできるのではという予感を、目にすることができる。それがジョルジュ・バタイユを、「普遍経済」という法則の探索へと突き動かしたのであり、彼は、すべての自然や生命を、繁茂するほどの過剰によって生長して、最終的には、純粋に「代償なしの、贈与、濫費」として費やされるべき存在として描いたのであった。さらには、ルイス・ハイドによる、連座・統合を創造するところの「エロチックな交わり《コマース》」としての贈与交換の研究も、そうした希求の念から導きだされたのだし、友情を、人・テクストを相互に引きつけ合う「磁石」としてとらえる、ユードラ・ウェルティ〔一九〇九年—二〇〇一年。『デルタの結婚式』など、アメリカ南部を描いた女性小説家〕とロナルド・シャープの思考をも招来したのである。とはいっても、完璧な「充満」への予感などは、つかの間のものでしかない。ラブレーは、無尽蔵の酒樽について長々としゃべったあげくに、「まるでパンドラの箱のように、良い希望は底に沈んでいるのです」と述べて、良いものは、悪しきものを連れてやってくることを教える。バタイユにしても、戦争なるものが、いわば過剰のはけ口として、どれほど贈与と近い存在なのかを認識していたのである。[18] それでもなお、寛大さが取り戻されて、満杯となり、さらに広がっていくような世界への夢とは、つねに立ち返ってくるものなのだ。死者を埋葬して、新しく生まれた子供を人生という饗宴に歓待するかのごとく、われわれ人間は、そうした世界にあこがれるのである。

謝　辞

わたしが贈与について考え始めたのは一九八〇年代初頭で、歴史学と人類学を結びつける最高のチャンスだと思ったのだ。それはアメリカ合衆国では、レーガン政権の初期にあたり、贈与というものが、万能薬ではないにしても、メディアで盛んに喧伝されていた商業的かつ個人的な感覚に対して、批判的なオプションを提供できそうに思われたのだ。そうした時代に、わたしは最初の研究成果を公にした。それは一九八三年、ウィスコンシン＝マディスン大学の「カーティ・レクチャーズ」においてであったが、わたしは贈与の関係性が、思っていたよりも、はるかに複雑で、多面的な価値を有していることを、実感したのだった。

その後、この『贈与の文化史――一六世紀のフランスにおける』を書き終えるのには、長い年月が必要となった。このテーマには、広範な歴史的変化の理論やジェンダー理論が不可欠であり、なかなかに手ごわかったのである。とはいえ、こうした遅延には、プラス面も少なからずあって、手持ちの材料を、さまざまな大学のメンバーに見せては、議論により多くを学ぶことができたのである。そうした大学共同体をここに挙げておきたい。

ベン＝グリオン大学、ブリン・モール・カレッジ、カリフォルニア大学サン・ディエゴ校、カーネギー・メロン大学、クリスツ・カレッジ・ケンブリッジ、コレージュ・ド・フランス、コロンビア大学、フロリダ大学（ゲーンズヴィル）、フォルジャー・ライブラリー、ジュネーヴ大学、コンスタンツ大学、ランカシャー大学、ラ・トローブ大学、ミシガン大学、モンタナ州立大学、ロシア・アカデミー世界歴史研究所（モスクワ）、ポモナ・カレッジ、プリンストン大学、王立歴史学協会、スタンフォード大学、トロント大学中世研究センター、ウェズレーヤン大学、イエール大学。

研究の最初の局面では、「人文科学のための国家基金 National Endowment for the Humanities」、ならびに「ジョン・サイモン・グーゲンハイム財団 John Simon Guggenheim Foundation」からの助成を受けることができた。また次の、領域横断的なシンポジウムも、わたしの考えをまとめる上で重要であった。「人文科学のための国家基金」と「ウェンナー＝グレン財団 Wenner-Gren Foundation」の資金援助を受けて、一九九〇年、ナショナル・ヒューマニティーズ・センターで開催された《贈与とその変質》がそれで、わたしもオルガナイザーの一人となった。そしてもう一つが、一九九八年、パリのドイツ歴史協会での、《贈与を交渉する》というシンポジウムである。

この一九九八年には、イスラエル歴史協会の後援による、「メナヘム・スターン〔ポーランド生れで、イスラエルに移住した歴史家〕記念、第五回エルサレム歴史シンポジウム」において、本書を紹介するという栄誉にもあずかった。こうしたシンポジウムのおかげで、わたしは、この早すぎる悲劇的な死を迎えた、平和を愛する優れた歴史家の生涯に、敬意を表することができたのだ。

一六世紀フランスにおける贈与についての研究と思索の大部分は、わたしがプリンストン大学に勤務していた年代におこなわれたのであり、同僚や、一九八〇年ならびに一九九三年のゼミナールの学生からの、数多くの示唆に対して、感謝したい。とりわけ、フランス語における贈与をめぐる用語やそのイメージについて、多大な情報を与えてくれたフランソワ・リゴロ〔フランス・ルネサンス文学研究の泰斗〕には、深く感謝するものである。

そして最後に、終始一貫して、誠実な聞き手、読み手、献身的な回答者であった、わが夫チャンドラー・デーヴィスに。だが、われわれの関係は、モンテーニュとエチエンヌ・ド・ラ・ボエシーのそれと同じく、「贈与や利益を超越したもの」なのだから、わたしとしては、彼に感謝しているとは、本当のところはいえないのだ。しかしながら、本書は、われわれの子供や孫の将来に捧げられているわけであるから、チャンドラーは当然これを分かちあっているのである。

訳者あとがき

本書は、アメリカを代表する女性歴史家ナタリー・ゼーモン・デーヴィス（一九二八―　）による次の著作の日本語訳である。

Natalie Zemon Davis, *The Gift in Sixteenth-Century France*, The University of Wisconsin Press, 2000.

ハードカヴァー版とペーパーバックス版の二種類が出ているが、内容は同一である。原題は「一六世紀フランスにおける贈与」となるが、内容を考慮して『贈与の文化史――一六世紀フランスにおける』とした。

なお、翻訳にあたっては、次のフランス語訳とイタリア語訳も適宜参照し、「謝辞」に関しては、英語版に比べてコンパクトなフランス語版から翻訳した。

N. Z. Davis, *Essai sur le don dans la France du XVI*^{e} *siècle*, traduit par Denis Trierweiler, Editions du Seuil, 2003.

N. Z. Davis, *Il dono — Vita familiare e relazioni pubbliche nella Francia del Cinquecento*, trad. di Maria Gregorio, Feltrinelli, 2002.

ちなみにイタリア語訳は、カルロ・ギンズブルグの『ピノッキオの眼』（竹山博英訳、せりか書房）、『歴史・レトリック・立証』（上村忠男訳、みすず書房）などが入った、「知の場／文化　Campo del sapere/Culture」というシリーズの一冊である。

本書を手にされた読者は、フランスを中心とする近世ヨーロッパの社会史・文化史の分野で輝かしい成果を挙げてきた著者については、十分にご承知であろうから、ここでは、これまで日本語となった彼女の著作を、単著を中心に掲げるにとどめたい。

『帰ってきたマルタン・ゲール』成瀬駒男訳、平凡社ライブラリー、一九九三年。〔ギンズブルグ「証拠と可能性」上村忠男訳を収録。一九八五年に『マルタン・ゲールの帰還』と題して単行本で出されたものの文庫化。有名な偽亭主裁判に焦点を当てたミクロ・ストーリアで、デーヴィスの名前を一挙に有名にした。彼女自身の監修により、ジェラール・ドパルデュー、ナタリー・バイ主演でフランスで映画化され（《Le Retour de Martin Guerre》）、その後アメリカでも、リチャード・ギア、ジョディ・フォスター主演で《ジャック・サマーズビー》としてリメイクされた〕

『愚者の王国　異端の都市』成瀬駒男・宮下志朗・高橋由美子訳、平凡社、一九八七年。〔ルネサンスのリヨンの社会を、儀礼・象徴・ジェンダーといった視点などを導入して描き出した、彼女の主著〕

『古文書の中のフィクション』成瀬駒男・宮下志朗訳、平凡社、一九九〇年。〔恩赦嘆願のディスクールから、非識字者や女性などの「声」を聴き取るという、重要かつ興味深い著作〕

『境界を生きた女たち――ユダヤ商人グリックル、修道女受肉のマリ、博物画家メーリアン』長谷川まゆ帆・北原恵・坂本宏訳、平凡社、二〇〇一年。〔さまざまな意味での越境をはたした、一七世紀の三人の女性の生涯〕

G・デュビィ、M・ペロー監修、N・ゼモン＝デイヴィス、A・ファルジュ編『女の歴史3、一六―一八世紀』全二巻、杉村和子・志賀亮一監訳、藤原書店、一九九三年。

デーヴィスの波乱にみちた半生は、次のインタビュー集で読むことができる。

『歴史家たち』近藤和彦・野村達朗編訳、名古屋大学出版会、一九九〇年。〔E・P・トムスンとC・ギンズブルグのあいだに入っている。なお、このインタビューは、これ以前に拙訳で、『月刊百科』一九八六年二月号—四月号に紹介した〕

また、彼女とも親しい近世史家近藤和彦氏による要を得た紹介が、次の書物に収められているので、ぜひご覧いただきたい。

尾形勇・樺山紘一・木畑洋一編『20世紀の歴史家たち（3）』刀水書房、一九九九年。〔福井憲彦氏によるフーコーと、杉田英明氏によるサイードのあいだに入っている〕

さて、本書は、そのタイトルが示すごとく、「贈与」というトピックスを扱っている。「序文」でも告白しているけれど、デーヴィスの「贈与」への関心は、ずいぶん昔にさかのぼる。前記『歴史家たち』所収のインタビュー（一九八一年）でも、「今は贈与について新しくエキサイティングな勉強をしてますが、それは私有財産制が厭になっているからよ」と、その動機が率直に語られているが、彼女にとっては、避けては通れないテーマだったのである。

そして一九八〇年代後半を迎えると、私事にわたるが、わたしは彼女と幾度か長い手紙のやりとりをおこなっている。むろん、半分はファンレターのようなもので、あなたの研究などに触発されて都市リヨンのことを調べているといったことを書き連ねたにちがいない。そうしたやりとりで、もちろん彼女の論文のことも話題になるわけだけれど、そうすると、彼女は親切にも、日本ではほぼ入手困難な論文のコピーを、その都度、どかっと送ってくれたのである。そうしたコピーの束を取り出して見ると、たとえば、«Art and Society in the Gifts of Montaigne»（*Representations* 所収）というテクストがある。『エセー』第三巻八章「父親の子供への愛情について」を手がかりに、書物の謹呈を贈与行為のメタファーとして考えようとした、短い発表原稿とはいいながら――彼女のあとを受けて、美術史のマイクル・バクサンドールが話している――、「贈与」への関心が持続していることが判明する。

その後、彼女は一九九七年に、待望の来日を果たして、関東と関西で数多くの講演をこなすことになる。いまは亡き二宮宏之先生や、近藤和彦氏のお膳立てで、本郷でデーヴィスを囲むセミナーをした際には、わたしも拙い報告をおこなったこと、あるいは茶室にて、興味津々の様子でお手前を頂戴していた彼女の姿などを、なつかしく思い出す。この来日の際にも、彼女は日本西洋史学会（北海道大学）で、「一六世紀フランスにおける贈与と賄賂」という講演をおこなっていて、それは近藤氏の手で翻訳され、雑誌『思想』岩波書店（一九九七年一〇月号）に掲載されている。そこには本書の骨格をうかがうことができる。

こうした長年の熟成をへた結果が本書にほかならない。著者は、ボッティチェッリも《春》で描いた、あの三美神を引き合いに出して、「互酬性」という贈与の精神を説明することから始める。これはもちろん、贈る・受け取る・返礼するという、モースのいう三つの義務に対応している。とはいえ彼女は、そこから贈与交換の普遍的なパターンを抽出して、理論化を狙うわけではない。市場経済と贈与慣行とを、相互排除的なものとみる、進化の図式に従うのでもない。彼女は、贈与の秩序維持的な機能と同様に、たとえば賄賂のような不正な贈与といった、贈与・返礼という円環のほころびにも十分に注意を払う。そして、宗教改革の世紀にあって、批判にさらされた贈与が、いかなる転換をとげていくのかを通じて、贈与なるものの本質に迫っていこうとするのである。「かの三美神は、いっしょに踊ってくれることもあれば、つまずいてしまうこともある」という、第一章「贈与の精神」の結びのことばが、著者の関心のありかを如実に物語っている。

こうしてデーヴィスは、贈与をキーワードとして、ホームグラウンドであるフランス一六世紀の古文書の世界に、あるいは文学・神学・法学などのテクストの世界に、さらには、さまざまな図像の世界に入りこんでいく。以下、やや主観的であることを承知の上で、各章の内容を要約しておきたい。

第二章「贈与の慣行と公共の時間」では、お年玉や「アギランヌフ」の紹介から始まって、求愛・結婚・葬儀といった、暦やライフサイクルの節目における贈与のプラティックが記述される。そして最後に「生前贈与」というトピックスが出てくる。

第三章「贈与の慣行と社会的意味」の主役はノルマンディの田舎領主グーベルヴィルといえよう。彼と目上の人々との非対称な贈与関係、そして農民たちとの――これは互酬性にもとづくといえるのだろうが――日々のギブアンドテイクが物語られる。

第四章「贈ることと売ること」では、贈与慣行と市場が、むしろ相互作用として機能していたのではという視点が示される。こうして具体的には、印刷本という商品に添えられた「献辞」という贈与のディスクールや、教育という知の贈与と、その対価としての謝礼との関係が論じられる。また医療行為とその報酬――ここでは、治らない場合は無料でいいですという、前近代の治療者（ヒーラー）との確執が問題となる。いずれにせよ、知識の供給という場でも、贈与と支払いとは共存していたのである。そして後半は、「心づけ」と、図像にもとづく贈与・売買におけるジェスチャーの分析に割かれる。

第五章「失敗した贈与」は、贈与をめぐってのトラブルという、広大なアリーナの探索である。遺言書に見る贈与、そして期待が満たされないことによる、遺言の取り消しというふるまい。宮廷人や知識人たちの、贈与の義務とプレッシャーや、彼らの偽善的な態度が示された後で、そうしたしがらみをもっとも嫌い、「自分で自分を縛るよりも、公証人に縛られるほうが、よほど楽だ」と述べた、モンテーニュと贈与の関係性に筆が及ぶ。後半は、女性と贈与慣行が主題となる。女たちは、贈与につきものの義務やしがらみに神経質になっていたというよりも、男たちや母親からの服従の要求に対して、強いプレッシャーを感じていたというのだ。そして最後に、白人と新大陸の住民との、優越感による非対称の贈与関係があぶり出される。

第六章「贈与、賄賂、そして国王たち」では、裁判と、司法関係者への付け届けという慣習が紹介されて、あの「マルタン・ゲール事件」を担当した判事ジャン・ド・コラスの『公正なる、良き判事の資質と職務』という著作も引用される。また、官職を贈与する国王の裁量権とは、どこまで発揮されてしかるべきなのかというアクチュアルな問題をめぐって、ボダンも含め、さまざまな議論が交叉する。

第七章「贈与と神々」は、神からの賜り物と金銭との関係であるが、ミサ聖祭をめぐる、カトリックとプロテスタントの相違が、その理論・実践において考察される。ヴァルド派の寄付も得て、プロテスタントが出したオリヴェタン訳のフランス語聖書（一五三五年）に添えられた、「(反) 献辞」（オリヴェタン）、「(反) 特認」（カルヴァン）の卓抜なる分析は、本書のハイライトといえるのではないのか。そこに著者は、互酬性を乗り越えた、理想の贈与の姿を読み取ろうとするのだ。さらには、神と人間との関係性に、贈与の視点から踏みこんで、互酬性の観念を、いわば脱構築したカルヴァンの思想へと向かう。ただし、ここでもカルヴァンの厳格さという地点に立ち止まることはなく、ラブレー『第三の書』における、パニュルジュの「借金礼讃」という、有名な「逆説的礼讃」でこの章を閉じるのが、いかにもデーヴィス流なのである。

結論でも、贈与における、共同体の和平・安定という機能と並んで、争い・対立の契機としての側面が重視される。ただしデーヴィスは、一六世紀の場合、それを市場原理との確執としてではなく、家族・政治・宗教といった領域における、権力関係や互酬性をめぐる争いとして見るべきだと述べる。そして、贈与なるフォーマットを、(通約可能性を本質とする) 交換・エコノミーとは別物だとして、贈与を不可能性の縁に追いやろうとする――あくまでもデーヴィスの解釈である――デリダなどとは異なり、あくまでも贈与をサポートする形で、これからの世界の有り様を考えていかなくてはいけないと主張するのである。最後近くで、彼女は、バタイユにも言及している。そのきっかけは「マーシャル・プラン」（正式名は「ヨーロッパ復興計画」で、贈与と借款からなる）で、バタイユが『呪われた部分』で、これを論じているからなのだが、デーヴィスのこの反応の背後には、学生時代に左翼として「マーシャル・プラン」に反対する活動をしていたという、彼女自身の原体験が横たわっているにちがいない。バタイユはモースの影響を受けつつも、等価なものの交換を自明のものとする観念を批判して、これを超克すべく、非対称的な経験や、共約不可能性という観念にもとづく思索を深め、あの「濫費」「消尽」といった概念を提示したのであったが、デーヴィスとバタイユとは、いかなる偏差を示しているのだろうか？　ともあれ、バタイユの「消尽」の代わりに、デーヴィスはラブレーの汲めども尽きぬ酒樽（『第三の書』「前口上」）を献上する。そこには、贈与を人類の普遍的な営為として見続けて、あくまでも、その先に希望を見ようとする、彼女の強い信念が見てとれる。

本書は、贈与をめぐる失敗やトラブルに、その非対称性に、かなりのページを割きながら、文化の混交や越境、ブリコラージュといった、デーヴィス流の分析の手際が十分に発揮された著作といえよう。お中元、お歳暮、お年玉、バレンタイン・デーの「義理チョコ」と、贈与の文化が浸透したわが国と比較しながら読むのも興味深いのではないだろうか。

ところで、本書の大きな魅力が、一六世紀フランスにおける具体的な事例を、マジシャンが次々とカードを出すがごとくに、たっぷりと披露してくれる、その手さばきにあることはいうまでもない。エラスムスとビュデの書簡などのやりとりにおける、非のうちどころのない礼節さのなかに秘められたライバル意識。マルグリット・ド・ナヴァールが史実を元にして書き上げた、若き女性ロランディーヌと、後見人・女主人たる王妃との服従の物語。あるいは、法学者シャルル・ド・ムーランによる弟への「生前贈与」の撤回と、その弟の息子夫婦によるシャルルの娘の殺人という、復讐の惨劇。南仏の役人が、若い娘に贈り物攻勢をかけて、再婚にこぎつけるプロセス。そしてまた、治療にあたる大学医学部の医者たちには、なにを付け届けすればいいのかと、モンペリエで病床に伏す愛妻に問い合わせる、ジャン・ド・コラス判事。さまざまな人々が、贈与の舞台に現れては、消えていくのである。

たとえば、ノルマンディはコタンタン半島の田舎領主グーベルヴィル殿のエピソードなどは、随所に出現するものだから、わたしはうれしくなる。グーベルヴィルは、日々の単調とも思えるできごとを、これでもか、これでもかと書きとめて、最後には、その日の出費を忘れずに記録した。この家事日記は、「今日は、一日屋敷にいた」と、三千回以上も書き連ねたところの、いわば凡庸なる日々の記録にほかならない。だが、わたしなどは、むしろ、こうした日録にぴたり寄り添ってみることで、ルネサンスに生きた人間の心性にじかに触れられると信じて、グーベルヴィルの故郷にも何度も足を運んでいる口だ（拙稿「グーベルヴィル『家事日記』の舞台を訪れて」『UP』東京大学出版会、二〇〇〇年三月号、などを参照）。第三章に出てくる、サン＝ポール公爵夫人のお屋敷も、庭だけであったけれど、見せてもらったりしたものだ。したがって、この田舎領主の家事日記が、本書で大きな役割を演じていることに、わが意を得たりという気持ちなのである。

たとえば、グーベルヴィル殿が林野治水監督官という地位を射止めようとして、わざわざブロワの宮廷にまで赴いて猟官運動をおこなったものの、しくじったエピソードも登場する——こんな風に。

「彼は、こうした際のふるまいをまったく心得ておらず、のんびり構えては、お芝居を見たり、宮廷の台所で若い侍臣と雑談したり、王妃のソムリエと飲み交わしたりしている。それでも、ようやくにして請願書を手渡すのだが、当の審査官ときたら、グーベルヴィル殿の書類など、懐から一度も取り出すことはなかったのである」（第三章）。

以前、この挿話を詳細に紹介したことがあるから、デーヴィスの記述を肉付けする意味で、グーベルヴィルの『家事日記』から抜粋してみたい（詳しくは拙著『エラスムスはブルゴーニュワインがお好き』白水社、を参照）。

「一五五五年二月五日、水曜日。ブロワから動かず。官職税収入役ルフェーヴル殿に、コタンタン裁判管区の林野治水監督官の官職を、一三〇〇エキュで買うむねを約束する。この申し出を受けて、何が足りないかを説明してくれた書記にテストン銀貨一枚を渡す。また上記収入役の書記エベールは、別に、官職税の登録簿も見せてくれたので、さらに一テストンをあげた。出費合計二二スー、八ドニエ。

一一日、火曜日。ル・シャンドリエ殿〔＝国王尚書官〕に請願書を見せたところ、けっこうだとのこと。清書してもらうため、殿の書記に八スー渡す。国王がブロワに戻られた。評議会は開かれず。（中略）合計八スー。

一二日、水曜日。清書した請願書をル・シャンドリエ殿に提出したところ、ヴォワザンリュー殿にお見せしようといわれた。

一四日、金曜日。朝、城にでかける直前のヴォワザンリュー殿に請願書の件をお話ししたところ、読んでみましょうといわれた。昼食後、評議会に行かれる殿をつかまえて、再びお願いした。すると、〈書類は胴巻きに入っている。よいチャンスがあれば、この件をお話しするつもりだ〉と、殿はいわれた。評議会後、もう一度、ヴォワザンリュー殿に話しかけてみたが、この件を持ち出すことはできなかった、王令にはしたがわなくてはいけない、以前、これと似たようなことが評議会で話題になったが、それはいけないことだということになった、とのこと。」

かくして、林野治水監督官への昇進という件は、取り上げてもらえず、田舎領主は空しく故郷に帰還するしなかった。宮廷への「失敗した贈与」の大旅行は一か月半に及び、その費用は六五リーヴルを要したという。そして、このブロワへの失意の旅以後、彼は極端に出不精な人間になってしまう。つまり「贈与」は、なんらの「反対給付」ももたらさなかったのである。

また、デーヴィスは、オリヴェタン訳聖書の「(反)献辞」「(反)特認」の、革新性に着目しているわけだが、この視点にも、大いに親近感を覚えずにはいられない。一五三三年の初めにジュネーヴからヴァルド派の谷間に向かい、教師をしながら、聖書の新訳に日夜いそしんだ、カルヴァンの同郷人オリヴェタン。その「オリヴェタン聖書」の献辞には、「アルプスより。一五三五年二月一二日」と記されている。実はわたしは、二〇〇六年の初夏、このオリヴェタンゆかりの、アルプスのふもとのヴァルド派の谷間を訪れたのである。それはトーレ・ペリーチェという町——日本の女子チームが大活躍した、あのカーリング競技がおこなわれた町から山間に入っていったところである。トーレ・ペリーチェの周辺だけは、そもそもはヴァルド派の、ということは現在はプロテスタントの共同体となっている。谷間が形成する扇のかなめをなすこの町には、ヴァルド派博物館のみならず、ヴァルド派教会やヴァルド派の学校までもあった。中世の時代に、異端として迫害されてヨーロッパ中に散った、ヴァルド派の人々の子孫にとって、ここは聖地のような存在であるらしい。そして彼らは、自分たちの先祖の悲劇を、ユダヤ人のそれになぞらえて、「ディアスポラ」と呼んでいるのだ。ユダヤ人であるデーヴィスが、こうしたことを知らないはずはないのである。

著者デーヴィスのこととなると、やや感傷的になる。なにしろ、かつて、もっとも夢中になって読みふけった歴史家のひとりなのだ。単行本に入っていない雑誌論文をコピーして、製本までして読んだ歴史家というのは、ほんの数人しかいない。映画《マルタン・ゲール》が日本では公開されず、翌年、カルチエ・ラタンの映画館——客席は閑散としていた——で観てから、レンタルビデオ屋を拝み倒して、中古ビデオを日本に買って帰ったことも忘れがたい。息子のアーロン・デーヴィスは、ホリー・コール・トリオのピアニストだから、日本ツアーの時に楽屋を訪ねたこともなつかしい。要するに、ナタリー・デーヴィスは、文学研究者でありながら歴史学にも深い関心を抱いていた、かつてのわたしにとっての輝ける星なのであった。単行本に入っていない彼女の論文を集めて、日本語版だけのデーヴィス本を作りたいと、幾度思ったことか。しかしながら最近では、追っかけをしたくなるような歴史学者がいなくて、寂しくなる。むろん、こちらが文学に回帰したという事情もあるけれど、歴史学の側にも、それだけの魅力が失せてきているとしたら残念というしかない。

翻訳には、ずいぶんと難渋した。こちらが贈与論なるものに疎いという事情もある。そして日本語とは面妖なもので、reciprocity といっても、通常は「相互性」でありながら、贈与論の枠組みだと、とたんに「互酬性」というテクニカル・タームに変身する。最初は、「相互性」とか「ギブアンドテイク」とか柔らかく訳していたが、そうすると「互酬性」という訳語とのスムーズな移行を演出することが困難かとも思われてきて、最終的には、すべて「互酬性」と訳出した。この種のことがらに、ずいぶんと気をつかった。またデーヴィスは当然、英語――米語というべきか――でこのテクストを書いている。英語話者を想定して文章を展開しているわけだから、一六世紀のフランス語テクストの引用なども英訳で、あるいは英語による要約で提示される。ところが、それを日本語にしても、うまくニュアンスが伝わらないことも多いから、こうした個所はフランス語版や、著者に送ってもらった出典一覧を見ることになる。拙訳は、そうした往復運動の記録ともいえる。

いくつか付記しておきたい。〔 〕は訳者による注であり、煩雑さを避けるために、訳者による後注はいっさい付けなかった。また著者の注で、たとえば「1553/54年1月16日」といった記述が見られるが、これは旧暦と新暦を併記しているのである。フランスでは、一五六四年の「正月王令」によって一月一日が正式に新年と定められるまでは、（地方によって差があるものの）一般的には復活祭をもって新年とするスタイルが採用されていた。したがって「一五五三年一月一六日」と史料にあっても、復活祭前であるから一五五三年となっているだけで、現行歴では「一五五四年一月一六日」ということになるのである。なお、後注に出てくる人名などで、あえてカタカナにせず残したものもある。より詳しく調べたいと思う読者には、この方が便利であろうと考えたからにほかならない。

この翻訳は、最初は、何人かの一六世紀研究者による共同作業でやろうと考えたのだけれど、結局、実現には至らず、単独で挑戦することになった。著者の意図を十分に尊重しつつ、明快な日本語にすることをこころがけたものの、その結果はどうだろうか？　読者諸賢のご批判をまつしかない。いち早く正誤表などを送ってくれた著者デーヴィスには、日本語版の出版が大幅に遅れてしまったことを深くお詫びしたい。この翻訳もまた、編集の尾方邦雄氏との共同作業で仕上げたものである。彼に深く感謝したい。

宮下志朗

二〇〇七年六月

原 注

略 号

AChL	Archives de la Charité de Lyon
ADA	Archives départementales de l'Ariège
ADHG	Archives départementales de la Haute-Garonne
ADIV	Archives départementales de l'Ille-et-Vilaine
ADM	Archives départementales de la Manche
ADPA	Archives départementales des Pyrénées-Atlantiques
ADPC	Archives départementales du Pas-de-Calais
ADR	Archives départementales du Rhône
ADSM	Archives départementales de la Seine-Maritime
AEG	Archives d'État de Genève
AHDL	Archives de l'Hôtel-Dieu-de Lyon
AML	Archives municipales de Lyon
AN	Archives nationales
BML	Bibliothèque municipale de Lyon
BN	Bibliothèque nationale de France

序 文

1. François Rabelais, *Gargantua,* chap. 50, in *Œuvres complètes,* Mireille Huchon, éd., Paris, Gallimard, 1994, p. 132-134. Daniel Ménager, «La politique du don dans les derniers chapitres du Gargantua», *Journal of Medieval and Renaissance Studies* 8, 1978, p. 179-191.
2. Marcel Mauss, «Essai sur le don. Forme et raison de l'échange dans les sociétés archaïques», *L'Année sociologique,* n. s., I, 1923-1924, p. 30-186 ; rééd. in Marcel Mauss, *Sociologie et Anthropologie,* 2e éd., introduction par Claude Lévi-Strauss, Paris, PUF, 1980, p. 145-279.〔モース『社会学と人類学（1）』有地亨ほか訳，弘文堂，1973 年〕引用は L'Année sociologique に拠り，Mauss, *Don,* p. 32-33 のように表記する．
3. Mauss, *Don,* p. 45-58. モースは，機能主義を越えて，贈与のエコノミーは，「近代の，商業的，生産的マーケットとは相容れない」とも書いている：「あまりに運まかせで，費用もかさむし，ぜいたくで，他人のことばかりおもんばかり，市場・商取引・生産の発展とは相容れず，要するに，この時代にあっては反経済的な，この贈与のエコノミー」（*Don,* p. 140）．だが，モースが贈与なるものを根本的には信じていたことからして，この発言は皮肉まじりのものにちがいない．

4. *Don,* p. 40, 160-167. 1920 年代のモースの社会的・政治的思想については，次の優れた評伝を参照のこと．Marcel Fournier, *Marcel Mauss,* Paris, Fayard, 1994, p. 399-461, et Marcel Mauss, *Écrits politiques,* Marcel Fournier, éd., Paris, Fayard, 1997. モースの著作に関する，最近の読解については，次を参照．Maurice Godelier, *L'Énigme du don,* Paris, Fayard, 1996, 1re partie, «Le legs de Mauss»,〔ゴドリエ『贈与の謎』山内昶訳，法政大学出版局，2000 年〕. Wendy James et N. J. Allen, éd., *Marcel Mauss : A Centenary Tribute,* New York and Oxford, Berghahn Books, 1998.
5. Marshall Sahlins, *Stone Age Economics* (Chicago: Aldine Publishing Company, 1972)〔サーリンズ『石器時代の経済学』山内昶訳，法政大学出版局，1984 年〕．特に，初出が 1968 年から翌年の第 4 章と，1965 年が初出の第 5 章を見よ．
6. Annette B. Weiner, *Women of Value, Men of Renown: New Perspectives in Trobriand Exchange,* Austin, University of Texas Press, 1976, chap. 9-10. 著者は，後年に太平洋の複数のコミュニティを調査し，「譲渡不可能な」所有物，つまり，けっして交換などされることなく，家族内にとどまり続けて，社会的ディスタンクションや権力の起源となるモノについて研究した．cf. A. B. Weiner, *Inalienable Possessions : The Paradox of Keeping-While-Giving,* Berkeley and Los Angels, University of California Press, 1992. 権力を維持するためには，もちろんこれらの所有物が以後の世代に継承される必要がある．ワイナーは，文化人類学者たちは，互酬性や交換に固執するあまり，譲渡できない所有物を無視してきたのではないのかと指摘する．逆に，歴史家たちは，譲渡不可能な所有物になじみが深くて，交換を無視する傾向にあったのだ．夫と妻の関係，権力の形成と贈与は，次の本の主題のひとつとなっている．Marilyn Strathern, *The Gender of the Gift : Problems with Women and Problems with Society in Melanesia,* Berkeley, University of California Press, 1988. 著者によれば，それぞれのモノが，自動的にジェンダーを帯びているわけではなく，「それがいかなる目的で，どのように取引されるか」で，「男性のモノ」ともなり，「女性のモノ」ともなるのだという（p. ix).
7. Claude Lévi-Srtauss, *Les Structures elémentaires de la parenté,* Paris et La Haye, Mouton, 1971, chap. 5, とりわけ p. 65-73.〔クロード・レヴィ＝ストロース『親族の基本構造』全 2 巻，馬淵東一・田島節夫監訳，番町書房，1977/78 年〕．Maurice Godelier は，上記の *L'Enigme du don* において，少なくとも，西欧社会に関しては，進化の図式に従っている：「贈与は存在するが，基本的な社会関係を生みだし，再生産するという責務からは，まったく解放されている．（中略）贈与とは，市場や国家の上部に位置する，個人的な関係の表現であり，道具なのである」．とはいえゴドリエは，共産主義者の夢がついえた後で，西側の資本主義国家に対しては，社会の問題を解決するために，気前のよさを発揮してくれるのではと，いわば「贈与のお返し」のような要求も存在したのではと述べる（p. 291-295).
8. C. A. Gregory, *Gifts and Commodities,* Londres, Academic Press, 1982. Nicholas Thomas, *Entangled Objects : Exchange, Material Culture, and Colonialism in the Pacific,* Cambridge (Mass.), Harvard University Press, 1991, p. 205. クワキウトル族のポトラッチは，彼らがヨーロッパ人と接触し，ヨーロッパの日用品などが入ってきてから，広がったとこ

ろの，もうひとつの贈与の形態である．毛布など，「ハドソンズ・ベイ・カンパニー」の生産品や，その他のヨーロッパの交易品は，祝い事での贈与に欠かせぬモノとなったが，ヨーロッパ人が持ちこんだ病気によって人口減少が起こり，世襲による族長の多くが空位となってしまい，そうした地位を埋めるためにポトラッチが増加したのである．次を参照．Aldona Jonaitis, éd., *Chiefly Feasts : The Enduring Kwakiutl Potlatch,* avec des essais de Douglas Cole *et al.,* Seattle, University of Washington Press, 1991, p. 110-114 et 135. 非貨幣的／貨幣的，「伝統的」／「近代的」，贈与／商品といった二項対立をふりかざした人類学者たちへの，みごとな批判は，次を見よ．Jonathan Parry et Maurice Bloch éd., *Money and the Morality of Exchange,* Cambridge, Cambridge University Press, 1989, chap. 1.

9. Claude Macherel, «Don et réciprocité en Europe», *Archives européennes de sociologie* 24, 1983, p. 151-166. Alain Caillé, *Don, Intérêt et Désintéressement,* Paris, La Découverte/MAUSS, 1994 の，特に第二部と，より一般的には，Caillé による *La Revue du MAUSS.* James G. Carrier, *Gifts and Commodities : Exchange and Western Capitalism since 1700,* Londres et New York, Routledge, 1995 (p. 11 の引用).

10. M. I. Finley, *The World of Odysseus,* rev. ed., New York : Viking, 1965 ; 1st edition, 1954.〔『オデュッセウスの世界』下田立行訳，岩波文庫，1994 年〕. Georges Duby, *Guerriers et Paysans, VIIe-XIIe siècle. Premier essor de l'économie européenne,* Paris, Gallimard, 1973, p. 60-69. Finley は，経済史家・哲学者のカール・ポランニーに多くを借りていることを認めている．Duby は，マルセル・モースの贈与論を引いている．また原始社会における贈与に関する，もうひとつの先駆的研究として，Aron Ya. Gurevich のものがある．特に，彼の «Wealth and Gift-Bestowal among the Ancient Scandinavians,» *Scandinavica* 7 (1968): p. 126-38 を見よ．

11. Duby, *Guerriers,* p. 300. Lester K. Little, *Religious Poverty and the Profit Economy in Medieval Europe,* Ithaca, Cornell University Press, 1978, 8, p. 212-213 et 216.

12. Karl Polanyi, *The Great Transformation : The Political and Economic Origins of Our Time,* Boston : Beacon Press, 1957 ; 1st edition, 1944, chap. 4-5.〔ポランニー『大転換——市場社会の形成と崩壊』吉沢英成訳，東洋経済新報社，1975 年〕．ポランニーは，市場を歴史的常数として考えるために，Bronislaw Malinowski, Raymond Firth などの人類学者の業績を活用している．Gareth Stedman Jones, *Outcast London : A Study in the Relationship between Classes in Victorian Society,* Oxford : Clarendon Press, 1971, chap. 13.

13. Gabriel Herman, *Ritualised Friendship and the Greek City,* Cambridge and New York : Cambridge University Press, 1987, p. 6. 次も見よ．Ian Morris, «Gift and Commodity in Archaic Greece,» *Man,* n. s., 21, 1986, pp. 1-17.（ホメロス時代の「氏族社会」から，紀元前 6，7 世紀の都市国家に至るまで，贈与形式が続いていたことを議論している）. Sitta von Reden, *Exchange in Ancient Greece,* London : Duckworth, 1995.

14. Barbara Rosenwein, *To Be the Neighbor of Saint Peter : The Social Meaning of Cluny's Property, 909-1049,* Ithaca, Cornell University Press, 1989, chap. 4, 特に p. 130-143. 次も見よ．«Gift-Giving in the Great Traditions : The Case of Donations to Monasteries in the

Medieval West», *Archives européennes de sociologie* 36, 1991, p. 209-243. そこで著者は，宗教的な奉納は，近代的な特徴を有する古風なものとモースが考えた，さまざまの特徴を，新たな形で組み合わせたのだと論じている．修道院制度を介して，聖人に奉納をおこなう慣行については，次の研究を参照．Stephen D. White, *Custom, Kinship, and Gifts to Saints : The «laudatio Parentum» in Western France, 1050-1150,* Chapell Hill et Londres, University of North Carolina Press, 1988.

15. Linda Levy Peck, «For a King not to be bountiful were a fault : Perspectives on Court Patronage in Early Stuart England», *Journal of British Studies* 21, 1986, p. 31-61（英語文献の書誌が付いているが，自分の研究をモースの問題提起とも結びつけている）; *Court Patronage and Corruption in Early Stuart England,* Londres et Boston, Unwin Hyman, 1990. Sharon Kettering, *Patrons, Brokers, and Clients in Seventeenth-Century France,* New York et Oxford, Oxford University Press, 1986 ; «Gift-Giving and Patronage in Early Modern France», *French History* 2, 1988, p. 131-151. Alain Guéry, «Le Roi dépensier. Le don, la contrainte et l'origine du système financier de la monarchie française d'Ancien Régime», *Annales ESC* 39, 1984, p. 1241-1269. Marcello Fantoni, «Il Dona del Granduca : Liberalità, Potere, Ostentazione».（フィレンツェ大学に 1984-85 年度に提出された博士論文で，序文にモースなどの人類学の業績を引いている）. Jean-Claude Waquet, *De la corruption : morale et pouvoir à Florence aux XVIIe et XVIIIe siècles,* Paris, Fayard, 1984（特に序文）. 古典古代の社会に関しては，ポール・ヴェーヌが，公的な贈与のふるまいと権力の関係をめぐって次の大著を著している．*Le Pain et le Cirque. Sociologie historique d'un pluralisme politique,* Paris, Éd. du Seuil, 1976.〔ヴェーヌ『パンと競技場』鎌田博夫訳，法政大学出版局，1998 年〕.

16. Natalie Zemon Davis, «Beyond the Market : Books as Gifts in Sixteenth-Century France», *Transactions of the Royal Historical Society,* série 5, 33, 1983, p. 69-88. Alexander Nagel, «Gifts for Michelangelo and Vittoria Colonna», *Art Bulletin* 79, 1997, p. 647-668.

第 1 章

1. 11, 2 ; Rom. 12, 3 ; Act. 8, 17 ; Ps. 24, 1 ; Gen. 22, 17-18 ; Mt 10, 8.

2. Jean Bouchet, *Les Triumphes de la Noble et amoureuse Dame,* Paris, Guillaume de Bossonzel, 1536, 31v.-32r. Pierre Coustau, *Pegma,* Lyon, Macé Bonhomme, 1555, 285 ; *Le Pegme de Pierre Coustau, mis en francoys,* Lyon, Macé Bonhomme, janv. 1555/1556, p. 352-353. «Qui donne Dieu luy donne», in Nicolas Dupuy, *alias* Bonaspes, et Jean Gilles de Noyers, *Proverbia communia,* Paris, Bernard Aubry, 1513, C 2v. «Qui du sien donne, Dieu luy redonne», in Jean Gilles de Noyers, «Proverbia», in *Thresor de la langue francoyse tant ancienne que moderne,* Paris, David Douceur, 1606, p. 12.

3. Aristote, *Éthique à Nicomaque,* livre V, chap. 5, 1133a 1-5. «Itaque et gratiarum templum in propatulo urbis loco constituitur, ut sit remuneratio. Hoc enim gratiae proprium est. Nam ei qui beneficium dederit, referendum beneficium est : et is rursus alterum beneficio

provocare debet», in *Aristotelis Ethicorum, sive de Moribus, ad Nichomacum Libri Decem,* Hanovre, Wechel, 1611, livre V, chap. 5, p. 206. この『ニコマコス倫理学』は，フランスでは15世紀末から16世紀にはラテン語版が多数出されるし，フランス語訳やギリシア語原典も出ている．

4. Seneca, *The Woorke of the Excellent Philosopher Lucius Annaeus Seneca Concerning Benefyting,* trans. Arthur Golding, London, John Day, 1578 (facsimile edition, Amsterdam, Theatrum Orbis Terraum, 1974), book I, CHP. 3, P. 3r-v. セネカの『恩恵について』のフランス語訳は，16世紀末からたくさん出るようになり，たとえば1639年のマレルブの訳がある．セネカの著作自体は，フランスでは1500年前後から出版されている．セネカは，たとえば次のような個所で引用されている．Coustau, *Pegma,* p. 282-285, *Pegme,* p. 350-353 ; Giovanni Piero Valeriano et Caelius Augustinus Curio, *Commentaires hieroglyphiques ou images des choses de Ian Pierius Valerian [...] Plus deux Livres de Coelius Curio,* trad. Gabriel Chappuys, Lyon, Barthélemy Honorat, 1576, p. 584. ルネサンスのイメージ大系における「三美神」については，次を参照．D. T. Starnes, «Spencer and the Graces», *Philological Quarterly* 21, 1942, p. 268-282 ; Edgar Wind, *Pagan Mysteries in the Renaissance,* London/New Haven, 1958, chap. 2.〔ウィント『ルネサンスの異教秘儀』田中英道ほか訳，晶文社，1986年〕.
5. Érasme, *Le Trésor de Minerve, Les Adages,* trad. J.-C. Margolin, Paris, Robert Laffont, «Bouquins», 1992, p. 109-213 ; Gilles de Noyers, «Proverbia», *in Thresor de la langue francoyse,* p. 4, 13, 17.
6. P. Ourliac et J. de Malafosse, *Histoire du droit privé,* 3 vol., 2e éd., Paris, PUF, 1971, II, p. 168-171, 421-434. G. E. Aylmer, «The Meaning and Definition of "Property" in Seventeenth-Century England», *Past and Present* 86, février 1980, p. 89.
7. Nicolas Theveneau, *De la Nature de tous Contractz, Pactions et Convenances,* Poitiers, Pierre et Iean Moynes, 1559, p. 4-5 ; Charles Du Moulin, *Summaire du Livre analytique des contractz, usures, rentes constituées, interestz et monnoyes,* Paris, Mathurin Du Puys, 1547 (タイトルページと1r). Ourliac et Malafosse, *Droit privé,* I, p. 111-116 ; P. S. Atiyah, *The Rise and Fall of Freedom of Contract,* Oxford, Clarendon Press, 1979.
8. Robert Estienne, *Dictionnaire Francoislatin,* Paris, Robert Estienne, 1549, p. 198, 458-486. *Cronique du Roy Francoys premier de ce Nom,* Georges Guiffrey, éd., Paris, Renouard, 1860, p. 288. *Le Journal d'un bourgeois de Paris sous le règne de François Ier (1515-1536),* V.-L, Bourrilly, éd., Paris, Alphonse Picard, 1910, p. 33 でも，二つのことばが似たような使われ方をしている．
9. Estienne, *Dictionnaire,* p. 86, 486. フランス語でcadeauが「プレゼント」の意味を持つようになるのは，18世紀になってから．
10. Anne de Bretagne, «Extraits des comptes», in A. J. V. Le Roux de Lincy, *Vie de la Reine Anne de Bretagne, femme des rois de France Charles VII et Louis XII,* 4 vol., Paris, L. Curmer, 1861, IV, p. 166-167. Paul Raymond, «Notes extraites des comptes de Jeanne d'Albret et de ses enfants, 1556-1608», *Revue d'Aquitaine et des Pyrénées* 11, 1867, p. 393.

11. *Le Compost et Kalendrier des Bergiers,* Paris, Guy Marchant, 1493 ; éd. fac-similé, Paris, Pierre Champion, 1926, g 7v. Bouchet, *Triumphes,* 36r-37v. Jean Benedicti, *La Somme des Pechez, et le Remede d'iceux,* Paris, Denis Binet, 1595, livre 4, chap. 7, p. 484-490. 中世における慈善の観念については，次の優れた研究を参照．Miri Rubin, *Charity and Community in Medieval Cambridge,* Cambridge, Cambridge University Press, 1987, chap. 3.
12. Bouchet, *Triumphes,* 37r. Benedicti, *Somme,* livre 4, chap. 7, p. 485-486. Georgette de Montenay, *Emblemes, ou Devises chrestiennes,* Lyon, Jean Marcorelle, 1572, p. 90（身体の不自由な乞食が，茶碗を手にして施しを受けている．ピエール・ウェイリオット Pierre Woeiriot の版画）.
13. Jean Meyer, «Un témoignage exceptionnel sur la noblesse de province à l'orée du XVIIe siècle : les "advis moraux" de René Fleuriot», *Annales de Bretagne* 79, 1972, p. 325-326.
14. Bouchet, *Triumphes,* 37r-v ; Benedicti, *Somme,* livre 4, chap. 7, p. 490. 施しを受ける側と差し出す側を区別することの中世的な背景については，次を見よ．Brian Tierney, *Medieval Poor Law : A Sketch of Canonical Theory and Its Application in England,* Berkeley et Los Angeles, University of California Press, 1959. フランソワ1世の注文で，アンドレア・デル・サルトが1518年に仕上げたタブロー（ルーヴル美術館所蔵）．ジャン・ミニョン作の《慈愛》は，Henri Zerner, *The School of Fontainebleau : Etchings and Engravings,* Londres, Thames and Hudson, 1969, planche JM6. Montenay, *Emblemes,* 59, gravure de Pierre Woeiriot の図版8．モントネ『エンブレム，あるいはキリスト教の格言』59番，版画はピエール・ウェイリオット．
15. *Compost et Kalendrier,* d 2r ; Bouchet, *Triumphes,* 32v. Benedicti, *Somme,* livre 6, «Traicté des restitutions», p. 723. Gilles de Noyers, «Proverbia», in *Thresor de la langue francoyse,* p. 2.
16. Jean d'Arras, *Mélusine [...] Nouvelle édition conforme à celle de 1478,* Paris, P. Jannet, 1854, p. 59-69. *Cronique du Roy Françoys premier,* p. 306, 369, 370. Jean Starobinski, *Largesse,* Paris, Réunion des Musées nationaux, 1994, p. 19-34.
17. Bouchet, *Triumphes,* p. 13r-v, 35r-36r.
18. Jean Bouchet, *Le Panegyric du Chevalier sans reproche,* Poitiers, Jacques Bouchet, 28 mars 1527-1528, 191r-192r. cf. Auguste Hamon, *Un grand Rhétoriqueur poitevin : Jean Bouchet, 1476-1557 ?,* Paris, H. Oudin, 1901.
19. Bouchet, *Triumphes,* p. 35r-36r. Cicéron, *De officiis,* livre 1, chap. 15. Érasme, *Adages,* I iii 89-90.
20. Bouchet, *Panegyric,* 16r-16v :「恵みと寛大さによって，友人を獲得するのだ．きみは，これ以上の偉大な英知をなすことはできない．なんとも不実な社交人士などよりも，忠実な人々の友となるほうが，よほど価値がある」．Gilles de Noyers, «Proverbia», *in Thresor de la langue francoyse,* II :「友人は，金銭よりも価値がある」．Jean Papon, *Premier Tome des Trois Notaires,* Lyon, Jean de Tournes, 1568, p. 326.
21. Bouchet, *Triumphes,* 35v.
22. Pierre de L'Estoile, *Journal pour le règne de Henri III（1574-1589）*, L. R. Lefèvre éd., Paris, Gallimard, 1943, p. 48.

23. François de La Noue, *Discours politiques et militaires,* F. E. Sutcliffe, éd., Genève, Droz, 1967, *Septiesme Discours,* p. 208.
24. ADHG, E916（1567年，ジャン・ド・コラスが，妻のジャケット・ド・ビュシに宛てた書簡）. Jean de Coras, *Lettres de Coras,* Charles Coras, éd., Albi, Imprimerie G.-M. Nouguiès, 1880, p. 6-12, 15 et 18-20 に収録．AML, AA4981（リヨンのマリー・テストが，使命によりパリの国王のところにいる夫ギー・ド・マソに宛てた手紙．1559年3月20日〔1569年の誤記か？〕，1572年8月7日）. Natalie Zemon Davis, *Fiction in the Archives : Pardon Tales and their Tellers in Sixteenth-Century France,* Stanford, Stanford University Press, 1987, p. 44 et 174, note 38.〔デーヴィス『古文書の中のフィクション』成瀬駒男・宮下志朗訳，平凡社，1990年〕.
25. François Rabelais, *Pantagruel,* chap. 9, et *Le Quart Livre,* chap. 13, in *Œuvres complètes,* Mireille Huchon, éd., p. 246, 249, 570. Bouchet, *Triumphes,* p. 131.
26. Érasme, *Adages,* I I 2, ; Érasme, «L'amitié», in *Les Colloques,* trad. Victor Develay, 3 vol., Paris, Librairie des bibliophiles, 1875-1876, vol. 3, p. 277. ADR, 3E5295, 1551/52年2月4日 ; 3E3908, 51r-54r, 101v-104r, 169v-171v, 209v-210v ; BP3655, 20r-21v. 1541年，綱具商の妻ジャンヌ・フェストの遺言では，「そのよき友人」の臓物商が，遺言執行人に指名されている（ADR, 3E3908, 47r-50v）. 1582年，財務官の妻フランソワーズ・テュルケは遺言で，ドレスとロザリオを「よき女友だちのいとこ」に残している（ADR, 3E221, 1582年5月21日）．これらは，女性の遺言としては異例のものといえる．Bouchet, *Triumphes,* 41r-v. アリストテレス，キケロといった古典への言及については，次を参照．Eudora Welty and Ronald A. Sharp, eds., *The Norton Book of Friendship* (New York and London : W. W. Norton, 1991), p. 63-79.
27. Bouchet, *Triumphes,* 41v.
28. Bouchet, *Triumphes,* 39v.
29. Prov. 3, 28, 14, 20-21 ; Eccl. 4, 4 ; Lév. 19, 13 ; Mt 14, 9. Dupuys et Gilles de Noyers, *Proverbia communia,* 101v, 104r ; Gilles de Noyers, «Proverbia», in *Thresor de la langue francoyse,* 3, 11. Érasme, *Adages,* I i 32.
30. Bonaventure Desperiers, *Nouvelles Récréations et Joyeux Devis,* Louis Lacour, éd., 2 vol., Paris, Librairie des bibliophiles, 1874, Nouvelle 18 II, 98-99. A. Vachet, «Le livre de raison d'une famille de robe au XVIIe siècle», *Revue du Lyonnais,* 5e série, 13, 1892, p. 310. ここでルイ・フォルネは相続人たちに，「みんなに，とりわけ隣人たちに好かれるように努めること．これを実現するためには，機会をとらえては，奉仕してあげることが肝心だ．〈遠い親戚より，近くの他人〉というけれど，まったく本当のことで，遠くの親類からは，大した奉仕は引き出せないが，よき隣人からなら，いつだって喜びを受けとれるのだ」と述べている．
31. BN, ms. fr. 26161, 813r ; n^{lle} acq. fr. 1441, 8v-9r.
32. Lorenzo Valla, *De falso Credita et Ementita Constantini Donatione,* W. Stez, éd., Weimar, H. Böhlaus, 1976, chap. 1-3, p. 62-94.

第2章

1. N. Vignier, *Les Fastes des Anciens Hebreux, Grecs et Romains, Avec un traicte de l'an et des mois,* Paris, Abel Langelier, 1588, 5r-v. Jacob Spon, *Recherches curieuses d'Antiquité contenues en plusieurs dissertations,* Lyon, Thomas Amaulry, 1683, p. 485-495.
2. Anne de Bretagne, «Extraits des comptes» in A. J. V. Le Roux de Lincy, *Vie de la Reine Anne de Bretagne,* 4 vol., Paris, L. Curmer, 1861, 4, p. 160-161. Gilles de Gouberville, *Le Journal du Sire de Gouberville,* 4 vol., Bricqueboscq, Les Éditions des Champs, 1993-1994, II, p. 63, 147 ; III, p. 542. *Livre de comptes de Claude de La Landelle, 1553-1556,* René de Laigne, éd., Rennes, Société des bibliophiles bretons, 1906, p. 20, 40, 119. Pierre de L'Estoile, *Journal de L'Estoile pour le règne de Henri III (1574-1589),* Louis-Raymond Lefèvre, éd., Paris, Gallimard, 1943, p. 210, 291-292, 319-320, 344-350, 372, 441, 541 ; *Mémoires-Journaux de Pierre de L'Estoile,* 1574-1610, G. Brunet *et al.,* éd., 12 vol., Paris, Librairie des bibliophiles, 1875-1881 ; éd. fac-similé, Paris, Taillandier, 1982, 9, p. 192. 中世に関しては，次の論文が，ブルゴーニュ公フィリップ豪胆王の新年のプレゼントを，興味深く分析している．Carol M. Chattaway, «Looking a Medieval Gift Horse in the Mouth : The Role of the Giving of Gift Objects in the Definition and Maintenance of the Power Networks of Philip the Bold», *Bijdragen en Medelingen betreffende de geschiedenis der Nederlande* 114, 1999, p. 1-15.
3. Louis La Trémoille, *Les La Trémoille pendant cinq siècles,* 5 vol., Nantes, Émile Grimaud, 1892-1894, III, p. 87. 公爵夫人アンヌも，好意を得ようとして，叔母に新年の贈り物をしている．「叔母さま，あなたに差し上げるお年賀としては，あまりにささやかすぎるかとも思いますが，お送りいたします．でも，これが精一杯でございます．なにとぞお受け取りくださいませ．今後とも，ご愛顧のほど賜りますよう，よろしくお願いいたします．」(AN, 1AP251, n° 100).
4. Clément Marot, *Les Estreines,* Paris, J. Dupré, 1541, réimp. in Clément Marot, *Œuvres,* 5 vol., Paris, Constant-Chantpie, 1823, tome III, p. 517 *sq.* Charles Fontaine, *Estreines, a certains seigneurs, et dames de Lyon,* Lyon, Jean de Tournes, 1546, in R. L. Hawkins, *Maistre Charles Fontaine Parisien,* Campridge (Mass.), Harvard University Press, 1916, p. 250-251. L'Estoile, *Mémoires-Journaux,* IX, p. 40. しかるべき人物に，新年の献辞を捧げる例は多い．たとえばローラン・ジュベールは自著の『医学に関する迷信』(ボルドー，シモン・ミランジュ，1578年) と『笑いについて』(パリ，ニコル・シェノー，1579年) を，マルゴ王妃に，1578年1月1日付けで謹呈している．ジュベールはモンペリエ大学医学部長であり，マルゴ王妃の夫アンリ・ド・ナヴァールの主治医なのであった．
5. Noël Taillepied, *Histoire de lestat et Republique des Druides [...] Anciens François,* Paris, Jean Parant, 1585, 44r-v, 120r. Roger Vaultier, *Le Folklore pendant la guerre de Cent Ans d'après les lettres de rémission du Trésor des Chartes,* Paris, Librairie Guénégaud, 1965, p. 93-96. ベリー地方の若者たちが，1536年の正月に「新年の心づけ (アギランヌフ)」を求めて，あちこちまわったことは，AN, JJ249 bis, 26r-v を見よ．Noël du Fail, *Propos*

rustiques. Texte original de 1547, Arthur de La Borderie, éd., Paris, Alphonse Lemerre, 1878 ; reprint, Genève, Slatkine, 1970, p. 75-84, 219-220. M. du Tilliot, *Mémoires pour servir à l'histoire de la fête des Foux,* Lausanne et Genève, s. i., 1751, p. 67-71（1595年，アンジェ司教区の若い男女が，「新年の心づけ（アギランヌフ）」を求めたとの記述がある）. Arnold Van Gennep, *Manuel de folklore français contemporain,* 7 vol., Paris, A. et J. Picard, 1946-1972, VII, p. 2874-2981.

6. キリスト教的な主題が表れている実例は，二つ見つかっている．生徒や児童が，クリスマスの歌を歌いながら家々をまわって，グーベルヴィルからも小銭をもらう（*Journal,* II, p. 240, 321）．「屋敷の中にまで来て，クリスマスの歌を歌ってくれた生徒たちに，わたしは20リヤールあげた」（*Journal,* III, p. 468）．1587年，アンリ三世は，聖霊騎士団用のお年玉の1.000エキュのうち，100エキュを手元に留めおいて，フランシスコ修道院の修復用に寄付した．L'Estoile, *Journal [...] pour le règne de Henri III,* p. 482を参照．
7. Du Tilliot, *Fête des foux,* p. 69. Vaultier, *Folklore,* p. 97-98. Van Gennep, *Folklore,* VII, p. 2875-2980. Jean Guéraud, *La Chronique lyonnaise de Jean Guéraud, 1536-1562,* Jean Tricou, éd., Lyon, Imprimerie Audienienne, 1929, p. 8. Felix Platter, *Tagebuch* (*Lebensbeschreibung, 1536-1567*), Valentin Lötscher, éd., Bâle et Stuttgart, Schwabe, 1976, p. 154 et 211. Jean Deslyons, *Traitez singuliers et nouveaux contre le paganisme du Roy-boit,* Paris, Veuve de C. Savreux, 1670.
8. ADR, 15G21, 170v, 259r, 378v-379v ; 15G22, 177v ; 15G125, 139r-140r. La Landelle, *Comptes,* p. 145, 147, 148（「復活祭を祝うために」，「聴罪司祭さまのために」，従僕や宿屋の主人の母親にあげている）．
9. Gouberville, *Journal,* II, p. 176. La Nicollière-Teijeiro, «Comptes de la Fabrique de Saint-Jean Martin de Châtenay, 1481-1506», *Revue de Bretagne, de Vendée et d'Anjou* 37, 1875, p. 184. Paul Paris-Jallobert, «Registres de comptes de la paroisse d'Izé des XVe et XVIe siècles», *Bulletin et Mémoires de la Société archéologique d'Ille-et-Vilaine* 13, 1879, p. 213. ヴィトレのノートル＝ダム教区の会計をあずかったルネ・ルコックの帳簿によれば，祝別されたパンに対するお布施は，復活祭の日曜日が最高額に達したという（BN, mss, n^{lle} acq. fr. 1723, 120r-133v）．Angerville-la-Martelの教会財産を記した帳簿によれば，1541年5月から1542年5月のあいだで，募金には4つの山がある．ペンテコステ（五旬祭）が8スー2ドニエ，トゥーサンが11スー，クリスマスが18スー，そして復活祭が25スー6ドニエである（ADSM, G7910）．ふだんの日曜日，Angerville-la-Martelの信者の寄付は2から3スーであった．Anglesqueville-la-Bras-Longの教区の1541年から翌年にかけての帳簿からも，同様の傾向が浮かび上がってくる（ADSM, G7920）．
10. Vaultier, *Folklore,* p. 59. Jacques Toussaert, *Le Sentiment religieux en Flandre à la fin du Moyen Age,* Paris, Plon, 1963, p. 333. Jean-Marie H. Forrest, *L'École cathédrale de Lyon,* Paris et Lyon, Librairie Dehomme et Briguet, 1885, p. 145-146. Christina Hole, *Easter and its Customs,* Londres, R. Bell, 1961, p. 27-28.

11. AChL, E4, 141r ; E5, 146v. *La Police de l'Aulmosne de Lyon,* Lyon, Sébastien Gryphius, 1539, p. 41-43. Guéraud, *Chronique,* p. 113. G. Montaigne, «La police des Paouvres de Paris», E. Coyecque, éd., *Bulletin de la Société de l'histoire de Paris et de l'Ile-de-France* 15-16, 1888-1889, p. 117.
12. Vaultier, *Folklore,* p. 60. Van Gennep, *Folklore,* III, p. 1271-1355, 特に p. 1277, 1280, 1283, 1289-1315, 1321-1322, 1328, 1341-1347. Hole, *Easter,* p. 41-47.
13. ADSM, G7910（前記，Angerville-la-Martel の帳簿．1528/1529 年 1 月-1529/1530 年 1 月．最高額は復活祭で，クリスマス，万聖節，ペンテコステと続く）. 1541 年 5 月から翌年 5 月にかけても，同様である．Jallobert, «Comptes de la paroisse d'Izé», p. 213-214. Vaultier, *Folklore,* p. 10.
14. Toussaert, *Sentiment religieux,* p. 212-213. Jean Delumeau, *La Peur en Occident,* Paris, Fayard, 1978, p. 75-87.〔ドリュモー『恐怖心の歴史』永見文雄・西沢文昭訳，新評論，1997 年〕. Alain Croix, *La Bretagne aux XVIe et XVIIe siècles. La vie, la mort, la foi,* Paris, Maloine, 1981, p. 1059. E. O. James, *Seasonal Feasts and Festivals,* Londres, Thames and Hudson, 1961, p. 226-227. Gouberville, *Journal,* III, p. 604.
15. BML, Fonds Coste 355（リヨンのトリニテ兄弟団の記録簿，9v, 15v-17v, 31r-32r）. A. N. Galpern, *The Religion of the People in Sixteenth-Century Champagne,* Cambridge (Mass.), Harvard University Press, 1976, p. 63-64.
16. Grouberville, *Journal,* I, p. 23-24, 81-82, 87, 147, 229, 240, 248, 304 ; II, p. 49, 52, 71, 153, 171, 204 ; III, p. 542, 585. «Livre de Raison de Gilles Satin, Sr de la Teillaye», in Paul Parfouru, «Anciens livres de raison de familles bretonnes conservés aux archives d'Ille-et-Vilaine», *Bulletin archéologique de l'Association bretonne,* Rennes, 1897, p. 453, note 2. «Papier ou registre de Jehan de Gennes», 139r-v, 144v, BN, mss, n^{lle} acq. fr. 1723. AN, JJ238, 63v. [Nicolas Barnaud], *Le Miroir des Francois, Compris en Trois Livres,* s. l. (Genève), s. i. (Guillaume de Laimarie ?), 1582, p. 662, 665（「出産した女性たちの宴」，「おかみさんのお産」）. Vaultier, *Folklore,* p. 1-2 et 5.
17. Christiane Klapisch-Zuber, «Le complexe de Griselda. Dot et dons de mariage au Quattrocento», *Mélanges de l'École française de Rome* 94, 1982, p. 7-43 ; Jane Fair Bestor, «Marriage Transactions in Renaissance Italy and Mauss's *Essay on Gift*», *Past and Present* 164, 1999, p. 6-46. Bestor のこの論文は，本書が印刷に付された頃に発表されたものだが，非常に興味深く，花婿が花嫁に贈るプレゼントといった事例を越えた贈与理論を含んでいる．
18. AN, JJ257B. イル・ド・フランスの Mareil-sur-Mauldre の農民，ギヨーム・ギュイヨンへの恩赦状．1545/46 年 1 月．
19. Gaspard de Saillans, *Le Premier Livre composé Par Gaspard de Saillans, gentilhomme Citoyen en Valnce en Dauphiné,* Lyon, Jean d'Ogerolles, 1573, p. 38-52, 46-49, 55, 60, 68-72. ガスパール・ド・サイヤンとルイーズ・ド・ブールジュの結婚契約書，1564 年 7 月 7 日（ADR, BP3660, 238r-240v）.
20. AEG, Reg. Consist., 25, 37r-v, 25 mars 1568. Charles Gouyon, *Mémoires de Charles*

Gouyon, baron de La Moussaye (*1553-1587*), G. Vallet et P. Parfouru, éd., Paris, Perrin, 1901, p. 98-99. モンペリエの医学生フェリックス・プラッターは，バーゼルの婚約者に，豪華な刺繍がなされた絹のクッションを二つと，大きなサンゴの飾り物を送り，帰国に際しては，彼女のイニシャルを箔押ししたドイツ語聖書を持ち帰っている．Platter, *Tagebuch,* p. 235, 280, 313.

21. Gouberville, *Journal,* II, p. 217. AN, JJ249B, 1r-v. Rabelais, *Le Quart Livre,* chap. 14, tome 4, p. 37（「新郎新婦に，なにやら神秘的なことばを述べて，手を重ね合わせ，新婦は接吻を受け，全員に聖水が注がれました」）.

22. Fleuriot, *Advis moraux, Annales de Bretagne* 79, 1972, p. 329.

23. Jean-Baptiste Molin et Protais Mutembé, *Le Rituel du mariage en France du XIIe au XVIe siècle,* Paris, Beauchesne, 1974, chap. 5. David Hoüard, *Dictionnaire analytique, historique, étymologique, critique et interprétatif de la coutume de Normandie,* Rouen, s. i., 1780, I, p. 611-630. ADM, 5E14532. 1553年1月6日の結婚契約書．ヴァローニュのニコラ・ル・フォーコニエとその妻から，100リーヴル・トゥルノワの「流動贈与」が，娘ペラールの将来の夫である，近くのブリックス教区在住のジャン・マンジャンに差し出された．

24. ADR, 3E1013,（1575年5月31日）. 結婚に際して息子が遺産の一部をもらった事例を挙げておきたい：ADR, BP3655, 37r-38v,（1543年12月29日）; BP3897, 253v-256v（1554/1555年3月24日）; BP3899, 22v-25r（1558年11月27日）; BP3900, 244r-246v（1558年10月12日）, 252r-253r（1557年10月30日）; BP3906, 287r（1553年12月9日）; BP3907, 198r-200v（1560年5月20日）. L'Estoile, *Mémoires-Journaux,* III, p. 61-62（エペルノン公とカンダル女伯爵の結婚，1587年8月30日）. Ernest Coyecque, *Recueil d'actes notariés relatifs à l'histoire de Paris et de ses environs au XVIe siècle,* Paris, Imprimerie nationale, 1924-1925, II, 2 vol. アンリ三世は，ガイヨン城におけるムサイユ公シャルル・ブーヨンの婚儀や衣装代のかなりを支払ってやった（Gouyon, *Mémoires,* p. 114-115）. ADPA, B16, 24r. アンリ・ド・ナヴァールも1574年に，一門の貴族のひとり，婚約者の婚礼衣装代として，580リーヴルを「贈与」している．(Paul Raymond, «Notes extraites des comptes de Jeanne d'Albret et de ses enfants, 1556-1608», *Revue d'Aquitaine et des Pyrénées* 10, 1866, p. 246. Gouberville, *Journal,* II, p. 229（デュ・テーユ隊長の娘の婚礼用にウサギなどを送る）; II, p. 56（楽師への支払い）; I, p. 193-194（娘のタシーヌとクーシー殿との結婚を祝って，ヌーヴィルのジャン・ル・フェーヴルに「婚礼の祝儀」を送る.）. Coyecque, I, p. 20-21, n° 3690（花婿となったヴァンヴの自営農ニコラ・ド・サルと，ほかの4人の「適齢期の相棒」との和解．1540/1541年2月）. ほかにもたとえば，ピカルディのTerouanneの新郎が，仕事仲間に，「よき習慣にしたがって」肉料理をふるまっている，1541年9月（AN, JJ255B, 93r）; Mareil-sur-Mauldreでは，結婚に際して，新郎が，仲間の農民に種麦を一籠贈ることを約束している，1545/1546年1月（AN, JJ257B, 16r）.

25. Gouberville, *Journal,* I, p. 41, 184, 271 ; II, p. 33, 118-119, 211, 293, 371 ; III, p. 445, 588. Gilles Satin, «Libre de raison», p. 453. ヴァンヌの聖堂参事会員クロード・ド・ラ・ラン

デルは，サン＝ニコラの日に，「お祝いの支払いができるように」と，聖歌隊の少年に 25 スーあげている（La Landelle, *Comptes,* p. 111）．

26. Vaultier, *Folklore,* p. 178-179. Gouberville, *Journal,* II, p. 201. La Landelle, *Comptes,* p. 18, 99-100, 158.

27. Jeanne du Laurens, «La généalogie de Messieurs du Laurens», *in* Charles de Ribbe, éd., *Une famille au XVI*e *siècle d'après des documents originaux,* 3e éd., Tours, Alfred Mame, 1879, p. 57. *Le Premier [-Second] volume de la bible en francoys,* Lyon, Pierre Bailly, 1521 年 12 月 17 日．ハーヴァード大学ヒュートン図書館所蔵本（Typ. 515. 21. 210F）の見返しには，次のように記されている：「ヴィルフランシュのクロード・フィオの相続人の一族で，祝別されたパンを寄付した者の氏名は，以下のとおり」．この聖書は，ある司祭が，フィオ未亡人のブノワット・サラダンに贈ったものである．

28. Gouberville, *Journal,* II, p. 176（グーベルヴィルの従兄が死去した際に，伯父の屋敷の前でおこなった喜捨）．La Trémoille, *Les La Trémoille,* III, p. 49-52, 55-56（1541/42 年 1 月．フランソワ・ド・ラ・トレムイユ死去の際の，施し，説教師への支払い，召使いたちの喪服代など）．オーヴェルニュ地方 Montaigut-le-Blanc 村での，司祭の経帷子（AN, JJ238, 165r）．フォイアーノ出身でリヨンに居住する商人，ニコラ・ヴァンシーの遺言書（ADR, 3E3908, 183v-192v）．

29. Guillaume Terrien, *Commentaire de Droict Civil tant public que privé, observé au pays et Duché de Normandie,* 2e éd., Paris, Jacques Du Puys, 1578, p. 196, et livre 6 : «De Succession et partages d'heritage». Jean Yver, *Égalité entre héritiers et exclusion des enfants dotés : Essai de géographie coutumière,* Paris, Syrey, 1966 ; Emmanuel Le Roy Ladurie, «Structures familiales et coutumes d'héritage en France au XVIe siècle», *Annales ESC* 27, 1972, p. 825-846. ADM, 5E14537 は，ノルマンディ地方の慣習の好例を教えてくれる．公証人 Augerat の記録簿は 1561 年から 1563 年までのもので，結婚契約書は多いが，遺言書は非常に少ない．Quineville（グーベルヴィル殿と同じ地域である）の領主 Thomas Laguelle の 1562 年 5 月 19 日付けの遺言書では，このノルマンディ地方の慣習が示されているかに思われる．「病気のあいだも，それ以前も，つねに自分に対して，よき愛情を示し，きちんと世話をしてくれたことにかんがみて」，彼は「財産，動産，衣服，宝石」の半分を，妻に遺贈する．そして，近親者や貧者への遺贈をした残りを，借金の返済にあてる．夫婦には子供がなく，以前から「資産所得《ラント》」を甥たちに残すと話していた．

30. Claude de Rubys, *Sommaire explication des articles de la coustume du Païs et Duché de Bourgongne,* Lyon, Antoine Gryphius, 1580, p. 3-4, 42-49.

31. 男性への遺贈の例：ADR. 3E390, 209v（布地職人が，兄弟に，黒いウールのケープを）；4G6*bis,* 24v（司祭が，自分が病に臥している羽毛ベッドを，看護人に）；3E346, 208r（スパイス商人が，召使い・徒弟に，ウールのマント，帽子，ズボンなど全部を）；3E6442, 423r（武器製造業者が，友人の妻にリュートとキタラを，友人に洋服を）；3E344, 204r（金銀細工師が，同業の従兄に，道具一式を）；3E7185, 1562/63 年 3 月 8 日（船頭が，仕事仲間に衣服全部を）．女性への遺贈の例：ADPC, 9B24（ブーロ

ーニュの寡婦が，衣服をすべて娘に）；ADA, 5E5335, 122r（Mas d'Azil 近くの集落の農民の妻が，ドレスを娘に，リネンのシーツを姪たちに）；ADR, 3E336, 132r ; 3E348, 126v ; 3E3766, 237v ; 3E3908, 54v（鞍職人の妻が，赤いドレスを女中に，十字架と銀の飾りが付いたロザリオを娘に）；136r ; 155r（仕立て職人の未亡人が，黒いウールのドレスを娘に，ドレスとシーツ 4 枚を女中に）；199r（綱具屋の妻が，グレーのドレスをマントに仕立て直すようにと夫に，グレーのドレスと新品のシャツを，夫の前妻の娘に，ドレスを妹に）；201v ; 211r（錫製品職人の未亡人が，サンゴと銀のロザリオを妹に，紫のアンダー付きの黒いドレスを姪に）；219v（肉屋の妻が，ウールのスカートを女中に，「丸い，小さなドレス」を理髪師の未亡人に，最高のドレスとアンダー，指輪全部を，前夫とのあいだの娘に，よいドレスを義理の娘に）；248r（染め物職人の妻が，ドレスと黒いシャツを母親に，紫のドレスとシャツを夫の姪に）；254r（製糸業者の未亡人が，サージのドレスを，マントに仕立て直すようにと，ある男に，毛皮付きのドレスを，シャツといっしょにある女性に，最高のドレスとシャツを家具職人の妻に，シャツ 6 枚とヘッドスカーフを，目の見えない女の娘に）；265v（町の庭師の妻が，黒い，りっぱなドレスと紫のシャツを姪に，黒いシャツを，自分が名付け親となった娘に）；3E4494, 7v ; 3E4981, 85v ; E221, 1582 年 5 月 25 日（貴族となった財務官の未亡人フランソワーズ・テュルケが，高価な鎖，最高のドレスと最高のペチコート各 1 着を，ある女性に，真珠のネックレスを姪に，ランジェリー類を従妹に，金の鎖を従兄の妻に，瑪瑙（めのう）の指輪を別の従兄の妻に，ドレスとロザリオを，「従妹で，よき友である」バルブ・マチューに）；BP3837, 121v.

32. ADR, 3E1012, 1558.

33. Jean Papon, *Premier Tome des Trois Notaires,* Lyon, Jean de Tournes, 1568, p. 325-378. Jean-Marie Ricard, *Traité des Donations entre-vifs et testamentaires,* 2 vol., Paris, Jean Guignard et Arnould Seneuze, 1692. Ralph Giesey, «Rules of inheritance and Strategies of Mobility in Pre-Revolutionary France», *American Historical Review* 82, 1977, p. 271-289.

34. Benoît du Troncy, *Formulaire fort recreatif de tous contractz, Donations, Testamens, Codicilles et aultres actes qui sont faicts et passez par devant Notaires et tesmoings. Faict par Bredin le Cocu, Notaire Royal et Contreroolleur des basses marches au Royaume d'Utopie,* Lyon, s. i., 1593, p. 193-199.

35. ADR, BP3655, 20r-21v（1540 年 12 月 24 日）. AN, Y86, 219v-221v ; Y95, 308v-309v（1550 年 5 月 13 日）. ADR, BP3987, 148r-149v（1556/57 年 4 月 13 日）. ADR, 3E2810, 128v-129v, 1572 年 7 月 3 日.

36. ADR, BP3908, 38r-41r.

37. Papon, *Notaires,* p. 327-335（「生者間の贈与」について，契約性を有するものの，それは真の契約ではなく，いかなる条件により法的な行為へと導かれるのかを論じている）. Charles Du Moulin, *Summaire du livre analytique des contractz, usures, rentes constituées, interestz et monnoyes,* Paris, Mathurin Du Puys, 1547, 1r-2r. ADR, E221, 1565 年 10 月 4 日（1565 年のジュヌヴィエーヴ・ルーセルへの「生者間の贈与」を実行しなかったとして訴追された，ボージョレ地方の国王代理財務官クロード・ブルボンを

擁護している）．ブルボンは，当時自分が未成年者であったし，自発的にしたことではないという事由で，この贈与を無効とする国王書簡を獲得しようとした．

38．Claude Gerland が，リヨネ地方 Liergues 教区の農民である父親から，財産・農地などの 4 分の 1 を贈与されて，受けとったときのことば：「この贈与をお受けします．これはあらゆる点から申し分のないものでありまして，（中略）わたしにこのようなことをしてくださり，今後とも，つつしんで感謝いたします」（ADR, BP3655, 53v, 1540/41 年 1 月 31 日）．

第 3 章

1．Gilles de Gouberville, *Le Journal du Sire de Gouberville* (4 vol., Bricqueboscq, Les Éditions des Champs, 1993-1994, III, p. 536（「祝別されたパンにするために」，丸パン 3 個を渡している）．ヴィトレのノートル＝ダム教会財産委員会の財務担当ルネ・ルコックの帳簿（BN, mss, n^{lle} acq. fr. 1723, 120r-133v.）Guillaume Bouchet, *Premier Livre des Serees de Guillaume Bouchet, Sieur de Brocourt, Reveu et augmenté,* Paris, Jérémie Perier, 1608, a 5r.

2．グーベルヴィル殿の日記から，他の領主などとの贈答品のやりとりをいくつか挙げておく（1553 年 9 月から翌年 5 月について）：II, 35（ヤマウズラ）；37（猟犬）；47（犬）；54（ヤマシギ）；60（ヤマウズラ）；62（イノシシ）；70（ヤギ）；97（アーティチョーク，ワイン，ジビエのパテ）．そして III, 566（アーティチョーク）（1560 年 5 月 21 日）．グーベルヴィル殿については，以下を参照．A. Tollemer, *Un Sire de Gouberville, gentilhomme campagnard au Cotentin de 1553 à 1562,* Paris et La Haye, Mouton, 1972 [reprint de l'édition de 1873]; Madeleine Foisil, *Le Sire de Gouberville, un gentilhomme normand au XVIe siècle,* Paris, Aubier-Montaigne, 1981, AN, 1AP25, n° 67, n° 98. Louis La Trémoille, *Les La Trémoille pendant cinq siècles,* 5 vol., Nantes, Émile Grimaud, 1892-1894, II p. 87-88. ADHG, E916（1567 年 8 月 13 日，ジャン・ド・コラスが妻の Jacquette de Bussi に，妹を介して，手紙と手袋を贈ったことを記している）．これは次に収録されている．Charles Pradel, éd., *Lettres de Coras, celles de sa femme, de son fils et de ses amis,* Albi, Imprimerie G.-M. Nouguiès, 1880, p. 18-19.

3．グーベルヴィル殿の日記は，近隣の貴族たち，とりわけ近親者との往来の記述にみちている．Charles Gouyon, *Mémoires de Charles Gouyon, baron de La Moussaye (1553-1587)*, G. Vallet et P. Parfouru, éd., Paris, Perrin, 1901, p. 128-129. cf. S. Amanda Eurich, *The Economics of Power: The Private Finances of the House of Foix-Navarre-Albret during the Religious Wars, Sixteenth Century Essays and Studies* 24, Ann Arbor, Edwards Brothers, 1994, p. 124-127（ダルブレ家では，その寛大さを示すためにも，ホスピタリティが重視されていたことについて）．イギリスでの状況の変化については，次を見よ．Felicity Heal, «The Idea of Hospitality in Early Modern England», *Past and Present* 102, février 1984, p. 66-93.

4．AN, JJ256C, 48r-v（avril 1543-1544）．*Livre de comptes de Claude de La Landelle,*

1553-1556, René de Laigne, éd., Rennes, Société des Bibliophiles Bretons, 1906, p. 40-41, 44-45, 67-68, 79. Bouchet, *Serees,* a 4v. Bonaventure Desperiers, *Nouvelles Récréations et Joyeux Devis,* Louis Lacour, éd., 2 vol., Paris, Librairie des bibliophiles, 1874, Nouvelle 3, I, p. 18-23 ; Nouvelle 14, I, p. 74-79.

5. Édit de Charles IX, 1563, in Guillaume Terrien, *Commentaires du Droict Civil... observé au pays et Duché de Normandie,* Paris, Jacques Du Puys, 1578, p. 151-152.

6. Érasme, «Le repas religieux», in *Les Colloques,* trad. Victor Develay, 3 vol., Paris, Librairie des bibliophiles, 1875-1876, I, p. 137-140. Érasme, *Opus Epistolarum Des. Erasmi Roterodami,* P. S. Allen, éd., 12 vol., Oxford Clarendon Press, 1906-1958, vol. 2, n° 312, p. 32-35. Érasme, *Correspondance d'Érasme,* trad. et éd. par Marie Delcourt *et al.,* 12 vol., Paris, Gallimard, et Bruxelles, University Press, 1967-1984, II, n° 312, p. 43-46.

7. Érasme, *Correspondance,* vol. II, n° 451-453, p. 425-442 ; n° 455, p. 429-430 ; n° 463, p. 453-456 ; n° 486, p. 499 ; n° 508, p. 550-551. Paula Findlen がイタリアに関して明らかにしたごとく，博物学者たちは，著書などよりも，むしろ標本や珍しい品々を交換していた．Paula Findlen, «The Economy of Scientific Exchange in Early Modern Italy», in Bruce Moran, éd., *Patronage and Institutions,* Woodbridge, Boydell, 1991, p. 5-24.

8. Charles de Bouelles, *Proverbium vulgarium Libri tres,* Paris, Galliot Du Pré, 1531, aa IV-aa 2r (Joachim Michon への献辞，1527/28 年 2 月 16 日). *L'Aritmetique de Iaques Peletier du Mans, departie en Quatre Livres, A Theodore Debesze,* Poitiers, Jean et Enguilbert de Marnef, 1549 ; 2e éd., Poitiers, Jean de Marnef, 1552. わたしは，こうした版について考察し，その後 1544 年にリヨンで出された版では，ド・ベーズの名前が外されていることについて論じた．Natalie Zemon Davis, «Peletier and Beza Part Company», *Studies in the Renaissance* 11, 1964, p. 188-222.

9. Érasme, *Correspondance,* vol. II, n° 457, p. 440-442 ; n° 489, p. 503（バイユー司教 Luigi di Canossa よりエラスムスへ，1516 年 11 月 13 日）; n° 522, p. 570-575（ギヨーム・ビュデよりエラスムスへ，1517 年 2 月 5 日）.

10. ルネ・マルタン修道士よりフランソワ・ド・ラ・トレムーユへ（1529 年）. La Trémoille, *Les La Trémoille,* III, p. 68. Amaury Gouron よりデタンプ公爵に（1557 年 5 月 11 日）Gouyon, *Mémoires,* p. 166. Sharon Kettering, «Gift-Giving and Patronage in Early Modern France», *French History* 2, 1988, p. 131-151.

11. J. Russell major, «"Bastard Feudalism" and the Kiss : Changing Social Mores in Late Medieval and Early Modern France», *Journal of Interdisciplinary History* 17 (1987), p. 509-535. *Archives historiques du département de la Gironde,* Paris et Bordeaux, 1868, X, p. 174-175（AD Gironde, G304 を引用している．Archevêché, Hommages, 1300-1726.）ADPC, 9B24（François de Luxembourg による土地の贈与で，受贈者は「封土と忠誠の誓いを完全に」享受できる，1564 年 7 月 29 日）. Luxembourg と受贈者は，同日，「身体と手による，忠誠の誓いによって」合意した．

12. Claude du Chastel au duc d'Étampes, 26 novembre 1555, in Gouyon, *Mémoires,* p. 165. Kristen B. Neuschel, *Word of Honor. Interpreting Noble Culture in Sixteenth-Century France,*

Ithaca, Cornell University Press, 1989, chap. 3-4. Paul Raymond, «Notes extraites des *Comptes de Jeanne d'Albret et de ses enfants*», *Revue d'Aquitaine et des Pyrénées* 10, 1866, p. 47, 128-129, 185, 244, 388, 446, 545.

13. Gouberville, *Journal*, II, p. 64（1553/54 年 1 月 7 日）, p. 100（1554 年 6 月 8 日）, p. 118（1554 年 8 月 19 日）, p. 310（1556 年 11 月 7 日）, p. 324（1556/57 年 1 月 16 日）, p. 326-327（1556/57 年 1 月 21 日）; そして III, p. 457（1558 年 10 月 30 日）, p. 465（1558 年 10 月 3 日）, p. 467-470（1558 年 12 月 28 日，1558 年 12 月 31 日，1558/59 年 1 月 4 日，1558/59 年 1 月 6 日）, p. 540-541（1559 年 12 月 23-24 日，26 日）, p. 545-546（1559/60 年 1 月 21 日，1559/60 年 1 月 25 日）, p. 550（1559/60 年 2 月 11 日）, p. 562（1560 年 5 月 9 日）, p. 565（1560 年 5 月 18 日）, p. 577（1560 年 7 月 7 日）, p. 585（1560 年 8 月 11 日）, p. 621（1560 年 12 月 23 日）.

14. Gouberville, *Journal*, II, p. 67（1553/54 年 1 月 16 日）, p. 91（1554 年 4 月 23 日）, p. 93（1554 年 4 月 30 日）, p. 99（1554 年 6 月 5 日）, p. 101（1554 年 6 月 5 日）, p. 120（1554 年 9 月 7 日）, p. 120-126（1554 年 9 月 8 日，10 日，14 日，15 日，26 日，29 日）, p. 129（1554 年 10 月 10 日）, p. 131-134（1554 年 10 月 17，19，23，28，29 日．役人仲間のために，屋敷で夕食．1554 年 10 月 30 日．ウルトビー殿が，彼にブタ 4 頭を贈る）, p. 165（1554/55 年 3 月 12 日）, p. 167-168（1554/55 年 3 月 19 日）, p. 170（1554/55 年 3 月 28 日）, p. 174（1555 年 4 月 9 日）, p. 214-215（1555 年 9 月 18 日，21 日）.

15. Gouberville, *Journal*, II, p. 216-217（1555 年 9 月 31 日，10 月 4-5 日）, 218（1555 年 10 月 8 日）, 224（1555 年 10 月 29 日）, p. 228（1555 年 11 月 13 日）, 233-236（1555 年 12 月 3，7，10，11，12，14 日．グーベルヴィル殿とヴァローニュの子爵のいさかい，ウルトビー殿が仲裁するもうまくいかず．グーベルヴィル，ヴァローニュを通るも，「子爵がいるので，さっさと通りすぎた」．「子爵がいるので」という表現は，わざとギリシア文字で書いてあって，この事件に対するグーベルヴィルの不安や怒りを物語っている）.

16. Gouberville, *Journal*, II, p. 302（1556 年 10 月 6 日-8 日）, 289（1556 年 8 月 17 日）, 325-326（1556/1557 年 1 月 18 日-19 日）, 355-356（1557 年 6 月 10 日-11 日）. グーベルヴィルは，それまではヴァローニュ子爵と，贈与による関係を維持してきたものの，この時期には，彼を避けている．彼とはもめごとが生じていて，その家族をからかってもいる（II, p. 317, 1556 年 12 月 10 日）.

17. Gouberville, *Journal*, II, p. 397（1557/1558 年 1 月 1 日）, p. 407-409（1557/1558 年 2 月 12 日，20 日）; III, p. 452（1558 年 10 月 3 日）, p. 466-467（1558 年 12 月 18 日．王領からの徴税金をウルトビー殿に支払うとともに，ウサギと子ヤギを贈る）, p. 487（1558/1559 年 4 月 13 日）, p. 493（1559 年 5 月 21 日）, p. 513（1559 年 8 月 16 日）, p. 517（1559 年 9 月 14 日）, p. 609（1560 年 11 月 22 日）, p. 632（1560/1561 年 1 月 8 日）.

18. Gouberville, *Journal*, III, p. 589-669（定例の Russy 滞在について）. たとえば，III, p. 599（1560 年 10 月 15 日）, p. 602（1560 年 10 月 24 日）, p. 609（1560 年 11 月 22 日）, p. 613-616（1560 年 12 月 1 日，2 日，6 日，7 日，10 日，13 日）, p. 620（1560 年 12 月 22 日）を見よ．

19. Gouberville, *Journal*, II, p. 247-250.
20. Gouberville, *Journal*, I, p. 69 (1549/50 年 1 月 16 日．使用人の妻が病気なので，シードルと蜂蜜を持たせる)，234 (1551/52 年 3 月 23 日．病気の村人にヤギのミルクを)，241 (1551/52 年 4 月 15 日．病気の村人に，シードルを 2 瓶)；*Journal*, II, p. 48-49 (1553 年 11 月 2 日．村人の細君がお産をしたので，ナツメッグと蜂蜜を)，71 (1553/54 年 1 月 1 日．村人の細君が産後の肥立ちが悪く，死にそうなので，蜂蜜，シードル，白パンを)，161 (1554/55 年 2 月 22 日．村人の息子が病気になったので，シードルを)，177-178 (1555 年 4 月 19, 20 日．羊飼いなど，病気の村人たちにビールを)．グーベルヴィル殿の，農民たちへの奉仕に関しては，次の論文で，しっかりと検討されている．Elizabeth Teall, «The Myth of Royal Centralization and the Reality of the Neighborhood : The *Journal* of the Sire de Gouberville, 1549-1562», in Miriam Usher Chrisman et Otto Gründler, éd., *Social Groups and Religious Ideas in the Sixteenth Century*, Kalamazoo, Western Michigan University Medieval Institute, 1978, 1-11, p. 139-151.
21. Gouberville, *Journal*, I, p. 89 (1550 年 4 月 17 日), 94 (1550 年 5 月 11 日), 96 (1550 年 5 月 18 日), 216 (1551/1552 年 1 月 5 日), 297 (1552/1553 年 1 月 6 日); II, 64 (1553/1554 年 1 月 4 日), 152 (1554/1555 年 1 月 17 日), 155 (1554/1555 年 2 月 3 日), 162 (1554/1555 年 2 月 28 日), 168 (1554/1555 年 3 月 21 日), 186 (1555 年 5 月 13 日).
22. Gouberville, *Journal*, I, p. 241, 243-244 (1551/52 年 4 月 15 日，1551 年 5 月 6，10 日．病気で寝込んだグーベルヴィルに，ニワトリ，リンゴ，ノウサギを)，59 (1549 年 12 月 1 日．自作農の妻が，ツグミを 12 羽)，209 (1551 年 12 月 4 日．村人たちが，ニシンを持参)；III, p. 542 (1559 年 12 月 31 日．村の女房の息子が，ニワトリを 2 羽)；I, p. 298 (1552/53 年 1 月 8 日．村人のジョレ・ガイヤールがバターを持参)；II, p. 189 (1555 年 6 月 2 日．村人がガチョウのひなを持参)；III, p. 524 (1559 年 10 月 16 日．Jacques Burnel，サン＝ミシェルの地代 25 スーを払い，グーベルヴィルが領収書を出す．ビュルネル，ヤマシギ 2 羽を置いていく)；I, p. 95 (1550 年 5 月 15 日．ジョレ・ガイヤール，ギヨーム・ル・フラマン殿を巻きこんだ事件で，ヴァローニュの教会裁判所に出頭するに先立って，その前日，ハトを持参する．グーベルヴィルは当日，同行して，裁判を主宰する司祭に，彼のために口をきいてやる)．
23. Gouberville, *Journal*, II, p. 209 (ジャック・ドージュの徒弟の件)；I, p. 73 (1549/50 年 2 月 3 日．ヴァローニュの獄中にあるコンボーに 4 スー，ル・ランデに 1 スーを．後者は，グーベルヴィルからブタ 4 頭を盗んだ)，75 (1549/50 年 2 月 13 日．ル・ランデの妻，ブタ 4 頭分の価格を差し引いて，グーベルヴィルに乳牛を売る)，199 (1551 年 10 月 30 日．腰ひも 1 ダースとピン 200 本を，小間物商人から買う．ズボンとシャツを結ぶようにと，ギヨームとメナージュことフィリップに腰ひもをあげる．またジャンヌ・ビレットとマンゴンヌの女房には，それぞれ 100 本ほどのピンをあげる)．また 1549 年 6 月 25 日，グーベルヴィルは行商人からピンを 1,000 本ほど買い求めて，半分を従兄に，残りの半分を，農民の女房 3 人と使用人のひとりにあげている (I, p. 20)．
24. Gouberville, *Journal*, I, p. 210 (1551 年 12 月 10 日．グーベルヴィルとニコラ・カン

タンは，調停者の仲介で，和解にこぎつける.），211（1551年12月13日．ニコラ・カンタン，日曜日の食事会に招かれる）．だが，両者の関係には，まだ紆余曲折がある．翌月（1551/52年1月24日），グーベルヴィルは，「王令に違反して，彼が使用したのを発見したから」と，カンタンの火縄銃を没収する（I, p. 222）．1557年5月1日，グーベルヴィルは，1551年12月以来，カンタンが滞納している地代の一部を受領する．カンタンとその妻は，できるだけの額を支払い，グーベルヴィルは，彼らの娘に小銭をあげる（II, p. 347-348）．

25. グーベルヴィルの裕福な小作人のトマ・ドゥルエは，ブルックベックの国王の森で，禁猟を破って狩猟をしたとの嫌疑をかけられた．彼は疑いを否定し，結局は，別の男が犯人であると判明した（*Journal,* III, p. 572, 1560年6月13日）．
26. Gouberville, *Journal,* II, p. 203（1555年7月28日），214（1555年9月18日）．

第4章

1. Noël du Fail, *Propos rustiques, texte original de 1547,* Arthur de La Borderie, éd., Paris, Alphonse Lemerre, 1878 ; reprint, Genève, Slatkine, 1970, p. 18.
2. Du Fail, *Propos,* p. 20.
3. Marie de France, *Les Lais de Marie de France,* J. Rychner, éd., Paris, H. Champion, 1973, prologue.
4. G. Post, K. Giocarinis et R. Kay, «The Medieval Heritage of a Humanist Ideal : *"Scientia Donum Dei est, Unde Vendi non Potest"*», *Traditio* 11, 1955, p. 195-234. Jacques Le Goff, *Les Intellectuels au Moyen Age,* Paris, Éditions du Seuil, 1962, p. 104-108. J. W. Baldwin, *Masters, Princes, and Merchants : The Social Views of Peter the Chanter and his Circle,* Princeton, Princeton University Press, 1970, I, p. 121-130 ; II, p. 83-86. J. Destrez, *La «Pecia» dans les manuscrits universitaires du XIII*[e] *et du XIV*[e] *siècle,* Paris, Éditions Jacques Vautrain, 1935. Ces pages sur l'édition sont développées à partir de mon travail antérieurement publié *in* Natalie Zemon Davis, «"Beyond the Market" : Books as Gifts in Sixteenth-Century France», *Transactions of the Royal Historical Society,* 5e série, 33, 1983, p. 69-88.
5. Étienne Du Tronchet, *Lettres Missives et Familieres d'Estienne Du Tronchet, Secretaire de la Royne mere du Roy,* Paris, Nicolas Du Chemin et Lucas Breyer, 1583, 331r-v（エチエンヌ・デュ・トロンシェより，パリの書籍商リュカ・ブレイエ宛て書簡）．
6. *Plaidoyé Second. Sur ce que M. Simon Marion, Pour Iacques du Puis, et Gilles Beys Libraires en l'Université, demandeurs, a dict,* s. l., s. d.（copy in the Newberry Library）．
7. *Plaidoyé.* マルク・アントワーヌ・ミュレの注解を付したセネカの著作は，1585年，ローマの Bartolomeo Grassi と Francesco Zannetti により出版されていた．そして1587年，ミュレが編集した『セネカ全集』は，Nicolas Nivelle の版と同じく，パリで Gilles Beys と Jacques Du Puys によっても上梓されている．1586年に，訴えを起こしたのが，この両人なのである．『セネカ全集』の独占出版権を願い出たのが，Nicolas

Nivelle ということであるらしい．

8. *Dialogo dell'Imprese Militari et Amorose di Monsignor Giovio Vescovo di Nocera ; Con un Ragionamento de Messer Lodovico Domenichi nel medesimo soggetto,* Lyon, Guillaume Rouillé, 1559, a 2v. *Dialogue des devises d'armes et d'amours du S. Paulo Iovio Avec un Discours de M. Loys Dominique sur le mesme subiet...,* trad. Vasquin Philieul, Lyon, Guillaume Rouillé, 1561, p. 3-4.

9. *La Chronique lyonnaise de Jean Guéraud, 1536-1562,* Jean Tricou, éd., Lyon, Imprimerie Audienienne, 1929, p. 150. Pierre de L'Estoile, *Journal pour le règne d'Henri III* (*1574-1589*), L.-R. Lefèvre, éd., Paris, Gallimard, 1943, p. 56-57.

10. Gabriel Naudé, *Advis pour dresser une bibliothèque,* Paris, F. Targa, 1627, p. 98-115, 151-161. Krzysztof Pomian, *Collectionneurs, Amateurs et Curieux. Paris, Venise, XVIe-XVIIIe siècle,* Paris, Gallimard, 1987〔ポミアン『コレクション』吉田城・吉田典子訳，平凡社，1992 年，第 1 章〕. 次の著作では，博物学者たちによる，標本や珍品の交換に関して，同様のことが指摘されている．Paula Findlen, *Possessing Nature : Museums, Collecting and Scientific Culture in Early Modern Italy,* Berkeley et Los Angeles, University of California Press, 1994.〔フィンドレン『自然の占有』伊藤博明・石井朗訳，ありな書房，2005 年〕. 16，17 世紀のフランスでも，同じ交換のネットワークが認められるだろうし，学問的な装いを凝らした「珍品陳列室」が，コレクターの評判や象徴権力に寄与したのだ．さらに，そうした標本の多くは，海外貿易によりもたらされたり，鉱山の開発と結びついたものだったわけで，ここにも，商業や権力の世界との関連を読みとることができる．版元の Guillaume Rouillé と医者・植物学者の Jacques Dalechamps は，世界の果てを航海してきた「アフリカ人，スペイン人，イタリア人」から，植物標本を入手しようと努めていた．Jacques Dalechamps, *Historia Generalis Plantarum in Libros XVIII,* Lyon, Guillaume Rouillé, 1587, 3r-4v（Guillaume Rouillé より読者に）.

11. James Farge, *Orthodoxy and Reform in Early Reformation France. The Faculty of Theology of Paris, 1500-1543,* Leyde, Brill, 1985, p. 53.

12. Farge, *Orthodoxy and Reform,* p. 16-41, 47-54.

13. Louis Dulieu, *La Médecine à Montpellier,* 2 vol., Avignon, Presses universelles, 1975-1979, II, p. 45-70. E. Wickersheimer, *La Médecine et les Médecins en France à l'époque de la Renaissance,* Paris, Maloine, 1906, p. 61-70. Felix Platter, *Tagebuch*（*Lebensbeschreibung, 1536-1567*）, Valentin Lötscher, éd., Bâle et Stuttgart, Schwabe, 1976. フェリックス・プラッターの回想録には，医学博士号を取得したギョーム・エロアールが開催した，宴会の様子が描かれている（p. 214）．エチエンヌ・パーキエによれば，それ以前の段階から，学生が教師に付け届けをするのが習慣となっていたという．「現在では，学寮の教師たちが，弟子たちから，毎年，〈休暇手当《ランディ》〉の名で，付け届けを受け取る姿が見られる」（Étienne Pasquier, *Les Recherches de la France,* livre 4, chap. 9, in *Œuvres,* Amsterdam, La Compagnie des libraires associez, 1723, p. 387.）．

14. Wickersheimer, *Médecine,* p. 66. Farge, *Orthodoxy and Reform,* p. 25, 29-30, 51, 56.

15. Farge, *Orthodoxy and Reform,* p. 26, 48, 51-52. Dulieu, *Médecine,* p. 68-69.

16. *Anciens et Nouveaux Statuts de la Ville et Cité de Bourdeaus,* Bordeaux, Simon Millanges, 1612, p. 230-231. Gianna Pomata, *Contracting a Cure : Patients, Healers, and the Law in Early Modern Bologna,* trans. Gianna Pomata, Rosemarie Foy et Anna Tarboletti-Segre, Baltimore and London, Johns Hopkins University Press, 1998. とりわけ第 2 章 «Promising a Cure» を参照.

17. Gilles de Gouberville, *Le Journal du Sire de Gouberville,* 4 vol., Bricquebosq, Les Éditions des Champs, 1993-1994, II, p. 134-135 (1555 年 12 月 7 日). もうひとつ，ランスの近辺で，「みごとな治療を，いくつもしてきた」と自負する，Jean Antoine de Bonnys という外科医が，クリスマスの翌日までには，地元の貴族のレプラを治してみせると約束した，という実例を挙げることができる．それまでは，彼の「報酬」は医薬品の費用をカバーするだけのものであったのだが，病気が治らなかった貴族は，診療報酬を取りすぎだと外科医を訴えたのだった (AN, X2A87, 1536 年 7 月 8 日).

18. ジャンヌ・ダルブレ一家の主治医は，年俸を 4 回払いで受け取っていたらしい．cf. Paul Raymond, «Notes extraites des Comptes de Jeanne de Navarre et de ses enfants», *Revue d'Aquitaine et des Pyrénées,* 11, 1867, p. 122. リヨン市立病院医師への年俸の支払いについては，次を参照．AHDL, E2, 1551 年 11 月 15 日 ; Roland Antonioli, *Rabelais et la médecine, Études rabelaisiennes,* 12, Genève, Librairie Droz, 1976, p. 87, note 108. 治癒した後で，医師に大金を支払った例は，以下を見よ．ADR, 3E561, 290v-291v (1558 年 11 月 20 日．Jean Chappelain 先生は，医学博士の Pierre Tolet に 120 リーヴル・トゥルノワの借りがある．貸した金の 20 エキュ・ドール以外に，往診して，あれこれ忠告し，瀉血をおこない，治癒するまでの 4 か月間，他の医師たちと打ち合わせをした料金である．Chappelain は Tolet に，きちんと金を払ってこなかったのである). Jeanne du Laurens, «La généalogie de Messieurs du Laurens», in Charles de Ribbe, éd., *Une famille au XVIe siècle d'après des documents originaux,* 3e ed., Tours, Alfred Mame, 1879, p. 44. Pomata, *Contracting a Cure,* p. 48 ; *Statuts... de Bourdeaus,* p. 230.

19. François Rabelais, *Le Tiers Livre,* chap. 34, *in Œuvres complètes,* Mireille Huchon, éd., Paris, Gallimard, 1994, p. 461.

20. Bonaventure Desperiers, *Les Nouvelles Récréations et Joyeux Devis* (1558), Louis Lacour, éd., 2 vol., Paris, Librairie des bibliophiles, 1874, Nouvelle 59, II, p. 236-242.

21. Gouberville, *Journal,* I, p. 242, 244, 246, 249, 258 ; II, p. 180-182, 187, 222, 407 ; III, p. 437, 488, 490, 515, 517, 600. グーベルヴィル殿がよく知らない医者に謝礼を支払うという挿話と同系列のものとして，床屋外科医のラウル・ダジェールが，別の屋敷に住むグーベルヴィルの妹を往診して，その夫が 2 エキュを支払い，ダジェールがこれを受領したことが書かれている (III, p. 555)．また医師のアントワーヌ・デュ・ラックは，アントワーヌ・ド・ブルボンとジャンヌ・ダルブレの家族の主治医ではなかったが (注 18 を参照)，1557 年，アントワーヌが「ネラックで病床にあるときに」往診をおこない，「心づけ《ドン》」として 6 リーヴルを受け取っている («Comptes de Jeanne d'Albret», II, p. 45).

22. ジャン・ド・コラスより妻のジャケット・ド・ビュシへ（1567年4月2日，同年4月10日），in *Lettres de Coras, celles de sa femme, de son fils et de ses amis,* Charles Pradel, éd., Albi, Imprimerie G.-M. Nougiès, 1880, p. 10-11, 13.
23. Pierre Franco, *Traité des hernies,* Lyon, Thibaud Payen, 1561, *5r-*7r.
24. Louise Bourgeois, *Observations diverses sur la sterilité, perte de fruict, foecondité, accouchements et maladies des Femmes... par L. Bourgeois dite Boursier, sage femme de Royne,* 2e éd., Rouen, Veuve Thomas Daré, 1626, Livre 2, p. 181-182, 192-193, 234, 245, 247.
25. *La Grande Chirurgie de M. Guy de Chauliac... Restituée par M. Laurens Ioubert,* Lyon, Étienne Michel, 1579, e 3r-e 7r（ジュベールよりカトリーヌ・ジュナスへの献辞．1578年8月15日）．ジュベールは1567年に，モンペリエで，ジャン・ド・コラスの妻ジャケット・ド・ビュシの医者のひとりであった．したがって，彼女ならびにジャン・ド・コラスから贈与を受ける側ともなっている．
26. BN, nlle acq. fr. 1441, 1r（4 avril 1580）» : «Pensions, gaiges, Estatz et Entretenementz, Dons, pris et bienffaictz». BN, ms. fr. 25728, n° 786 : «pour ses gaiges et entretenement» en 1542 ; n° 787 : «ses gaiges ordinaires et autres dons et beneffaictz», 1543. また1569年12月16日，バロン・ド・ラ・ガルドは，当時ノルマンディで海軍のために尽くしていたボーリュー殿のために，シャルル9世に年金を願い出ている（BN, Fonds français 15550, p. 276, in *Archives historiques du département de la Gironde* 10, 1868, p. 352, n° 157）．
27. *Catalogue des Actes de François Ier,* Paris, Imprimerie nationale, 1890, 260, n° 12215. BN, Fonds français, ms. fr. 25723, n° 785（avril 1543）; ms. fr. 26149, 1725r. Ms. fr. 25728（20 mars 1575）AN, KK133, 2532v. BN, mss, nlle acq. fr. 1441, 9r.
28. たとえば以下を見よ．Paul Raymond, «Notes extraites des Comptes de Jeanne d'Albret et de ses enfants», 11, 1867, p. 116-150, et S. Amanda Eurich, *The Economics of Power : The Private Finances of the House of Foix-Navarre-Albret during the Religious Wars, Sixteenth Century Essays and Studies* 24, Ann Arbor, Edwards Brothers, 1994, p. 107-123. Mack P. Holt, «Patterns of *Clientèle* and Economic Opportunity at Court during the Wars of Religion : The Household of François, Duke of Anjou», *French Historical Studies* 13, 1984, p. 305-322. Sur le mélange des gages et des pensions.
29. BN, mss, nlle acq. fr. 1723, 91r, 95r. 90r，90vにも，別の心づけが記載されている．
30. ADR, 3E368, 1549年5月28日 ; 3E3228, 288v ; 3E566, 1562年4月29日 ; 3E4542, 1569年1月，クロード・グレゴワールの徒弟修業に関して．
31. BN, mss, nlle acq. fr. 1723, 90r-v, 92r-v.
32. Gouberville, *Journal,* I, p. 78, 134, 148 ; II, p. 31, 35, 43, 44, 146 ; III, p. 481, 503, 541, 616-617, 625, これ以外の実例として，次のものを挙げておく．*Livre de comptes de Claude de La Landelle, 1553-1556,* René de Laigne, éd., Rennes, Société des Bibliophiles Bretons, 1906, p. 16, 18, 54, 73, 80, 95, 137, 139. また博物学者のピエール・ブロンは，「そんなときに，われわれは小間使いたちに心付けをあげる，つまりピン代を」と書いている（*Les Observations de plusieurs choses mémorables, trouvées en Grece... Arabie et autres pays estranges,* Paris, 1555, 199v.）．

33. La Landelle, *Comptes,* p. 15, 24, 31, 39, 46.

34. Gouberville, *Journal,* I, p. 26 (1549 年 7 月 13 日); II, p. 199 (1555 年 7 月 12 日); La Landelle, *Comptes,* p. 30 ; Paul Parfouru, «Anciens livres de raison de familles bretonnes conservés aux Archives d'Ille-et-Vilaine», *Bulletin archéologique de l'Association bretonne,* Rennes, 1897, p. 412-13 ; Paul Paris-Jallobert, «Registres de comptes de la paroisse d'Izé des XVe et XVIe siècles», *Bulletin et Mémoires de la Société archéologique d'Ille-et Vilaine* 13, 1879, p. 203.

35. *Remonstrances, et Memoires, pour les Compagnons Imprimeurs, de Paris et Lyon. Contre les Libraires, maistres Imprimeurs desdits lieux.—Et adiointz,* s. l., s. d. (Lyon, 1572). AN, Xla, 77v-81r. こうした要求や主張については，次の拙論を参照のこと．Natalie Zemon Davis, «A Trade Union in Sixteenth-Century France», *Economic History Review* 19, 1966, p. 48-69.

36. Gouberville, *Journal,* II, p. 152 (1554/55 年 1 月 17 日). La Landelle, *Comptes,* p. 160. ラ・ランデルは，馬の購入の取引が成立したときに，2 スーの心付けを渡したこともある．また，マントとホーズ（長靴下）を注文し，ガウンの修繕を頼んだ際には，「わがマントとホーズ（長靴下）を縫製させ，わがガウンを繕わせるために」，酒代を渡している（p. 37-38）．

37. Charles Du Moulin, *Summaire du livre analytique des contractz, usures, rentes constituées, interestz et monnoyes,* Paris, Mathurin Du Puys, 1547, 2v-7r, 17r-32r. デュ・ムーランは，シエナの一市民の話を，中世末の教会法学者 Pietro d'Ancarano (1330-1416) の著作から仕入れている．司教が，この件の裁きを d'Ancarano に委ねたのであった (31r-v)．そして，この教会法学者は，高利貸しについて全体的な考察をおこない，より穏健な立場を披瀝したのである．*Consilia sive Iuris Responsa Petri Ancharani Iuresconsulti,* Venise, 1585, 96v. なお，デュ・ムーランの見方に関しては，次を参照のこと．Jean-Louis Thireau, *Charles Du Moulin (1500-1566), Étude sur les sources, la méthode, les idées politiques et économiques d'un juriste de la Renaissance,* Genève, Librairie Droz, 1980, chap. 6.

38. BN, mss, n^lle acq. fr. 1723, 2r-5r, 21r, 37v-38r, 40r, 52r, 136v-137r. Émile Clouard, «Deux Bourgeois de Vitré. Journal inédit (1490/1583)», *Revue de Bretagne,* 1914, p. 85-88, 206-209, 212-224. ADR, 3E345, 65v-69r ; 3E372 (1555 年 8 月 3 日); 3E561, 290v-291v ; 3E539 (1559/60 復活祭); 3E3908, 219v-223r, 233r-240r, 245r-247v, 286v-290r ; 3E4961 (1562 年 12 月 24 日, 1562 年 12 月 29 日, 1562/63 年 3 月 31 日, 1562/63 年 4 月 18 日); 3E5298 (1550/51 年 2 月); 3E7184, 444r-447r ; 3E7598 (1541 年 12 月 7 日); 3E8029, 134r-136r. La Landelle, *Comptes,* p. 25-27, 37, 39, 56, 62, 75, 78, 153, 160.

39. BN, mss, n^lle acq. fr. 1723, 36v-37r. ADR, 3E3908, 245r-247v ; 3E7184, 444r-447r. La Landelle, *Comptes,* p. 25, 61-62. Gouberville, *Journal,* II, p. 140 (1554 年 12 月 1 日); III, p. 524 (1559 年 10 月 16 日).

40. *Les Quatre Premiers Livres des Eneydes du Treselegant poete Virgile, Traduictz de Latin en prose Francoyse par ma dame Helisenne,* Paris, Denys Janot, 1542 (?)（クレンヌは被り物を

して，国王フランソワ一世の前にひざまずいている．国王は帽子をかぶり，玉座にすわっている）．Jacques du Fouilloux, *La Venerie de Iacques du Fouilloux, Gentil-homme, seigneur dudit lieu, pays de Gastine, en Poitou,* Poitiers, J. et E. de Marnef et J. et G. Bouchet, 1562（帽子をかぶり，立ったままのフランソワ二世の前で，フイユーは帽子を地面に置いて，ひざまずいている．この木版が制作された1561年には，フランソワ二世はまだ存命であった）. *Quadrins historiques de la Bible,* Lyon, Jean de Tournes, 1553, B8r（パンとワインをアブラハムに捧げるメルキセデク．原画はベルナール・サロモン）. *Figures de la Bible, illustrees de huictains francoys,* Lyon, Guillaume Rouillé, 1564, N3r（ひざまずいたアビガイルが，何頭ものロバの背中に積まれた貢ぎ物をダヴィデに渡そうとしている．原画はピエール・エスクリッシュ Pierre Eskrich）. BN, Cabinet des Estampes, Ea. 17 Rés. T. II（この木版画でクリストフ・サヴィニーは帽子を脱いで，前に進み出て，著書『自由学芸完全一覧』パリ，ド・グルモン，1587年，をニヴェルネ公ルドヴィック・ド・ゴンザーグに差しだしている．ニヴェルネ公は着帽のまま座している）. Georgette de Montenay, *Emblemes, ou devises chrestiennes,* Lyon, Jean Marcorelle, 1571, p. 90（身体の不自由な乞食が，地べたにすわり，お椀に施しを受けている．Pierre Woeiriot の版画）.

41. *Livret des Emblemes de maistre Andre Alciat,* Paris, Chrestien Wechel, 1536, Q3v-Q4r（アイアースとヘクトールによる，剣とベルトの交換．Jean Jollat による木版）.
42. *Ces presentes heures... a l'usage de Paris,* Paris, Veuve Thielman Kerver, 1522（8月の挿絵）. *Cy commencent les heures nostre dame a lusaige de Poitiers... avec plusieurs belles histoires*（imprimé à Paris pour Jehan Varice, libraire à Angers, 1525）, B 1r（8月の挿絵）. *Figures du Nouveau Testament, illustrees de huictains francoys,* Lyon, Guillaume Rouillé, 1570, Bb 6v.（出典は「マタイによる福音書」20, 8-14．ブドウ畑で働く者たちへの支払いの場面で，主人は帽子をかぶっているが，労働者たちは無帽である．絵は，ピエール・エスクリッシュ Pierre Eskrich あるいはJean Moni 作に帰せられている）.
43. *Figures de la Bible,* E 4v（絵はピエール・エスクリッシュで，出典は「創世記」37, 27-28．ユダが，弟ヨセフをイシュマエル人に売り渡す）. ネーデルラントにおける市場を描いたタブロー（かの地では，16世紀フランスより，はるかにこの主題が取り上げられている）については，Keith P. F. Moxey, «The "Humanist" Market Scenes of Joachim Beuckelaer: Moralizing Exempla or "Slice of Life"?», *Koninklijk Museum voor Schone Kunsten-Ant-werpen,* 1976, 109-187, および，最近上梓された Elizabeth Honig, *Painting and the Market in Early Modern Antwerp,* New Haven, Yale University Press, 1998 のうち，特に次の図版を参照せよ．図版1，Sebastian Vrancx《メルクリウスの子供たちがいる港》（ワイン商人と買い手，露天の本屋とその客）；図版18，Pieter Aertsen《キリストの受難の描かれた，市場の絵》；カラー図版14，Lucas Van Valckenborch《野菜・果物そして家禽類の市場》；カラー図版19，Jacob Gerritsz Cuyp《魚市場》. *Quadrins historiques de la Bible,* D 2r（エサウ，長子権を弟ヤコブに売る．図版はベルナール・サロモン）.
44. *Figures du Nouveau Testament,* Bb 6v（ブドウ畑で働く者たちへの支払い．絵は，ピ

エール・エスクリッシュ Pierre Eskrich あるいは Jean Moni).

45. Jean Bouchet, *Les Triumphes de la Noble et amoureuse dame,* Paris, Guillaume de Bossonzel, 1536, 32r（セネカへの言及あり）. 贈与の交換における時間的間隔の重要性は，次の著作で的確に論じられている．Pierre Bourdieu, *Esquisse d'une théorie de la pratique,* Genève, Librairie Droz, 1972, p. 221-227.

46. Du Moulin, *Contractz,* 35r. BN, mss, n[lle] acq. fr. 1723, 94v ; La Landelle, *Comptes,* p. 23.

47. Jean Gilles de Noyers, «Proverbia», in *Thresor de la langue francoyse tant ancienne que moderne,* Paris, David Douceur, 1606, p. 10.

第5章

1. Henri Zerner, *The School of Fontainebleau Etchings and Engravings,* Londres, Thames and Hudson, 1969, AF22, JM40. フォンテーヌブロー宮殿の絵画やデッサンは，多くの印刷物に素材を提供している．«Un barbier rase l'autre» : Jean Gilles de Noyers, «Proverbia», in *Thresor de la langue francoyse tant ancienne que moderne,* Paris, David Douceur, 1606, p. 15. «Une main frotte l'autre（*Manus manum fricat*）» : Érasme, *Adages,* I I 32, trad. Margaret Mann Phillips, *in Collected Works of Erasmus,* Toronto, University of Toronto Press, 1982, p. 31-82.

2. Gilles de Noyers, «Proverbia», p. 2.

3. Jérome des Gouttes, «Recit de La Maizon et origine des des Gouttes» AEG, mss, 2r-5r.

4. ADR, 3E3908, 259r-261v, 183v-192v, 213r-216r. ADR, 15G120（1559年11月27日）に，もうひとつの実例がある．それは未亡人の Françoise Coyard の遺言書で，彼女によれば，「息子はいつも反抗的であって，彼女を困らせたり，悲しませたりした上に，訴訟まで起こして，面倒をかけた」のだから，当然，相続権を剝奪することができるというのだ．とはいえ，「そこまで厳しくするつもりはないから」といって，彼女は息子に，500リーヴル，あるいは30リーヴルの年金を遺贈する．「本来，相続にあずかるべき」子供の相続権を取り上げるのには，法的にいって，どのようなことが求められるのかについての議論は，次を参照．Pardoux du Prat, *Theorique de l'art des Notaires, Pour cognoistre la nature de tous Contracts,* Lyon, Basile Bouquet, 1582, p. 200-203, chap. 5.

5. ADR, 3E3766, 237v-239v ; 3E5294,（1547年5月8日）; 3E5295（1557年7月20日）. 後者は，印刷業者の「王侯《プランス》」こと，クロード・ヌーリーの未亡人で，印刷工ピエール・ド・サント＝リュシーと再婚した，クラウダ・カルカンド Clauda Carcande の遺言書．クラウダの娘のカトリーヌ・ヌーリーは，ピエール・ド・ヴァングルと結婚して，先立たれる．ヴァングルについては，第7章を参照のこと．

6. AEG, Notaire Jean Jovenon, vol. 4, 125v-127r（リヨンの商人で，ジュネーヴ市民となった，François Bay の遺言．1577年12月24日）. Claude de Rubys, *Sommaire explication des articles de la Coustume du Païs et Duché de Bourgongne,* Lyon, Antoine Gryphius, 1580, p. 42-46.

7. AN, 1AP281, n° 2 (1563/64 年 1 月 21 日). AEG, Notaire Jean Du Verney, vol. 5, 45r-46r. ADR, 3E3908, 240v-243v. ADA, 5E5335, 123v; 5E6221 (1540 年 5 月 8 日); 5E6653, 54v. ADHG, 3E15280 (1547/48 年 1 月 31 日); 3E15983, 322r-324v. ブルターニュの貴族 René Fleuriot が,「死去に際して, 父や母が子供たちに残した財産の分配をめぐって, 家族の間に生じる憎悪の念や, 彼らの間での訴訟沙汰などを」避けるために, 子供たちにしたアドバイスについては, 次を見よ. Jean Meyer, «Un témoignage exceptionnel sur la noblesse de province à l'orée du XVIIe siècle : les *advis moraux* de René Fleuriot», *Annales de Bretagne* 79, 1972, p. 324.

8. AN, 1AP251, n° 147. ラ・トレムーユ公爵夫人のアンヌ・ド・ラヴァルと, 息子のルイ・ド・ラ・トレムーユの争いをめぐる記録である. ラ・トレムーユ公爵フランソワの死後, すぐに争いが起こり, ルイは, 亡父の財産のみならず, 母親の財産も目録を作成してくれと迫った. アンヌは,「自分のような身分の人間には, そうした習慣はない」といって拒否した (1AP253, 218r-224r).

9. Jean Papon, *Premier Tome des Trois Notaires,* Lyon, Jean de Tournes, 1568, p. 341-355. Claude Le Brun de La Rochette, *Le Proces civil et criminel,* Lyon, Pierre Rigaud, 1618, p. 172-173. Jean-Marie Ricard, *Traité des Donations entrevifs et testamentaires,* 2 vol., Paris, Jean Guignard et Arnould Seneuze, 1692, I, 3e partie, chap. 6.

10. AN, Y95, 120r-121r, 158v-159v.

11. «Plaidoyé de Monsieur Brisson touchant le meurtre advenu au logis du Bailly de Colommiers, du vingt-deuxiesme Mars 1572», in *Recueil de Plaidoyez notables de plusieurs anciens et fameux advocats de la Cour de Parlement,* Paris, Veuve de Jean du Brayet et Nicolas Rousset, 1612, p. 246-264. Julien Brodeau. «La Vie de Maistre Charles Du Moulin», in Charles Du Moulin, *Omnia quae extant Opera,* 5 vol., Paris, Jean Cochart, 1681, I, p. 17-18, 57-59. Jean-Louis Thireau, *Charles Du Moulin (1500-1566) : Études sur les sources, la méthode, les idées politiques et économiques d'un juriste de la Renaissance,* Genève, Librairie Droz, 1980, p. 26-27 et 27, note 39.

12. ADR, BP3662, 63r-68r. コンドリューの裁判所は, 贈与の取り消しに先立って, ジャン・コロンビエによる申し立てについて聴取をおこない, ほかの三人の司祭もコロンビエを支持した.

13. ADR, 3E3908, 293r-295r. 荷車引きのランベール・ミショーは, 長男・次男に対する「生者間の贈与」を取り消している. このふたりの息子は「恩知らずで, 反抗的であり」, 贈与の契約によってすべきことを実行せず, 家族を見捨てて, 離れていったからというのだった. そこでミショーは, 財産を他の四人の息子とひとり娘に, 均等に分配した. AN, Y87, 202r-v (1541 年 8 月 9 日), t Y93, 119v-122r (1547 年 6 月 28 日). パリ大学神学部の教授・神学博士のニコラ・ルクレールは, 1540 年に, 尚書局法廷の判事をしていた甥におこなった生前贈与を取り消したのである.「不実さ」と, 彼や親族と仲良く暮らすことを拒んだためであった. また, ルクレールは, 別のふたりの甥への贈与についても, 彼らの妹にあげた贈与分をわが物にしようとたくらみ, 叔父の財産をかすめ取ろうとしたのだからと, これも取り消してしまった. なお, 次も

参照．E. Campardon et A. Tuetey, *Inventaire des registres des Insinuations du Châtelet de Paris. Règnes de François Ier et de Henri II,* Paris, Imprimerie nationale, 1906, Y88, nº 890.

14. シェイクスピア『リヤ王』第1幕第1場．
15. 同．
16. 同．
17. ギヨーム・ビュデよりエラスムスへ，1516年5月1日．in *The Correspondence of Erasmus,* trad. R. A. B. Mynors et D. F. S. Thomson, annotations James K. McConica, Toronto et Buffalo, University of Toronto Press, 1976, III, p. 277-279, nº 403.
18. Louis La Trémoille, *Les La Trémoille pendant cinq siècles,* 5 vol., Nantes, Émile Grimaud, 1892-1894, III, p. 85-86.
19. Antonio de Guevara, *Le Favori [sic] de court,* trad. Jacques de Rochemore, Anvers, Christophe Plantin, 1557 〔1re éd., Lyon, Guillaume Rouillé, 1556〕, 62v, 78r, 80v, 102v-103v.
20. Antonio de Guevara, *Du mespris de la court et de la louange de la vie rustique,* trad. Antoine Alaigre, Lyon, Jean et François Frellon, 1543, F 5r（第15章「宮廷人のあいだでは，友情や忠誠心などは守られないこと」）. Philibert de Viennc, *Le Philosophe de court,* Lyon, Jean de Tournes, 1547, p. 95-106. こうした文学ジャンル全体については，次を参照．Pauline Smith, *The Anti-Courtier Trend in Sixteenth-Century French Literature,* Genève, Librairie Droz, 1966, et Rose Duroux, éd., *Les Traités de savoir-vivre en Espagne et au Portugal du Moyen Age à nos jours,* Clermont-Ferrand, Association des Publications de la faculté des lettres et sciences humaines de Clermont-Ferrand, 1996.
21. Elizabeth Armstrong, *Ronsard and the Age of Gold,* Cambridge, Cambridge University Press, 1968, chap. 1 et 5. Daniel Ménager, *Ronsard. Le Roi, le Poète et les Hommes,* Genève, Librairie Droz, 1979, Michel Simonin, *Pierre de Ronsard,* Paris, Fayard, 1990, 3e partie.
22. Michel de Montaigne, *Essais,* III, 9, in *Œuvres complètes,* Albert Thibaudet et Maurice Rat, éd., Paris, Gallimard, 1962, p. 943.〔モンテーニュ『エセー』第3巻9章「むなしさについて」〕．例によって，モンテーニュの思考は逆説にみちているのであって，ほかの状況だと，彼は，売ったり買ったりすることを，自分の名誉をおびやかすものだとして批判したりもするのだ．cf. Philippe Desan, *Les Commerces de Montaigne : le discours économique des «Essais»,* Paris, Librairie A.-G. Nizet, 1992, chap. 3.
23. Montaigne, *Essais,* III, 9, *in Œuvres,* p. 944-945.〔モンテーニュ『エセー』第3巻9章「むなしさについて」〕．
24. Montaigne, *Essais,* I, 40, *in Œuvres,* p. 247.〔モンテーニュ『エセー』第1巻40章（＝1595年版の39章）「キケロについて考える」〕．
25. Michel de Montaigne, *Journal de voyage,* François Rigolot, éd., Paris, PUF, 1992, p. 41-42, 68, 131, 171-174, 228-229.〔モンテーニュ『旅日記』関根秀雄・斎藤広信訳，白水社，1992年〕．Montaigne, *Essais,* I, 26, in *Œuvres,* p. 144,（ギュルソン伯爵夫人ディアーヌに捧げた，「子供たちの教育について」）; II, 8, p.364,（デスティサック夫人に捧げた，「父親の子供への愛情について」）．またエチエンヌ・ド・ラ・ボエシーのソネット集

は，ギッセン伯爵夫人マダム・ド・グラモンに捧げられる．モンテーニュはまた，1588年版『エセー』をポールミエ夫人に謹呈しているが，それに非常にていねいな言葉づかいの短信を添えている（*Œuvres,* p. 1396）.

26. Montaigne, *Œuvres,* XVIII ; *Journal de voyage,* p. 94.

27. Guevara, *Favori de court,* chap. 17. G. R. Owst, *Literature and Pulpit in Medieval England,* Oxford, Blackwell, 1966, p. 390-396 ; Georges Duby et Michelle Perrot, éd., *Une histoire des femmes en Occident,* vol. 3, *XVIe-XVIIIe siècle,* Natalie Zemon Davis et Arlette Farge, éd., Paris, Plon, 1991, p. 71-75.〔ジョルジュ・デュビィ，ミシェル・ペロー監修『女の歴史』杉村和子・志賀亮一監訳，「16-18世紀」ナタリー・ゼモン＝デイヴィス，アルレット・ファルジュ編，藤原書店，1995年〕．また興味深いことに，フィリベール・ド・ヴィエンヌは，彼のことを「口先男，うそつき」と長いこと非難してきた，「美徳の女友だち」と称する逸名の女性に，自著『宮廷の哲学』を捧げている（p. 3）．Marie de Gournay, «Peincture de Mœurs», 1626, in Mario Schiff, *La Fille d'alliance de Montaigne. Marie de Gournay,* Paris, 1910, p. 113. Montaigne, *Essais,* III, 2, in *Œuvres,* p. 782.〔モンテーニュ『エセー』第3巻2章「後悔について」〕.

28. Louise Labé, *Œuvres complètes,* Enzo Giudici, éd., Genève, Librairie Droz, 1981, p. 16-20（『リヨンの女ルイーズ・ラベ作品集』リヨン，ジャン・ド・トゥルヌ，1555年，に添えられた「献辞」に関して）．またグルネー嬢とモンテーニュの関係については，彼女の最初の著作である *Le Proumenoir de Monsieur de Montaigne, par sa fille d'alliance,* Paris, Abel Langelier, 1594 と，モンテーニュ『エセー』1595年版（パリ，アベル・ランジュリエ）の「序文」に述べられている．わたしは次の論文で，両者の関係を扱い，さまざまな文献を挙げておいた．Natalie Zemon Davis, «Neue Perspektiven für die Geschlechterforschung in der Frühen Neuzeit», in Heide Wunder et Gisela Engel, éd., *Geschlechter Perspektiven : Forschungen zur Frühen Neuzeit,* Francfort, Ulrike Helmer Verlag, 1998, p. 20-28. また次の論文では，自立性をもちながら対処するために，男女が用いる戦略や言語について，広く考察してみた．«Boundaries and the Sense of Self in Sixteenth-Century France», in Thomas C. Heller *et al., Reconstructing Individualism : Autonomy, Individuality, and the Self in Western Thought,* Stanford, Stanford University Press, 1986, p. 53-63, 332-335.

29. Sharon Kettering, «The Patronage Power of Early Modern French Noble-women», *The Historical Journal* 32, 1989, p. 817-841. Louise Bourgeois, *Observations diverses sur la sterilité, perte de fruict, foecondité, accouchements et maladies des Femmes et Enfants nouveaux naix,* 2e éd., 2 vol., Rouen, Veuve de Thomas Daré 1626, II, p. 112-248. この著作の初版（パリ，アブラム・ソーグラン，1609年）と1626年版には，ルイーズ・ド・ブルジョワが仕えてきて，手を差しのべてもらった貴族夫人たち――コンティ公爵夫人，マダム・ド・モンパンシエ，マダム・デルブーフなど――に捧げた詩編が収められている（p. 117）．またアンドレ・デュ・ロランスは，ユゼス公爵夫人のマダム・ド・クリュソルという，高貴な生まれの庇護者のおかげもあって，アンリ四世の侍医という地位を射止めたのだ（Jeanne du Laurens, «La généalogie de Messieurs du Laurens», in

Charles de Ribbe, *Une famille au XVIe siècle d'après des documents originaux,* Tours, Alfred Mame, 1879, p. 72-75). Marcus Aurelius Antoninus, *Institution de la vie humaine,* Lyon : veuve de Gabriel Cotier [Antoinette Peronet], 1580, *3r-*5v（アントワネット・プロネより，リヨン司令官フランソワ・ド・マンドロへの献辞．1570年2月15日）．

30. Du Laurens, «Généalogie», p. 49, 60-61, 65-66.
31. グルネー嬢による，モンテーニュ『エセー』1595年版「序文」(IIIr-v)．フランス16世紀における女性による献辞と，女は沈黙しているべきだという掟を打破するためのストラテジーをめぐる問題については，最近，以下の著作で論じられた．Susan Margaret Broomhall, *Women and Publication in Sixteenth-Century France,* Aldershot, Ashgote Press, 2002.
32. *Les Quatre Premiers Livres des Eneydes du Treselegant poete Virgile, Traduictz de Latin en prose Francoyse par ma dame Helisenne,* Paris, Denys Janot, 1542 (?), épître dédicatoire.
33. *Les Œuvres de ma dame Helisenne de Crenne,* Paris, Estienne Groulleau, 1560（「クレンヌ夫人より，すべての貞淑な奥方に寄せる謹呈文」．この献辞の初出は，リヨン，ドニ・ド・アルセー版『恋の苦しみ』1538年，である）．
34. Christine de Pizan, *La Città della Dame,* éd. et trad. Patrizia Caraffi, *Le Livre de la Cité des Dames,* Earl Jeffrey Richards, éd., Milan, Luni Editrice, 1998.
35. Marguerite de Navarre, *Heptaméron,* Simone de Reyff, éd., Paris, Flammarion, 1982, récit 21, p. 206-224, 508.〔マルグリット・ド・ナヴァール『エプタメロン』名取誠一訳，国文社，1988年〕．
36. Montaigne, *Essais,* I, 31, in *Œuvres,* p. 204.〔モンテーニュ『エセー』第1巻31章（＝1595年版の30章）「食人種について」〕．トゥピナンバ族のあいだでの交換をめぐるモンテーニュの記述に関する，もうひとつの興味深いアプローチは，次のものである．Desan, *Commerces de Montaigne,* chap. 6.
37. «Declaration du voyage du Capitaine Gonneville et ses compagnons au Brésil (1503-1505)», C. A. Julian, éd., in C. A. Julien, R. Herval et T. Beauchesne, éd., *Les Français en Amérique pendant la première moitié du XVIe siècle,* Paris, PUF, 1946, p. 29 ; «Voyage de Giovanni da Verrazano à la *Francesca*» (1524), trad. R. Herval, in *Les Français en Amérique,* p. 58, 64-65, 69-70.
38. Jacques Cartier, *Premier Voyage* (1534) et *Deuxième Voyage* (1535-1536), Théodore Beauchesne, éd., in *Les Français en Amérique,* p. 100-102, 104-105, 131, 133, 144, 155.〔ジャック・カルチエ『航海の記録』西本晃二訳，《大航海時代叢書　II-19》，岩波書店，1982年〕．
39. Jean de Léry, *Histoire d'un voyage en terre de Brésil* (*1578*), Frank Lestringant, éd., Paris, Livre de Poche, 1994, p. 449, 454-464.〔ジャン・ド・レリー『ブラジル旅行記』二宮敬訳，《大航海時代叢書　II-20》，岩波書店，1987年〕．
40. Jacques Cartier, *The Voyages of Jacques Cartier,* trad. H. P. Biggar, Toronto, University of Toronto Press, 1993, p. 33. Léry, *Voyage,* p. 483.
41. Cartier, *Deuxième Voyage,* p. 160 ; Cartier, *Voyages,* p. 92.

42. Léry, *Voyage,* p. 230-231, 282, 304-305, 341, 465-466.
43. Érasme, *Adages,* I 1 100 («Exchange between Diomede and Glaucus»), in *Collected Works of Erasmus,* trad. Margaret Mann Phillips, Toronto, University of Toronto Press, 1982, XXXI, p. 144-146.
44. Cartier, *Deuxième Voyage,* p. 179, Jean Zeller, *La Diplomatie française vers le milieu du XVIe siècle,* Paris, Librairie Hachette, 1881, p. 291.
45. Cartier, *Deuxième Voyage,* p. 131, 137, 171-172.
46. Léry, *Voyage,* p. 231, 282, 305, 418-419, 460, 464.
47. 17，18 世紀については，次を参照．Cornelius J. Jaenen, «The Role of the Presents in French-Amerindian Trade», *in* Duncan Carneron, éd., *Explorations in Canadian Economic History : Essays in Honour of Irene M. Spry,* Ottawa, University of Ottawa Press, 1985, p. 231-251.
48. Cartier, *Deuxième Voyage,* p. 135. Léry, *Voyage,* p. 451-453, 464-466.

第 6 章

1. André Viala, *Le Parlement de Toulouse et l'Administration Royale Laïque, 1420-1525 environ,* Albi, Imprimerie-Reliure des Orphelins-Apprentis, 1953, p. 155-166. *Inventaire-Sommaire des Archives communales antérieures à 1790. Ville de Lyon,* vol. 3, M. C. Guigue et al., éd., Lyon, n. p., 1887, CC940, CC946, CC958. Eugène Vial, «Présents d'honneur et gourmandises», *Revue d'histoire de Lyon* 9, 1910, p. 122-148, 277-300, 377-401. *Inventaire-Sommaire des Archives municipales antérieures à 1790 de la Ville d'Orange,* L. Duhamel, éd., Orange, Imprimerie Martin Peyre, 1917, BB13, p. 90, 131 ; BB14, p. 87 ; CC418, p. 22, 25 ; CC429, p. 30, 35 ; CC433, p. 8 ; CC445 ; CC448, p. 3, 51 ; CC457. Alain Derville, «Pots-de-vin, cadeaux, racket, patronage : essai sur les mécanismes de décision dans l'état bourguignon», *Revue du Nord* 56, 1974, p. 341-364.
2. Hélène Michaud, *La Grande Chancellerie et les Écritures royales au XVIe siècle,* Paris, Imprimerie nationale, 1967, p. 112-113. Gilles de Gouberville, *Le Journal du Sire de Gouberville,* 4 vol., Bricqueboscq, Les Éditions des Champs, 1993-1994, III, p. 27 (1553 年 8 月 2 日), p. 35 (1553 年 9 月 10 日), p. 58 (1553 年 12 月 12 日), p. 69 (1553/54 年 1 月 25 日).
3. Bonaventure Desperiers, *Les Nouvelles Récréations et Joyeux Devis,* Louis Lacour, éd., Paris, Librairie des bibliophiles, 1874, Nouvelle 10, I, p. 56-61 (弁護士によくしてもらおうとして，付け届けをする). E. Campardon et A. Tuetey, *Inventaire des registres des Insinuations du Châtelet de Paris. Règnes de François Ier et de Henri II,* Paris, Imprimerie nationale, 1906, n° 127, p. 157. Guillaume Bouchet, *Premier Livre des Serees de Guillaume Bouchet, Sieur de Brocourt. Reveu et augmenté,* Paris, Jérémie Perier, 1608, neuvième serée (両方の側からものを受け取る，強欲な法律家の話．なお，このブーシェの『夜話』は，1585 年から 1598 年にかけて，全 3 巻が出版された). 図版 15 の，ペーテル・ブ

リューゲル二世によるタブローは，1615 年から 1624 年にかけて書かれた油絵がいくつも残っていて，そのタイトルも《十分の一税の支払い》《農民たちの弁護士》《収税吏》《不利な場合の弁護士》《公証人の事務所》などさまざまである（Georges Marlier, *Pierre Breughel le Jeune,* J. Folie, éd., Bruxelles, Éditions Robert Finck, 1969, p. 435-440.）．本書の図版を所蔵する南オーストラリア美術館は，当初は《弁護士の事務所》というタイトルを付けていたが，最近，これを《公証人の事務所》に変更したという（同美術館キュレーターの，Angus Trumble からの，1999 年 8 月 20 日付け書簡による）．どうやら 17 世紀には，このタブローは，さまざまな意味に解釈されていたようだ．右手の大きな机には弁護士が，正面の小さな机には公証人ないし書記がいて，《弁護士の事務所》あるいは《農民たちの弁護士》というタイトルが適当であると考えたいわけだが，その理由はふたつある．まず，大きな机で書類を読んでいる人物は，弁護士がよくかぶる帽子をかぶっている．また十分の一税などを徴収する収税吏は，ふつうは下層の出身ではないし，徴税がこのような雰囲気でおこなわれることはない．机の上や壁の書類のたぐいは，まさしく，民事や刑事に関する命令書やら申請書に用いられたものと思われる．いっぽう，租税や十分の一税の記録ならば，もっと大きな帳簿に記載されているはずだ．タマゴやニワトリを手に列をつくっている農民連中は，弁護士の機嫌をとろうと，付け届けを持参したのであって，これはよく見られる光景であった．これに対して，十分の一税の支払いは，穀物によっておこなわれていた．

次に，美術史家 Keith Moxey の教示によれば，17 世紀初めにブリューゲルのタブローを元にして制作され，弁護士の強欲さを非難するドイツ語やラテン語の文言が添えられた版画が，少なくとも 2 種類存在するという．ひとつは A. E. Schal の手に，もうひとつは Paulus Fürst の手になるものである（1983 年 10 月 13 日付けの Keith Moxey からの書簡，ならびに 1999 年 9 月 7 日の電話でのやりとりによる）．次を参照のこと．Keith Moxey, «The Criticism of Avarice in Sixteenth-Century Netherlandish Painting», in Görel Cavalli-Björkman, éd., *Netherlandish Mannerism,* Stockholm, National Museum, 1985, p. 21-34. つまり，ブリューゲルのこの絵画を眺めた人々にとっては，弁護士への贈与だけが思い浮かんだわけではないものの，それでも，そのことを連想することが大半であったことは確かなのである．cf. Jean Imbert, *Institutions Forenses, ou practique iudiciaire,* Poitiers, Enguilbert de Marnef, 1563, p. 494.

4. «De main vuyde, vuydes prieres.» «Par dons et presens on vient à bout de ses affaires», in Jean Gilles de Noyers, «Proverbia», in *Thresor de la langue francoyse tant ancienne que moderne,* Paris, David Douceur, 1606, p. 4, 16.

5. Inventaire-Sommaire des Archives communales. Lyon, vol. 3, CC940. *Edict du Roy prohibitif à tous Gouverneurs, leurs Lieutenants, Presidens, Tresoriers, Generaulx, et autres officiers Royaulx, de prendre n'exiger du peuple deniers n'autres presens, sans la permission expresse dudict seigneur Roy,* Paris, Jean Dallier et Vincent Sertenas, 1560. Michaud, *Grande Chancellerie,* p. 113, 295, note 8. Natalie Zemon Davis, *Fiction in the Archives : Pardon Tales and Their Tellers in Sixteenth-Century France,* Stanford, Stanford University Press, 1987, p.

10, 153, note 14;〔デーヴィス『古文書の中のフィクション』成瀬駒男・宮下志朗訳，平凡社，1990年〕.

6. *Des États Céméraux et autres assemblees nationales,* Charles Joseph Mayer, éd., 18 vol., La Haye et Paris, Buisson, 1788-1789, II, p. 195, cahier de la noblesse. Bernard de La Roche-Flavin, *Treize Livres des Parlemens de France,* Genève, Matthieu Berjon, 1621, livre 8, chap. 17, p. 608-613. *Recueil général des anciennes lois françaises depuis l'an 420 jusqu'à la Révolution de 1789,* F. A. Isambert *et al.,* éd., 29 vol., Paris, s. i., 1822-1833, XIV, p. 76（オルレアンの王令，第43条．1560/61年1月）; XIV, p. 409-410（ブロワの王令，114条．1579年5月）.

7. La Roche-Flavin, *Parlemens de France,* livre 2, chap. 18, p. 240（1494年）; livre 3, chap. 4, p. 343-344（1550年, 1566年）. ADHG, B22, 347v（1528年8月18日）. Jonathan Dewald, *The Formation of a Provincial Nobility: The Magistrates of the Parlement of Rouen, 1499-1610),* Princeton, Princeton University Press, 1980, p. 146. A. Floquet, *Histoire du Parlement de Normandie,* 7 vol., Rouen, E. Frère, 1840-1842, I, p. 515-519; II, p. 1-16.

8. ADIV, 2Eb13, «Extraict du proces criminel Institué en la court de parlement au ... poursuilte de maistre Francoys de Cahedeuc Lieutenant particulier du Rennes Contre maistre Gilles Becdelievre Juge magistrat criminel audict Rennes, 1559-1560.» ベックドリエーヴルは結局，1566年までは，俸給をもらうことができなかった．

9. ADIV, 2Eb13, 7v. Noël du Fail, *Les Contes et Discours d'Eutrapel,* Rennes, 1585, in *Œuvres facétieuses de Noël du Fail,* J. Assézat, éd., 2 vol., Paris, Daffis, 1874, I, p. 253-257. ノエル・デュ・ファイユは，この物語を執筆した頃は，すでに〔レンヌの〕ブルターニュ高等法院判事となっている．

10. La Roche-Flavin, *Parlemens de France,* livre 8, chap. 17, p. 613. ラ・ロッシュ＝フラヴァンは，この話をリモージュの宿屋の主人から，個人的に聞いたと述べている．

11. 賄賂などの腐敗の意味と，これをめぐる争いを，歴史的に検討したものが，次の名著である．John T. Noonan, Jr., *Bribes,* New York, Macmillan Publishing Company, 1984. 16，17世紀に関しては，11-12章を参照.

12. *The Compact Edition of the Oxford English Dictionary,* Oxford, Oxford University Press, 1971, p. 273. Shakespeare, *Measure for Measure The Tragedy of Julius Caesar.* Francis Bacon, *The Work of Francis Bacon,* James Spedding, éd., 7 vol., Londres, Longmans, Green, Reader, and Dyer, 1874, VII, p. 215, 226. バーゼルやシュトラスブルクでは，15世紀になると，miet〔「パン切れ」の意味か〕が役人への秘密の付け届けを意味することばとして浮上してくるが，これについては次を参照．Valentin Groebner, *Gefährliche Geschenke. Politische Sprache und das Reden über Korruption am Beginn der Neuzeit,* Constance, Universitätverlag Konstanz, 2000, chap. 3.

13. Gouberville, *Journal,* II, p. 154（サン＝ローの町で，セネシャル，下級裁判所判事，グーベルヴィル家の二人と食事をするが，「pot de vin として3スー支出」と書かれている）. なお「酒手」などについては第4章を参照．聖書は，ものを受け取る裁判官を批判していて（「出エジプト記」23, 8;「申命記」16, 19;「サムエル記上」8, 3)，ウル

ガタ版では munera という用語が使われている．なおフランスの改革派聖書では，「出エジプト記」は don，「申命記」は présent，「サムエル記上」は dons となっている（*Biblia* [Paris, Robert Estienne, 1540], 25v, 64r, 92r ; *La Bible* [Genève, Pierre et Jacques Chouet, 1622], 37r, 94v, 136v）．また，英語版の「ジュネーヴ聖書」，すなわち，英国からの亡命者が 1560 年にジュネーヴで印刷した，英語版聖書においては，「出エジプト記」は gift，「申命記」と「サムエル記上」は reward となっている．いっぽう，欽定聖書の場合，「出エジプト記」と「申命記」が gift，「サムエル記上」が bribes と訳されているのである（*The Geneva Bible. A Facsimile of the 1560 Edition,* Madison, University of Wisconsin Press, 1969, p. 10, 88, 124）.

14. Spedding, *Francis Bacon,* VII, p. 226, 238, 258. François Rabelais, *Le Tiers Livre,* chap. 36, p. 39-44, in *Œuvres complètes,* Mireille Huchon, éd., Paris, Gallimard, 1994, p. 466-467, 474-490. Charles Loyseau, *Cinq Livres du Droit des Offices,* Cologne, Isaac Demonthouz, 1613, p. 117-118.
15. たとえば Gouberville, *Journal,* I, p. 7 を見よ．グーベルヴィルは，司祭のクレマン・ルクセルと，地元の捕吏コサンの仲裁役をつとめている．ルクセルの兄弟が，コサンの義理の息子を襲った事件で，もめたのである．グーベルヴィルはミサの後で，ふたりを引き止めて食事に誘い，ルクセルがコサンにテストン銀貨 2 枚を支払うことで，話をつけたのである．なお，その前日にルクセルはグーベルヴィルに大きな魚を贈っている（1549 年 4 月 27-28 日）．グーベルヴィルは，家具代の支払いの約束をめぐって争う，4 人の農民を昼食に呼んで，仲裁役を買ってでている（1560 年 5 月 29 日）．いずれの場合も，訴訟沙汰となっていたもめごとが解決しているのだ．ちなみに，1552 年の 6 月 4 日，シェルブールの司祭さまが，ラブレー『第四の書』のいくつかの挿話を，グーベルヴィルに話して聞かせ，本を貸すことを約束している．この司祭は，『第三の書』も読んでいるのかもしれない．
16. Rabelais, *Le Tiers Livre,* prologue in *Œuvres,* p. 352, notes 7-11 ;*Cinquiesme Livre,* chap. 11-15, in *Œuvres,* p. 749-761. ブルターニュ高等法院判事であったノエル・デュ・ファイユは，ラブレーの読者でもあり，『ユートラペル物語』のなかで，付け届けをもらい，祝祭的な雰囲気の中で問題を解決しようとする地元のお偉方と，双方に金を渡せと命じるプロの判事たちとの対立を，似たような図式で描き出している（*Contes d'Eutrapel,* I, p. 312-313, 253-256）.
17. Jean de Coras, *Petit Discours des parties et office d'un bon et entier iuge,* Lyon, Barthélemy Vincent, 1595, p. 54-66. この著作の初版は見つかっていない．しかしながら本文には，1560 年 12 月にシャルル九世が即位して，成人に達するまではアントワーヌ・ド・ブルボンも，摂政のカトリーヌ・ド・メディシスを助けるといったことが書かれている．そして，1562 年に死去するアントワーヌ・ド・ブルボンに関して，「故アントワーヌ・ド・ブルボン」となっていないことから，本書は，1561 年から 1562 年にかけて執筆・出版されたものと推測される．
18. Jean de Coras, *De Iuris Arte Libellus,* Lyon, Antoine Vincent, 1560. 本書ならびにジャン・ド・コラスの法思想については，次を参照． A. London Feil, Jr, *Origins of Legisla-*

tive Sovereignty and the Legislative State, I, *Corasius and the Renaissance Systematization of Roman Law,* Königstein et Cambridge (Mass.), Gunn et Hain, 1983. また Jonathan Dewald は，裁判官など，王権に属する役人を，地方の貴族層への奉仕やしがらみから切り離そうとして，腐心する国王の姿を論じている．cf. *Formation of a Provincial Nobility,* p. 146-147.

19. La Roche-Flavin, *Parlemens de France,* livre 8, chap. 17, p. 609（ピブラックがパリ高等法院の次席検事であったときの演説のひとつが引用されている）.

20. *Livret des Emblemes de maistre Andre Alciat, mis en rime francoyse,* Paris, Chrestien Wechel, 1536, H8v-J1r（「ここに座る，手のない人々は，正義の備わりし者．冷静な判断を有し，贈与などは，だれも受け取ることなし」）. *Emblemes d'Alciat, de nouveau translatez en Francois,* Lyon, Guillaume Rouillé, 1549, p. 176-177（「そして，いかなる贈答品も受け取らず，買収されたりせぬように，両手は切り落とされている」）.

21. Hans Holbein, *Les Simulachres et historiees faces de la mort,* Lyon, Melchior et Gaspard Trechsel pour Jean et François Frellon, 1538, E 1r（「彼らのただなかから，わたしは，賄賂で買収された判事たちを，取り除いてやる」）.〔ホルバイン『死の舞踏』海津忠雄編，岩崎美術社，1972 年〕．この作品の諸版に関しては，次の拙論を参照．Natalie Zemon Davis, «Holbein's *Pictures of Death* and the Reformation at Lyons», *Studies in the Renaissance* 3, 1956, p. 97-130. ADIV, 2Eb13, 3r.

22. こうした賄賂にまつわる，もうひとつの贈与のネットワークが外交ということになる．わが君主の代行として，大使は贈答についても宴についても，気前よくあらねばならないのだが，自分のために費消することは慎む必要がある．また自分のことを名指してきた相手から贈答の品を受け取ることについては，慎重であらねばならない．アンリ四世の大使であったジャン・オトマンは，大使向けの提要のなかで，次のように忠告している「節度をもってのぞむ結果として，派遣された先の君主からも，そこの人々からも，いかなる理由があろうとも，進物などを受け取らないことだ．いとまごいを告げて，いざ馬上の人とならんという時までは，そのようにしなくてはいけない．（中略）贈り物は，義務を負わせるし，ものを見る目を曇らせてしまうと，モーセの掟にもいうではないか．付け届けを受け取った者は，それをあげた者の奴隷となるのだ．年金などの恩恵を受けている場合には，それではすまず，強欲さに汚れ，裏切りの疑いまでも受けることとなろう」(Jean Hotman, *De la Charge et Dignité de l'ambassadeur, in Opuscules françoises,* Paris, Veuve de M. Gullemot, 1617, p. 499.).

23. Lawrence M. Bryant, *The King and the City in the Parisian Royal Entry Ceremony: Politics, Ritual and Art in the Renaissance,* Genève, Librairie Droz, 1986, p. 32. George A. Wanklyn, «Le présent offert à Henri II par la Ville de Paris en 1549», *Revue de l'Art* 46, 1979, p. 25-30. Georges Guigue, éd., *La magnificence de la superbe et triumphante entree de la noble et antique Cité de Lyon faicte au Treschrestien Roy de France Henry deuxiesme de ce Nom, Et à la Royne Catherine son Espouse le XXIII de Septembre MDXLVIII,* Lyon, Guillaume Rouillé, 1549 ; reprint, Société des Bibliophiles de Lyon, 1927, p. 67. これ以外の資料は，次のものを参照のこと．Jean Boutier, Alain Dewerpe et Daniel Nordman, *Un tour de*

France royal : le voyage de Charles IX (1564-1566), Paris, Aubier, 1984, 4e partie. Victor E. Graham et W. McAllister Johnson, *The Royal Tour of France by Charles IX and Catherine de' Medici : Festivals and Entries (1564-1566)*, Toronto, University of Toronto Press, 1979. Victor E. Graham et W. McAllister Johnson, *The Parisian Entries of Charles IX and Elizabeth of Austria, 1571,* Toronto et Buffalo, University of Toronto Press, 1974. Margaret McGowan, éd., *L'Entrée de Henri II à Rouen 1550,* Amsterdam, Theatrum Orbis Terrarum, 1977. Michael Wintroub, «Civilizing the Savage and Making a King : The Royal Entry Festival of Henri II (Rouen, 1550)», *Sixteenth Century Journal* 29, 1998, p. 465-494.

24. Bryant, *Parisian Royal Entry,* p. 24, 64, 208.
25. *Entree ... de Lyon,* p. 3-79, 134-139, 141-142, 182-184. Bryant, *Parisian Royal Entry,* p. 42-45.
26. *Entree ... de Lyon,* p. 67, 138-139.
27. Bryant, *Parisian Royal Entry,* p. 27-28. *Entree ... de Lyon,* p. 79, 138-139, 184-185, 190-191. Roger Doucet, *Finances municipales et Crédit public à Lyon au XVIe siècle,* Paris, Librairie des Sciences politiques et sociales, 1937, p. 40-42.
28. Bryant, *Parisian Royal Entry,* p. 36-40, 214. Roger Doucet, *Les Institutions de la France au XVIe siècle,* Paris, Éditions A. et J. Picard, 1948, p. 314-315, 556-577.
29. Jean Combes, *Traicté des Tailles, et autres charges et subsides, tant ordinaires, que extraordinaires, qui se levent en France,* Paris, F. Morel, 1584, 3v-4r, 13v. Alain Guéry, «Le roi dépensier. Le don, la contrainte et l'origine du système financier de la monarchie française d'Ancien Régime», *Annales ESC* 39, 1984, p. 1241-1269. Charles Loyseau, *Traité des Seigneuries,* Paris, Abel Langelier, 1609, chap. 3, § 42-46, p. 61-64. Antoine Loisel, *Institutes coutumières,* Paris, Nicolas Gosselin, 1710, livre I, titre I, V : «Au Roi seul appartient de prendre tribut sur les personnes». Howell Lloyd, «The Political Thought of Charles Loyseau (1564-1627)», *European Studies Review* 11, 1981, p. 69-70.
30. Bryant, *Parisian Royal Entry,* p. 208-214. *Entrées royales et fetes populaires à Lyon (XVe -XVIe siècle)*, Catalogue de l'exposition de la Bibliothèque de la ville de Lyon, 12 juin-12 juillet 1970, p. 98-100.
31. Jean Savaron, *Traicté de l'Annuel et Venalité des Offices,* Paris, Pierre Chevalier, 1615, p. 4-16. Roland Mousnier, *La Vénalité des offices sous Henri IV et Louis VIII,* 2e éd., Paris, PUF, 1971, introduction. Christopher Stocker, «Public and Private Enterprise in the Administration of a Renaissance Monarchy : The First Sales of Office in the Parlement of Paris (1512-1524)», *Sixteenth Century Journal* 9, 1978, p. 4-29.
32. Guillaume Budé, *De l'Institution du prince,* Paris, Nicole Paris, 1547, chap. 3, p. 20-22 ; chap. 39, p. 165. ビュデは 1540 年に死去しており，この著作は 1547 年まで草稿のまま眠っていた．この作品に関しては，次を見よ．David O. McNeil, *Guillaume Budé and Humanism in the Reign of Francis I,* Genève, Librairie Droz, 1975, chap. 4.
33. Jean Bodin, *Lex Six Livres de la République,* Paris, Jacques Du Puys, 1577, livre 51, chap. 4, 563-564, 576-577. 受贈者が，その役職にふさわしいことを保証するために，ボダン

もまた，売官には絶対に反対であった．ボダンの政治思想を論じたものは多いが，特に次を挙げておきたい．Quentin Skinner, *Les Fondements de la pensée politique moderne,* trad. par J. Grossman et J.-Y. Pouilloux, Paris, Albin Michel, 2001, 2e partie, p. 111-273.

34. Bodin, *République,* livre 4, chap. 4, p. 457.

35. Claude de Rubys, *Les Privileges, franchises et immunitez octroyées par les roys tres-chrestiens, aux Consuls, Eschevins, manans et habitans de la ville de Lyon,* Lyon, Antoine Gryphius, 1574, p. 67-69.「人種」，あるいは家柄・血筋という神話について，そして社会的身分をめぐる優れた研究は，次のものである．Arlette Jouanna, *Ordre social. Mythes et hiérarchies dans la France du XVIe siècle,* Paris, Hachette, 1977. また，以下も参照のこと．Davis Bitton, *The French Nobility in Crisis, 1560-1640,* Stanford, Stanford University Press, 1969, p. 79-82. Ellery Schalk, *From Valor to Pedigree : Ideas of Nobility in France in the Sixteenth and Seventeenth Centuries,* Princeton, Princeton University Press, 1986. Jonathan Dewald, *Aristocratic Experience and the Origins of Modern Culture : France, 1570-1715,* Berkeley et Los Angeles, University of California Press, 1993, chap. 2-3. そして最近の，重要な研究が，次のものである．Jay M. Smith, *The Culture of Merit : Nobility, Royal Service, and the Making of Absolute Monarchy in France, 1600-1789,* Ann Arbor, University of Michigan Press, 1996, chap. 1 et 2.

36. Bodin, *République,* livre 4, chap. 4, p. 466 ; livre 5, chap. 4, p. 567-568, 578. ボダンは，フランソワ一世が，その晩年は超然として，官職を与えていたことを，高く評価していた：「身分，官職，知行などは，名誉ある人々の功績に応じてのみ，与えられたのだ」．そして彼は，これをアンリ二世の治世と対比させる．アンリ二世は甘く，親切で，慇懃であって，だれに対してもものを拒むことができなかったのであり，結果として財政困難に陥り，最高額を支払う人間に，重要な官職を売ることになってしまったというのだ（livre 2, chap. 4, p. 251-252）．

37. Bodin, *République,* livre 6, chap. 6, p. 755 ; livre 5, chap. 4, p. 578.

38. Jean Bodin, *De Republica Libri Sex,* Francfort, Veuve Jonas Rose, 1641, livre 4, chap. 4, p. 686 ; livre 3, chap. 8, p. 564-565. この『国家論』のラテン語訳はボダン自身がおこない，1586 年に初版が上梓されている．

39. Dewald, *Formation of a Provincial Nobility,* p. 22-29, 86-87, 136-141. Stocker, «First Sales of Office», p. 6, 10-11. BN, Fonds français, ms. fr. 25723, n° 796（1543 年 6 月 12 日）．

40. *Recueil général des anciennes lois,* XIV, p. 408（ブロワの王令，109 条）. ADR, BP3640, 80r-v,（1546 年 11 月 16 日）. フランソワ・シャルランは，リヨンの女性詩人ルイーズ・ラベと姻戚関係にあった（324r-328r. 1555 年 12 月 27 日-1555/56 年 1 月 14 日）．「官職贈与状」は，BP3640 から BP3646 に，これ以外の国王の贈与といっしょに収められている．

41. Philibert de Vienne, *Le Philosophe de court,* Lyon, Jean de Tournes, 1547, p. 105（他人を喜ばせるためだけにふるまう宮廷人と，アイロニカルな比較をおこなうべく，「人間嫌いのティモン」が召喚されている）. Pierre Boaistuau, *Le Théâtre du Monde*（*1558*）, Michel Simonin, éd., Genève, Librairie Droz, 1981, p. 67-69, 239-242. Geoffrey Bullough,

Narrative and Dramatic Sources of Shakespeare, 8 vol., London, Routledge and Kegan ; New York, Columbia University Press, 1957-1975, p. 6, 226-231. William Shakespeare, *Timon of Athens,* I, 2, ; 4. 3. 434-43.

42. Michel de Montaigne, *Essais,* I, 22 in *Œuvres complètes,* Albert Thibaudet et Maurice Rat, éd., Paris, Gallimard, 1962, p. 105-106.〔モンテーニュ『エセー』第1巻22章（＝1595年版の21章）「一方の得が，他方の損になる」〕. Philippe Desan, «Montaigne et le "moi gelé" : "Le profit de l'un est dommage de l'autre"» (I, 22) ; *Romance Notes* 30, note 2 (1990), p. 95-100.

第7章

1. James Lynch, *Simoniacai Entry into Religious Life from 1000 to 1260,* Columbus, Ohio State University Press, 1976, とりわけ p. 64-75. E. Amann, «Simon le magicien», *Dictionnaire de théologie catholique,* A. Vacant et E. Mangenit, éd., 15 vol., Paris, Le Touzet et Ané, 1903-1950, XIV, 2130-2140. *Figures du Nouveau Testament, illustrees de huictains francoys,* Lyon, Guillaume Rouillé, 1570, Gg 4r (Actes 8, p. 18-14). Jean Benedicti, *La Somme des Pechez et Le Remede d'iceux,* Paris, Denis Binet, 1595, livre 3, chap. 8, p. 272-287 ; livre 6, chap. 2, p. 684-693.
2. ADR, 10G3626（リヨンのサント＝クロワ教会の助任司祭の Antoine Richard が，1570年から1577年にかけて日々綴った，日記と帳簿）. René Benoist, *Traicte Des dismes, auquel clairement est monstré que de tout droict et raison, tous Chrestiens sont tenuz de payer Les Dismes, Premices et oblations aux Pasteurs de l'Église,* Paris, Nicolas Chesneau, 1564, 1r-5r, 52r-60r.
3. *Livre de comptes de Claude de La Landelle,* René de Laigne, éd., Rennes, Société des Bibliophiles Bretons, 1906, p. 32-33. ロウソク：ADR, 10G563, 11G195, 90r-91v. 教会参事会員たちによるミサ：La Landelle, *Comptes,* p. 99-100 ; ADR, 13G77r-99r (1544-1551).
4. ADR, 14G10, 36v-37v ; 14G66. Moshe Sluhovsky, *Patroness of Paris : Rituals of Devotion in Early Modern France,* Leyde, Brill, 1998, chap. 3.
5. ADR, 27H30（1614年1月7日付けの史料．1517年3月に，聖遺物寄贈された旨が記されている）．ADR, 15G161, 15G22, 109r ; 3E765, 151r-152v（「マリアと聖アンナの五つの喜びの信心会」について．リヨンのサン＝ニジエ教会の参事会員・司祭の信心会で，1466年に創立されて，300年存続した）. ADR, 3E7061（1554年2月1日．リヨンの教会の，12人の「永久司祭」のための礼拝堂について）.
6. ADR, 11G56（1528年12月14日）; 13G13, 405v-406r（サン＝ポール教会において，「メメント」のあとで，バロナの名前を唱えるべきこと）; 14G35（1571年12月15日）; 15G154（1530年7月25日）; 16G18（1549/50年1月8日）; 15H25（1577年10月19日）; 16H1, 23. ADR, 3E-3908, 89v-92r, 109v-114r ; 3E5295（1554/55年2月12日）; 3E37061, 151r-154r. 聖職者間のちょっとした貸借について：ADR, 3E345, 65v-69r ;

3E3908, 120v-121v.

7. A. N. Galpern, *The Religion of the People in Sixteenth Century Champagne,* Cambridge (Mass.), Harvard University Press, 1976. Abbé Martin, *Répertoire des anciennes Confréries et Charités du Diocèse de Rouen approuvées de 1434 à 1610,* Fécamp, L. Durand, 1936. Andrew Barnes, *The Social Dimension of Piety : Associative Life and Religious Change in the Penitent Confraternities of Marseille 1499-1792,* New York, Paulist Press, 1994. Marc Venard, «La fraternité des banquets», in Jean-Claude Margolin et Robert Sauzet, éd., *Pratiques et Discours alimentaires à la Renaissance,* Paris, Maisonneuve et Larose, 1982, p. 137-145. ADM, G, Cure de la Trinité à Cherbourg, A（ノートル＝ダム＝デ＝ザコール信心会の帳簿，1515-1571年）. BML, Fonds Coste 355（リヨンのサン＝ニジエ教会礼拝堂，トリニテ信心会の帳簿，1306-1608年）.

8. Joseph Lemarié, «Épiphanie», *Dictionnaire de Spiritualité ascétique et mystique : doctrine et histoire,* éd. Maravel Viller, Paris, Beauchesne, 1960, IV, p. 869-872 ; Richard C. Trexier, «Träume der Heiligen Drei Könige», in Agostino Paravicini Bagliani et Giorgio Stabile, éd., *Träume im Mittelalter : Ikonologische Studien,* Stuttgart et Zurich, Belser Verlag, 1989, p. 55-71. H. Kehrer, *Die Heiligen Drei Könige in Literatur und Kunst,* 2 vol., Hildesheim, G. Olm, 1976, II, p. 128-145, 186（東方の三博士が，幼な子イエスに貢ぎ物を捧げるシーンを描いた，中世初期の彫刻・彩色挿絵について）. 民衆的祝祭としての公現祭については，第2章を見よ.

9. Henri Hubert et Marcel Mauss, «Essai sur la nature et la fonction du sacrifice»（1899）, in Marcel Mauss, *Œuvres,* Victor Karady, éd., 2 vol., Paris, Éditions de Minuit, 1968, I, p. 302-305. Émile Durkheim, *Les Formes élémentaires de la vie religieuse,* 4e éd., Paris, PUF, 1960, p. 489-491.〔エミール・デュルケム『宗教生活の原初形態』古野清人訳，岩波文庫，1975〕. Inga Clendinnen, *Aztecs : An Interpretation,* Cambridge, Cambridge University Press, 1991, p. 74-75, 92, 183-284. Maurice Godelier, *L'Énigme du don,* Paris, Fayard, 1996, III, *Le Sacré.*〔モーリス・ゴドリエ『贈与の謎』山内昶訳，法政大学出版局，2000年〕.

10. Hubert et Mauss, «Sacrifice», p. 303-305〔アンリ・ユベール，マルセル・モース『供犠』小関藤一郎訳，法政大学出版局，1993〕.「供犠」に関する文献は汗牛充棟といえる．次の編著では，贈与論を，ギリシア・ローマの供犠に適用することの可能性についての検討をも含む，興味深い総括がなされている．Jean Rudhardt et Olivier Reverdin, éd., *Le Sacrifice dans l'Antiquité,* Vandœuvres-Genève, Fondation Hardt, 1981.

11.「創世記」4, 4-7 ; 14, 18-20 ; 22, 1-18 が，関連している．*Les Cantiques et Oraisons de l'âme pénitente traversant les voies périlleuses,* env. 1524, 20v, BN, mss, nlle acq. fr. 11555.（ジャック・ブーシェの世俗的な祈り）．この祈りを含めて，ミサの際の世俗的な祈りについては，次の著作でみごとに取り扱われている．Virginia Reinburg, *Popular Prayers in Late Medieval and Reformation France,* Ph. D, thèse, Princeton University, 1985, chap. 3.

12. *Cy commence une petite instruction et maniere de vivre pour une femme seculiere,* Paris, A.

Lotrian, env. 1520, B 5r.

13. *Missale ad sacrosanctae Romanae ecclesiae usum,* Lyon, Jean Moylin *alias* de Cambrai, 1520. イエズス会士エドモン・オジェは，次の著作で，カトリックの立場からミサを説明している．Édmond Auger, *La Maniere d'ouir la messe avec dévotion et fruict spirituel,* Paris, Nicolas Chesneau, 1571. また次の改革派による説明では，1520 年のラテン語ミサ典書を仏訳を添えて復刻し，これに批判的な注解を付している．Pierre Viret, *Les Cauteles, Canon et Ceremonies de la Messe,* Lyon, Claude Ravot, 1563.
14. Antonio Prossevino, *Trattato del Santiss. Sacrificio del l'Altare della Messa,* Lyon, Michel Jove, 1563 ; *A Treatise of the Holy Sacrifice of the Altar, Called the Masse,* trad. Thomas Butler, Louvain, Joannes Foulerus, 1570, chap. 1 et 4. Auger, *La Maniere d'ouir la messe,* D 2v. René Benoist, *Traicté du sacrifice Evangelique. Où il est manifestement prouvé que la divine et saincte Messe est le sacrifice eternel de la nouvelle Loy,* Paris, Gabriel de La Noue, 1586, 2r. カトリック側によるミサの考察と，その擁護については，次の著作で論じられている．Francis Clark, *Eucharistic Sacrifice and the Reformation,* Oxford, Basil Blackwell, 1967 ; David N. Power, *The Sacrifice We Offer : The Tridentine Dogma and Its Reinterpretation,* Édimbourg, T. & T. Clark, 1987. わたしの考察は，あくまでもフランス 16 世紀の史料にもとづいたものである．
15. Bernhard Jussen, «Gift and Heart, Countergift and Deed : A Scholarly Pattern of Interpretation and the Language of Morality in the Middle Ages». 1998 年 12 月 11-13 日にパリで開催された「贈与について交渉する」というシンポジウムでの発表で，次のものに収録予定である．Gadi Algazi, Bernhard Jussen, et Valentin Groebner, éd., *Negotiating the Gift,* Göttingen, Vandenhoeck et Ruprecht.
16. *Une petite instruction ... pour une femme seculiere,* a 8r. Esprit Rotier, *Responce aux blasphemateurs de la sainte messe,* Paris, Jacques Kerver, 1564, 19r.
17. Possevino, *The Holy Sacrifice of... the Masse,* chap. 28-30. Auger, *La Maniere d'ouir la messe,* D 2r-v. Rotier, *Responce,* 26v. *Extraict des plusieurs sainctz docteurs propositions dictz et sentences contenant les graces fruictz proffitz utilitez et louenges du tressacre et digne sacrement de lautel,* Paris, Pierre Ricoart, 1568, B 3r-v. Benedicti, *Somme des Pechez,* livre 3, chap. 1, p. 197 ; livre 4, chap. 3, p. 419-420. *Missale ad usum lugdunensem ecclesie,* Lyon, Jean Huguetan, 1510, p. 181-205. BML, Fonds général, ms. 1203（16 世紀の女性の所有者 2 名の署名がある）:「以下に，女性が出産を控えて，ミサで唱えるべきことについての規定」(2r),「以下に，臨月を迎えて，無事に出産するために，女性が唱えるべきミサが続く」(3r-4r).「聖なるミサを聞いて，唱えるべき祈禱について」, Paris, Jacques Kerver, n. d., 1550, A7, cité par Reinburg, *Popular Prayers,* p. 216. Jean-Baptiste Thiers, *Traité des superstitions qui regarde les sacremens,* 4 vol., Paris, Compagnie des libraires, 1741, II, livre 3, chap. 11 ; livre 4, chap. 5 ; vol. III, livre 5, chap. 12.
18. Benedicti, *Somme des Pechez,* livre 3, chap. 8, p. 272（「霊的なことがらを采配するのに金銭を要求すること」は，聖職・聖物売買（シモニア）だとある）; livre 6, chap. 2, p. 692（秘跡のような霊的なものを売っても，見返りを求めない）.

19. ADR, 15G29, 83v, 94v-95v.
20. Érasme, «Le repas religieux», in *Colloques,* trad. Victor Develay, 3 vol., Paris, Librairie des bibliophiles, 1875-1878, I, p. 109-115. Desiderius Erasmus à Paul Volz, 14 août 1518, in *Correspondance d'Érasme,* trad. et éd. Marie Delcourt *et al.,* 12 vol., Paris, Gallimard, et Bruxelles, University Press. 1967-1984, III, n° 858, p. 406. Juan Luis Vives, *De l'assistance aux pauvres,* trad. par Ricardo Aznam Casanova et Léopold Coby, Bruxelles, Éditions Valeri, 1943, livre 2, chap. 6, p. 226. Natalie Zemon Davis, *Society and Culture in Early Modern France,* Stanford U. P., 1975, chap. 2. 〔デーヴィス『愚者の王国　異端の都市』成瀬駒男ほか訳，平凡社，1985 年．第 2 章「貧民救済，ユマニスム，異端」〕.
21. Barbara Beckerman Davis, «Poverty and Poor Relief in Sixteenth-Century Toulouse», *Historical Reflections-Réflexions historiques* 17, 1991, p. 267-296.
22. Michel de Montaigne, *Essais,* I, 28, in *Œuvres complètes,* Maurice Rat, éd., Paris, Gallimard, 1962, p. 189. 〔モンテーニュ『エセー』第 1 巻 28 章（＝1595 年版の 27 章），「友情について」〕．モンテーニュとラ・ボエシーの友情に関しては，次を参照．Jean Starobinski, *Montaigne en mouvement,* Paris, Gallimard, 1982, p. 52-86. 〔ジャン・スタロビンスキー『モンテーニュは動く』早水洋太郎訳，みすず書房，1993 年〕．François Rigolot, *Les Métamorphoses de Montaigne,* Paris, PUF, 1988, chap. 3.
23. Montaigne, *Essais,* I, 28, in *Œuvres,* p. 190. 〔モンテーニュ『エセー』第 1 巻 28 章（＝1595 年版の 27 章），「友情について」〕.
24. *Ibid.,* II, 27, p. 645. 〔モンテーニュ『エセー』第 2 巻 27 章，「臆病は，残酷さの母である」〕．モンテーニュとグルネー嬢の友情については，第 5 章，注 28 の拙論を参照のこと．
25. Eugénie Droz, *Chemins de l'hérésie,* 4 vol., Genève, Slatkine Reprints, 1970-1976, I, p. 92-115 ; II, p. 35 ; IV, p. 47. 次も見よ．Henri Delarue, «Olivétan et Pierre de Vingle à Genève, 1532-1533», *Bibliothèque d'Humanisme et Renaissance* 8, 1946, p. 104-118.
26. *La Bible. Qui est toute la Saincte escripture. En laquelle sont contenus le Vieil Testament et le Nouveau translatez en Francoys. Le Vieil de Lebrieu et le Nouveau du Grec,* Neuchâtel, Pierre de Vingle, 1535, *2r-v. オリヴェタンの献辞には，「アルプスから．1535 年 2 月 12 日」と記されている．献辞に続いて彼は，改革派の福音主義者たちに書簡を寄せて，翻訳の際の技術的な問題点について論じている．プリンストン大学，Firestone Library, the Scheide Collection, ならびにイエール大学，the Beinecke Library に所蔵．
27. *La Bible,* *2r-v.
28. *La Bible,* verso de la page de titre : «Joannes Calvinus, Cesaribus, Regibus, Principibus, gentisbusque omnibus Christi Imperio Subditis Salutem» ; *6r-*7r : «V. F. C. a nostre allié et confederé le peuple de l'alliance de Sinai, Salut.» Eugénie Droz は，«V. F. C.» は «Vostre Frere Calvin» つまり「あなたがたの兄弟カルヴァン」であることを，説得力をもって証明した（*Chemins,* p. 108-110）．
29. [Antoine Marcourt], *Le Livre des marchans, fort utile a toutes gens,* Corinth [Neuchâtel], s. i. [Pierre de Vingle], 1533. このフランス語版は，その後，1534，1541，1544，1548

年に出ている．ここでは，次に挙げる，最初の英訳から引用した．*The Boke of marchauntes, Right Necessarye unto All Folkes,* Londres, Thomas Godfraye, 1534, A 3r-A 4v ; A 6v-A 7v ; B 1r-v ; B 3r-v ; B 6r-v ; C 4v ; B 8r. マルクールについては，次を参照．Gabrielle Berthoud, *Antoine Marcourt Réformateur et Pamphlétaire du «Livre des Marchans» aux Placards de 1534,* Genève, Librairie Droz, 1973.

30. カルヴァンに関する部分を執筆した際には，次の名著を読んではいなかった．B. A. Gerrish, *Grace and Gratitude : The Eucharistic Theology of John Calvin,* Minneapolis, Fortress Press, 1993. 拙著を書き終えようという 1999 年になって，この書物を発見した．全体として，カルヴァンの神学，言語，感性に対する，われわれの解釈に食いちがいはない．Gerrish 教授の研究は，聖餐式に対するカルヴァンの考え方についての深い理解を示しており，このわたしは，贈与や恩義の問題を一般的に扱う手段として，聖餐式を用いたということである．

31. Jean Calvin, *Institution de la Religion Chrestienne,* Jean-Daniel Benoît, éd., 5 vol., Paris, Librairie philosophique J. Vrin, 1957-1963, livre 2, chap. 3 :「無償の選択」（§ 10, p. 70）；「無償の贈与」「無償の寛大さ」（§ 11, p. 71）．傲慢・野心とともに，「忘恩」としてのアダムの罪については，livre 2, chap. 1, § 4, p. 11, を見よ．*Sermons de M. Jean Calvin sur le V. Livre de Moyse nommé Deuteronome,* Genève, Thomas Courteau, 1567, p. 150（「無償の善意」）.

32. *The Bible and Holy Scriptures conteyned in the Old and Newe Testament. Translated according to the Ebrue and Greke,* Genève, Rowland Hall, 1560 ; édition fac-similé, Madison, University of Wisconsin Press, 1969. わたしが，ここでの引用に用いた改革派聖書は，トロントにある次の版である．*La Bible qui est toute la Saincte Escriture du Vieil et du Nouveau Testament,* Genève, Pierre et Jacques Chouet, 1622.

33. Calvin, *Institution,* livre 3, chap. 18, § 1, p. 298-301. カルヴァンは，神がアブラハムに，その子孫を天の星にたとえておこなった約束という実例も，引き合いに出す．「地上の諸国民はすべて，あなたの子孫によって祝福を得る．あなたがわたしの声に聞き従ったからである」（「創世記」15, 5 ; 22, 16-18）という約束は，神が，イサクを犠牲に捧げなさいと命じて，アブラハムを試そうとした以前になされたものである．カルヴァンは，こう注解する：「ここでは明らかに，主は，信者のおこないに対して，彼らがまだなにも考えていないうちから，彼らになにかを施してやるにも，慈悲の心以外には，なんの理由もないのに，かつて彼らに与えた恵みと同じ贈り物を捧げているのは，明らかといえる」（p. 300）．テオドール・ド・ベーズが書いた悲喜劇『犠牲を捧げるアブラハム』のエピローグは，「みなさまがた，信仰の大いなる力と，真の服従の報酬が，おわかりですか」と始まる．ド・ベーズは，このせりふがカルヴァンの解釈に従って理解されることを期待していたのである．Théodore de Bèze, *Abraham Sacrifiant,* éd. Keith Cameron, Kathleen M. Hall et Francis Higman, Genève, Librairie Droz, 1967, p. 112.

34. Calvin, *Institution,* livre 3, chap. 18, 2ᵉ partie, p. 299.

35. この問題全体については，次を参照．Kristin Elizabeth Gager, *Blood Ties and Fictive*

Ties : Adoption and Family Life in Early Modern France, Princeton, Princeton University Press, 1996.

36. Émile Rivoire et U. Van Berchem, *Les Sources du droit du Canton de Genève,* 4 vol., Arau, H. R. Sauerländer, 1927-1935, «Edictz passez en Conseil General, 29 janvier 1568», III, p. 176 *sq.,* titre 14 : «Mariage, Dots, Douaires» ; titre 27 : «Testaments».

37. Calvin, *Institution,* livre 1, chap. 10, § 2, p. 116 ; livre 2, chap. 10, § 8, p. 201 ; livre 3, chap. 17, § 5, p. 285 ; chap. 18, § 7, p. 306 ; chap. 20, § 45, p. 392. *Dictionnaire Francoislatin, contenant les motz et manieres de parler Francois, tournez en Latin,* Paris, Robert Estienne, 1539, p. 23, 107, 347. Paul Imbs, éd., *Trésor de la langue française,* 16 vol., Paris, Éditions du Centre national de la recherche scientifique, 1971-1994, II, p. 564-565. Robert Letham, «The *Foedus Operum :* Some Factors Accounting for Its Development», *Sixteenth Century Journal* 14 (1983), p. 457-467. John S. Coolidge, *The Pauline Renaissance in England : Puritanism and the Bible,* Oxford, Clarendon Press, 1970, chap. 5. Brian Armstrong, *Calvinism and the Amyraut Heresy : Protestant Scholasticism and Humanism in Seventeenth-Century France,* Madison, University of Wisconsin Press, 1969, p. 47-56, 140-157, 195-221. 1560 年のジュネーヴ版英訳聖書では，カルヴァンが «alliance» ということばを用いた個所で，«covenant» ということばが使われている．*e. g.,* Deut. 7, 9, «The faithful God who kepeth covenant and mercie unto them that love him and kepe his commandements, even to a thousand generacious» (*The Geneva Bible,* p. 84) ; «Le Seigneur ton Dieu garde en mille générations son alliance et sa miséricorde à ceux qu'il ayment et gardent ses commandemens» (*Institution,* livre 3, chap. 17, § 51, p. 285). 英語の «covenant» の意味の広がりを，フランス語の «alliance» のそれと比較して検討してみれば，興味深く思われる．

38. Jean Calvin, *Commentaires de M. Iehan Calvin sur toutes les Epistres de l'Apostre Sainct Paul,* Lyon, Antoine Vincent, 1565, p. 53-54. Calvin, *Institution,* livre 2, chap. 8, § 53, p. 182.

39. Jean Calvin, *Commentaires sur l'Ancien Testament,* éd. André Malet, 5 vol., Genève, Labor et Fides, 1962, I, (*Livre de la Genèse*), p. 95-102, 152-153. アブラハムがシケムに設けた祭壇（「創世記」12, 8）についても，同様の注釈がなされている（p. 200）．ヤコブがサレムに築いた祭壇（「創世記」33, 20）については，p. 482-483 を見よ．

40. ミサと「実体変化」に対する激越なる批判は，次のマルクールの書に見られる．Antoine Marcourt, *Declaration de la Messe,* Neuchâtel, Pierre de Vingle, 1534 ; Genève, Jean Michel, 1534. その後も，何版か出ているし，次の英語版もある．*A Declaration of the Masse,* Wittenberg (Londres), Hans Luft (John Day), 1547. また注 13 に挙げた，Pierre Viret の著作も，参照のこと．ミサに対する，ヨーロッパでの，とりわけ英国での批判を展望したものとして，次を挙げておく．cf. Clark, *Eucharistic Sacrifice.*

41. [Jean Calvin], *La Forme des Prieres et Chantz Ecclesiastiques, avec la maniere d'administrer les Sacremens,* s. l. (Genève, s. i. [Jean Gérard], 1542), a 3v ; k 2v-k 3v ; l 4v-l 8r. Calvin, *Institution,* livre 4, chap. 17, § 2, p. 376 ; § 10, p. 384.

42. Calvin, *Institution,* livre 4, chap. 18, § 7, p. 455 : «Autant qu'il y a à dire entre Prendre et

Donner, autant il y a de différence entre le Sacrement de la Cène et Sacrifice.» ラテン語版では，以下のようになっている：«Quantum interest inter date et accipere, tantum a sacramento coenae sacrificium differt», Jean Calvin, *Institutio Christianae Religionis,* éd. A. Tholuck, 2 vol., Édimbourg, T. & T. Clark, 1874, vol. 2, livre 4, chap. 18, § 7, p. 68.

43. Émile Benveniste, *Le Vocabulaire des institutions indo-européennes,* 2 vol., Paris, Éditions de Minuit, 1969, vol. I, chap. 5-7.〔バンヴェニスト『インド＝ヨーロッパ諸制度語彙集』I, II, 前田耕作監修，蔵持不三也ほか訳，言叢社，1986/1988 年〕バンヴェニスト（1902-76）は，博士論文執筆中にモースとそのサークルとの付き合いができ，その後，1937 年にはコレージュ・ド・フランスの「比較文法」の教授に任命されたことにより，モースの同僚となっている．しかし，1940 年の晩秋，ヴィシー政権によるユダヤ人排斥法によって，両者はコレージュ・ド・フランスを去ることを余儀なくされる．

44. Calvin, *Institution,* livre 4, chap. 18, § 16, p. 463. 同じくカルヴァンの *Sermons sur l'Harmonie des Trois Évangelistes. S. Matthieu, S. Luc et S. Marc,* in *Ioannis Calvini Opera Quae Supersunt Omnia,* G. Baum *et al.,* éd., 59 vol., Braunschweig, C. A. Schwetschke, 1863-1900, XXXXVI : p. 352（「マタイによる福音書」2, 9-11 への注解）. Jean Calvin, *Sermons... sur ... Deuteronome,* in *Opera Omnia,* 25, p. 406-407（「申命記」16, 16 への注解）. Elsie McKee, *John Calvin on the Diaconate and Liturgical Almsgiving,* Genève, Librairie Droz, 1984, p. 53-56. 次も見よ Antoine Marcourt, *Declaration of the Masse,* A 8r（果たすべき犠牲があるとすれば，それはわれわれ自身が神に対してなすべきものであって，「削りとり，刈りこむことなく，形式的で，偽ったものとなることなく」，だれもがそうしなくてはいけないのである）.

45. Charlotte Arbaleste, *Mémoires de Madame de Mornay,* éd. Henriette Witt, née Guizot, Paris, Société de l'histoire de France, 1858-1859, I, p. 1-4, 6.

46. Calvin, *Institution,* livre 2, chap. 8, § 55, p. 184 ; livre 4, chap. 17, § 44, p. 440.

47. Calvin, *Institution,* livre 2, chap. 8, § 55, p. 184.

48. Calvin, *Institution,* livre 2, chap. 8, § 55, p. 184. ; livre 3, chap. 7, § 6 et 7, p. 171-173.

49. Calvin, *Institution,* livre 3, chap. 15, § 3, p. 268.

50. Rivoire et Berchem, *Sources du droit,* III, p. 172, 388, 434, 608-609 ; IV, p. 101-108, 353, 640.

51. *Ibid.,* II, p. 379 ; III, p. 322 ; IV, p. 12-13, 51-52, 56, 95, 196, 208, 218-219, 243. AEG, Pièces historiques 1288（1538 年の「策略（ブリーグ）」が，1542 件も記されている）; AEG, Procès criminel 539, 1re série（1555 年 8 月 6 日の証言）. E. William Monter, *Studies in Genevan Government（1536-1605）,* Genève, Librairie Droz, 1964, p. 103-107. W. Deonna, «Les fresques de la Maison de Ville de Genève», *Revue suisse d'art et d'archéologie* 13, n° 3, 1952, p. 141-143. 宗教改革以前のバーゼルにあった，政治的贈与を主題とする肖像画については，次を見よ．Valentin Groebner, «The Guards Offer : Gifts, Corruption, and the Visualization of the Invisible in Renaissance Basel». これは 1998 年 12 月 11-13 日にパリで開催された「贈与について交渉する」というシンポジウムでの発表で，次のものに収録予定．Gadi Algazi, Bernhard Jussen et Valentin Groebner, éd., *Negotiating the Gift.*

52. Robert M. Kingdon, «Social Welfare in Calvin's Geneva», *American Historical Review* 76, 1971, p. 50-69. Bernard Lescaze, éd., *Sauver l'âme, Nourrir le corps. De l'hôpital général à l'hospice général de Genève,* Genève, Hospice général, 1985. McKee, *John Calvin on the Diaconate.* Jeannine E. Olson, *Calvin and Social Welfare : Deacons and the Bourse française,* Selinsgrove (Pa.), Susquehanna University, 1989. Mark Valeri, «Religion, Discipline, and the Economy in Calvin's Geneva», *Sixteenth Century Journal* 28, 1997, p. 123-142; 特に 135-139. 同様に，改革派における福祉の改革については，次を参照. Raymond A. Mentzer, Jr, «Organizational Endeavour and Charitable Impulse in Sixteenth-Century France : The Case of Protestant Nîmes», *French History* 5, 1991, p. 1-29. またわたしも，次の論文で，ジュネーヴにおける近隣関係の変化を扱った. Natalie Zemon Davis, «Charivari, honneur et communauté à Lyon et à Genève au XVIIe siècle», in Jacques Le Goff et Jean-Claude Schmitt, éd., *Le Charivari,* Paris, École des hautes études en sciences sociales et Mouton, 1981, p. 207-220.〔デーヴィス「十七世紀のリヨンとジュネーヴにおけるシャリヴァリ，名誉，共同体」上野美子訳，ジョン・J・マカルーン編『世界を映す鏡』平凡社，1988 年〕.
53. 『第三の書』は，パリとリヨンで 1546 年に出版された．そして 1552 年に，これまたパリとリヨンで出された第 2 版では，タイトルの「高貴なるパンタグリュエル」が「善良なるパンタグリュエル」となっている．François Rabelais, *Œuvres complètes,* éd. Mireille Huchon, Paris, Gallimard, 1994, p. 1221, 1343-1344, 1356-1357.
54. Rabelais, *Le Tiers Livre,* chap. 1-5, *Œuvres,* p. 353-369.
55. Rabelais, *Le Tiers Livre,* chap. 5, *Œuvres,* p. 367-368.
56. Michael Screech, *Rabelais,* Londres, Duckworth, 1979, p. 225-231. Mireille Huchon, in *Œuvres,* p. 1351-1353. これとは対照的に，V. L. Saulnier と Philippe Desan は，パニュルジュとパンタグリュエルとの，この借金論議では，双方の言い分が弁護可能なものだと考えている．V. L. Saulnier, *Rabelais : Rabelais dans son enquête,* Paris, SEDES, 1983, p. 152-153. Philippe Desan, *L'Imaginaire économique de la Renaissance,* Mont-de-Marsan, Editions InterUniversitaires, 1993, p. 70-76.
57. François Rigolot, *Les Langages de Rabelais,* Études rabelaisiennes, 10, Genève, Librairie Droz, 1972, p. 137-143.
58. Rabelais, *Le Tiers Livre,* chap. 9, *Œuvres,* p. 378.

結 論

1. Alexander Nagel, «Gifts for Michelangelo and Vittoria Colonna», *Art Bulletin* 79, 1997, p. 647-668 ; «Liberal Art and Reformist Critique : Competing Discourses of the Gift in Italian Renaissance Art». 1998 年 12 月 11-13 日にパリで開催された「贈与について交渉する」というシンポジウムでの発表で，次のものに収録予定である．Gadi Algazi, Bernhard Jussen, et Valentin Groebner, éd., *Negotiating the Gift,* Göttingen, Vandenhoeck and Ruprecht, à paraître en 2002. Paula Findlen, «The Economy of Scientific Exchange in

Early Modern Italy», in Bruce Moran, éd., *Patronage and Institutions,* Woodbridge, Boydell, 1991, p. 5-24.

2. 16世紀フランスにおいて，女性が発表した著作のコーパスは，次のもので論じられている．Susan Broomhall, *Women and Publication in Sixteenth-Century France,* Aldershot, Ashgate Press, 2002. Natalie Zamon Davis, *Women on the Margins : Three Seventeenth-Century Lives,* Cambridge (Mass.), Harvard U. P., 1995, chap. 2, on Marie de l'Incarnation〔デーヴィス『境界を生きた女たち』長谷川まゆ帆ほか訳，平凡社，2001年．第2章「受肉のマリ」〕.
3. Marguerite de Navarre, *Le Miroir de l'Ame Pécheresse,* Renja Salminen, éd., Helsinki, Suomalainen Tiedeakatemia, 1979, p. 209.
4. Elsie Anne McKee, *Katharina Schütz Zell,* vol. I, *The Life and Thought of a Sixteenth-Century Reformer,* Leyde, Brill, 1999, p. 276-278, 287-288, 321-324 ; vol. II, *The Writings. A Critical Edition,* p. 356-357. Georgette de Montenay, *Emblemes, ou devises chrestiennes,* Lyon, Jean Marcorelle, 1571, p. 46, 59, 71. Sara Matthews Grieco, «Georgette de Montenay. A Different Voice in Sixteenth-Century Emblematics», *Renaissance Quarterly* 47, 1994, p. 791-871.
5. Pierre Belon, *Les Observations de plusieurs choses mémorables trouvées en Grece, Asie, Iudée, Égypte, Arabie, et autres pays estranges,* Paris, Gilles Corrozet, 1555, 192v-193r. Guillaume Postel, *De la République des Turcs,* Poitiers, Enguilbert de Marnef, s. d. (env. 1563), p. 12, 56-65. Nicolas de Nicolay, *Les quatres premiers livres des Navigations et Peregrinations orientales,* Lyon, Guillaume Rouillé, 1568, réimprimé in Nicolas de Nicolay, *Dans l'empire de Soliman le Magnifique,* Marie-Christine Gomez-Géraud et Stéphane Yérasimos, éd., Paris, Presses du Centre national de la recherche scientifique, 1989, p. 206. Lisa Jardine, *Worldly Goods : A New History of the Renaissance,* Londres, Macmillan, 1996, p. 334. *Chrétiens et Musulmans à la Renaissance,* édités par Bartolomé Bennassar et Robert Sauzet (Paris, Honoré Champion, 1998). (交易については多く論じられているが，贈与に関してはごくわずか).
6. Léon Modena, *Ceremonies et coustumes qui s'observent aujourd'huy parmi les Juifs,* trad. Richard Simon, Paris, Louis Billaine, 1674, 1re partie, chap. 14 : «De la charité pour les pauvres, et pour les animaux». Shlomo Simonsohn, *History of the Jews in the Duchy of Mantua,* Jérusalem, Kiryath Sepher Ltd, 1977, p. 344-346, 519-521, 549-561. Natalie Zemon Davis, «Religion and Capitalism Once Again ? Jewish Merchant Culture in the Seventeenth Century», *Representations* 59, été 1997, p. 64-67. Marc Venard, *L'Église d'Avignon au XVIe siècle,* 4 vol., Université de Lille, 1980, I, p. 204-210 ; III, p. 1317-1334. Felix Platter, *Tagebuch (Lebenschreibung, 1536-1567),* éd. Valentin Lötscher, Bâle et Stuttgart, Schwabe, 1976, p. 229-230. Vivian B. Mann et Richard I. Cohen, *From Court Jews to the Rothschild : Art, Patronage, and Power 1600-1800,* Munich et New York, Prestel, 1996, p. 54, 110-111. Avigdor Farine, «Charity and Study Societies in Europe of the Sixteenth-Eighteenth Centuries», *Jewish Quarterly Review* 64, 1973, p. 16-47, 164-175. Jacob

R. Marcus, *Communal Sick-Care in the German Ghetto,* Cincinnati, Hebrew Union College Press, 1947.

7. もっとも重要な研究は，次のものと思われる．John Brewer et Susan Staves, éd., *Early Modern Conceptions of Property,* Londres et New York, Routledge, 1996. John Brewer et Roy Porter, éd., *Consumption and the World of Goods,* Londres et New York, Routledge, 1993 ; P. S. Atiyah, *The Rise and Fall of Freedom of Contract,* Oxford, Clarendon Press, 1979. Albert O. Hirschman, *The Passions and the Interests : Political Arguments for Capitalism before Its Triumph,* Princeton, Princeton University Press, 1977. Martha Woodmansee et Peter Jaszi, éd., *The Construction of Authorship : Textual Appropriation in Law and Literature,* Durham, Duke University Press, 1994.

8. Amartya Sen, *On Ethics and Economics,* Oxford, Basil Blackwell, 1987.〔アマルティア・セン『経済学の再生――道徳哲学への回帰』徳永澄憲・松本保美・青山治城訳，麗澤大学出版会，2002 年〕.

9. George Dalton, Introduction in Karl Polanyi, *Primitive, Archaic, and Modern Economies : Essays of Karl Polanyi,* ed. George Dalton, Boston, Beacon Press, 1968, p. XIII-XVI. Cynthia Earl Kerman, *Creative Tension : The Life and Thought of Kenneth Boulding,* Ann Arbor, University of Michigan Press, 1974, p. 9-13. Marshall Sahlins, *Stone Age Economics,* Chicago, Aldine Publishing Company, 1972, chap. 5 : «On the Sociology of Primitive Exchange» (1re éd. 1968).〔サーリンズ『石器時代の経済学』山内昶訳，法政大学出版局，1984 年．第 5 章〕.

10. Jacques Derrida, *Donner le temps,* Paris, Galilée, 1991, chap. 1 et 2. デリダのアプローチに対する反応については，以下を参照．Tim Jenkins, «Derrida's Reading of Mauss», in Wendy James et N. J. Allen, éd., *Marcel Mauss : A Centenary Tribute,* New York et Oxford, Berghahn Books, 1998, p. 83-94 ; Alain Caillé, *Don, Intérêt et Désintéressement,* Paris, La Découverte/Mauss, 1994, p. 251-261.

11. 「非営利の」「ボランティアの」「独立した」などと呼ばれるセクターの行動・態度をめぐる，広い視野からのアプローチは，次を見よ．Brian O'Connell, éd., *America's Voluntary Spirit,* New York, The Foundation Center, 1983.

12. 贈与なるものの，道徳的なステイタスの曖昧さと，それがはらむ危険についての，同様のアプローチとして，次の論文が挙げられる．Jonathan Parry, «On the Moral Perils of Exchange», in Jonathan Parry et Maurice Bloch, éd., *Money and the Morality of Exchange,* Cambridge, Cambridge University Press, 1989, p. 64-93.

13. Jean Starobinski, «Don fastueux et don pervers», *Annales ESC* 41, 1986, p. 7-26.

14. Georges Bataille, *La Part maudite,* Paris, Éditions de Minuit, 1967, p. 113, note 8, 114, note 9, 223-249.〔バタイユ『呪われた部分　1 消尽』．『ジョルジュ・バタイユ著作集 6』生田耕作訳，二見書房，1973 年．『呪われた部分――有用性の限界』中山元訳，ちくま学芸文庫，2003 年も参照〕. 初版は 1949 年．バタイユは，この仕事に 18 年間をかけたと述べている．「マーシャル・プラン」に関する注は，1948-49 年に書かれたことがらと関連しており，ハリー・トルーマン大統領が存命中のことである．バタ

イユに関しては，次を参照．Michèle Richman, *Reading Georges Bataille : Beyond the Gift,* Baltimore, Johns Hopkins University Press, 1982. 国際供与が，政治的な目的により複雑なものとなっていることについては，次を見よ．Kathleen D. McCarthy, «From Cold War to Cultural Developments : The International Cultural Activities of the Ford Foundation, 1950-1980», *Daedalus,* special issue on "Philanthropy, Patronage", *Politics,* winter 1987, p. 93-108.

15. Linda Levy Peck, *Court Patronage and Corruption in Early Stuart England,* Londres et Boston, Unwin Hyman, 1990. Sharon Kettering, *Patrons, Brokers, and Clients in Seventeenth-Century France,* New York et Oxford, Oxford University Press, 1986, p. 192-206 ; «Gift-Giving and Patronage in Early Modern France», *French History* 2 (1998), p. 147-151. Jean-Claude Waquet, *De la corruption : morale et pouvoir à Florence aux XVIIe et XVIIIe siècles,* Paris, Fayard, 1984（特に，みごとな「序文」）. John T. Noonan, Jr, *Bribes,* New York, Macmillan, 1984. Voir Susan Rose-Ackerman, *Corruption : A Study in Political Economy,* New York, Academic Press, 1978. Arnold J. Heidenheimer, *Political Corruption : Readings in Comparative Analysis,* New York, Holt, Rinehart et Winston, 1970.
16. Richard Titmuss, *The Gift Relationship : From Human Blood to Social Policy,* London, George Allen & Unwin, 1971 ; Kenneth J. Arrow, «Gifts and Exchanges», in Edmund S. Phelps, éd., *Altruism, Morality, and Economic Theory,* New York, Russell Sage Foundation, 1975, p. 13-28（p. 22 の引用）. ケネス・アローの論文は 1972 年に発表されたのであったが，これに対する批判的論評として，Peter Singer, «Altruism and Commerce : A Defense of Titmuss against Arrow», *Philosophy and Public Affairs* 2, 1973, p. 312-320 がある．ほかにも，以下の研究が重要である．Thomas Nagel, *The Possibility of Altruism,* Oxford, Clarendon Press, 1970 ; Gerald Dworkin, Gordon Bermant, et Peter B. Brown, éd., *Markets and Morals,* New York, John Wiley, 1977.
17. François Rabelais, *Le Tiers Livre,* in *Œuvres complètes,* Mireille Huchon, éd., Paris, Gallimard, 1994, Prologue, p. 351. Terence Cave, *The Cornucopian Text. Problems of Writing in the French Renaissance,* Oxford, Clarendon Press, 1979, p. 171, 183-204. Christine de Pizan, *La Città delle Dame,* éd. et trad. Patrizia Caraffi, *Le Livre de la Cité des Dames,* Earl Jeffrey Richards, éd., Milan, Luni Editrice, 1998, livre 1, chap. 35, 36, 38, p. 174-179, 180-185 ; livre 2, chap. 11, p. 246-249. クリスチーヌ・ド・ピザンは，ひとりの女性が，母親代わりに，自分の老父に乳を飲ませてやるという，「古代ローマの慈愛」の物語を採用して，贈与への返礼を強調する．
18. Georges Bataille, *La Part maudite,* p. 62-64, 79-80. Lewis Hyde, *The Gift : Imagination and the Erotic Life of Property,* New York, Vintage Books, 1983, XIV.〔ハイド『ギフト――エロスの交易』井上美沙子・林ひろみ訳，法政大学出版局，2002 年〕. Eudora Welty et Ronald A. Sharp, éd., *The Norton Book of Friendship,* New York et Londres, W. W. Norton, 1991, p. 35-40. Ronald A. Sharp, *Friendship and Literature : Spirit and Form,* Durham, Duke University Press, 1986, chap. 2, «Friendship as Gift Exchange».

図版一覧

1. 《三美神》．ジョヴァンニ・ピエリオ・ヴァレリアーノ，カエリウス・アウグスティヌス・クーリオ『ヒエログリフ注釈』ガブリエル・シャピュイス仏訳，（リヨン，バルテルミー・オノラ，1576年）．（Department of Printing and Graphics Arts, The Houghton Library, Harvard University）
2. 《慈愛のアレゴリー》，フランス派，16世紀．（Cliché Bibliothèque nationale de France, Paris, Cabinet des Estampes, Ed. 5g rés., fol. 113v）
3. 《汝の楽器を吹き鳴らすなかれ》，ジョルジェット・ド・モントネ『エンブレム，あるいはキリスト教の格言』（リヨン，ジャン・マルコレル，1571年）．版画はピエール・ウェイリオット（Pierre Woeiriot）による．（Department of Printing and Graphics Arts, The Houghton Library, Harvard University）
4. エリゼンヌ・ド・クレンヌ，ウェルギリウス『アエネイス』第四巻までの仏訳を，フランソワ一世に謹呈する．仏訳（パリ，ドニ・ジャノ，1542年？）に添えられた図版．（Cliché Bibliothèque nationale de France, Paris, [Bibliothèque de l'Arsenal, Fol. B. L. 613]）
5. ジャック・デュ・フイユー，『狩猟の書』（ポワチエ，マルネフ／ブーシェ，1562年）を国王に贈る．（Newberry Library, Chicago）
6. メルキセデク，パンとワインをアブラハムに捧げる．『四行詩付き，絵入り聖書』（リヨン，ジャン・ド・トゥルヌ，1553年）．挿絵はベルナール・サロモン．（Carnegie Mellon University Libraries Special Collections）
7. アビガイル，ダヴィデに贈り物を捧げる．『絵入り聖書．フランス語八行詩付き』（リヨン，ギヨーム・ルイエ，1564年）．挿絵はピエール・エスクリッシュ．（Department of Printing and Graphics Arts, The Houghton Library, Harvard University）
8. クリストフ・ド・サヴィニー，著書を謹呈する．『自由学芸完全一覧』（パリ，ド・グールモン，1587年）．（Cliché Bibliothèque nationale de France, Paris, Cabinet des Estampes, Ea. 17 Rés. T. II）
9. 「敵からの恵みは，恵みにあらず」．アンドレア・アルチアーティ『エンブレムの書』（パリ，クレチヤン・ヴェシェル，1536年）．木版はジャン・ジョラによる．（Department of Printing and Graphics Arts, The Houghton Library, Harvard University）
10. 農地の所有者が，収穫の手間賃を支払う．『パリの時禱書』（パリ，ティールマン・ケルヴェールの未亡人，1522年）．（Department of Rare Books and Special Collections, Princeton University Library）
11. 農地の所有者が，収穫の手間賃を支払う．『ポワチエの時禱書』（アンジェの書籍商ジャン・ヴァリスの注文により，パリで印刷，1525年）．（Médiathèque François-

Mitterrand, Poitiers)

12. ユダ〔ヤコブの息子〕，弟のヨセフをイシュマエル人に売り渡す．『絵入り聖書．フランス語八行詩付き』（リヨン，ギヨーム・ルイエ，1564 年）．挿絵はピエール・エスクリッシュ．（Department of Printing and Graphics Arts, The Houghton Library, Harvard University）
13. 魚を買う女．ヤーコプ・ゲリッツ《魚市場》（銅版画，1627 年）．（Dordrechts Museum, Dordrecht）
14. エサウ，スープと引き換えに，長子権を弟のヤコブに売り渡してしまう．『四行詩付き，絵入り聖書』（リヨン，ジャン・ド・トゥルヌ，1553 年）．挿絵はベルナール・サロモン．（Carnegie Mellon University Libraries Special Collections）
15. 農産物などを差し出そうとして，弁護士事務所につめかける農民たち．ピーテル・ブリューゲル（息子）《徴税事務所》，1615 年頃，板に油彩．74, 5×106, 5 cm.（Art Gallery of South Australia, Adelaide ; bequest of Helen Austin Horn, 1934）
16. 「良き君主の裁判」．アンドレア・アルチアーティ『エンブレムの書』（パリ，クレチヤン・ヴェシェル，1536 年）．木版はジャン・ジョラによる．（Department of Printing and Graphics Arts, The Houghton Library, Harvard University）
17. 判事をたらしこむ．ハンス・ホルバイン『死の舞踏，図像と教訓集』（リヨン，フレロン兄弟の注文で，トレクセル兄弟が印刷，1538 年）．（Department of Printing and Graphics Arts, The Houghton Library, Harvard University）
18. 判事をたらしこむ．ギヨーム・ド・ラ・ペリエール『正しき処世の劇場．道徳的エンブレム百篇付き』（パリ，ドニ・ジャノ，1539/40 年）．木版は，ジャノの工房で働いていた，逸名の職人による．（Department of Printing and Graphics Arts, The Houghton Library, Harvard University）
19. シモン，使徒から精霊の能力を買い取ろうとする．『絵入り新約聖書．フランス語八行詩付き』（リヨン，ギヨーム・ルイエ，1570 年）．下絵は，ピエール・エスクリッシュあるいはジャン・モニ．（Department of Printing and Graphics Arts, The Houghton Library, Harvard University）
20. トマ・ド・ルー《自然の掟による犠牲》（16 世紀後半）．（Cliché Bibliothèque nationale de France, Paris, Cabinet des Estampes, Ed. II. a. Rés. 203-1）
21. トマ・ド・ルー《モーセの掟による犠牲》（16 世紀後半）．（Cliché Bibliothèque nationale de France, Paris, Cabinet des Estampes, Ed. II. a. Rés. 204-2）
22. トマ・ド・ルー《福音の掟による犠牲》（16 世紀後半）．（Cliché Bibliothèque nationale de France, Paris, Cabinet des Estampes, Ed. II. a. Rés. 205-3）
23. 「慈善」の図像．ジョルジェット・ド・モントネ『エンブレム，あるいはキリスト教の格言』（リヨン，ジャン・マルコレル，1571 年）．版画はピエール・ウェイリオット（Pierre Woeiriot）による．（Department of Printing and Graphic Arts, The Houghton Library, Harvard University）

著者略歴

(Natalie Zemon Davis))

1928年生まれ．アメリカの歴史家．プリンストン大学ヘンリー・チャールズ・リー歴史学名誉教授．トロント大学でも歴史学，人類学，中世学を講じた．専攻は，16-17世紀フランスの宗教生活・民衆文化・ジェンダー研究．著書『帰ってきたマルタン・ゲール』『愚者の王国　異端の都市』『古文書の中のフィクション』『境界を生きた女たち』など．

訳者略歴

宮下志朗〈みやした・しろう〉 1947年生まれ．東京大学大学院総合文化研究科教授．フランス文学・言語情報科学．著書『本の都市リヨン』(晶文社，大佛次郎賞)『エラスムスはブルゴーニュワインがお好き』(白水社)『ラブレー周遊記』(東京大学出版会)『読書の首都パリ』(みすず書房)『パリ歴史探偵術』(講談社現代新書)『書物史のために』(晶文社) ほか．訳書　デーヴィスの著作の共訳のほか，シャルチエ『読書と読者』(共訳，みすず書房) モンフロワ『消えた印刷職人』(晶文社) アントワーヌ『小鳥の肉体』(白水社) グルニエ『ユリシーズの涙』(みすず書房) アラス『何も見ていない』(白水社)『モンテーニュ エセー抄』(みすず書房) ほか．現在は，ラブレー，モンテーニュの著作を翻訳している．

ナタリー・Z・デーヴィス
贈与の文化史
16世紀フランスにおける
宮下志朗訳

2007年6月29日　印刷
2007年7月10日　発行

発行所 株式会社 みすず書房
〒113-0033 東京都文京区本郷5丁目32-21
電話 03-3814-0131(営業) 03-3815-9181(編集)
http://www.msz.co.jp

本文印刷所 三陽社
扉・表紙・カバー印刷所 栗田印刷
製本所 青木製本所

ISBN 978-4-622-07307-9
[ぞうよのぶんかし]